은발의 사랑

은발의 사랑

초판 1쇄 인쇄 2017년 2월 5일
초판 1쇄 발행 2017년 2월 10일

지은이 ㅣ 수수 美
펴낸이 ㅣ 金泰奉
펴낸곳 ㅣ 도서출판 띠앗
등   록 ㅣ 제4-414호

편   집 ㅣ 박창서, 김수정
마케팅 ㅣ 김태일
홍   보 ㅣ 김명준

주   소 ㅣ (우 05044) 서울시 광진구 아차산로 413(구의동 243-22)
전   화 ㅣ (02)454-0492(代)
팩   스 ㅣ (02)454-0493
이메일   dditat@ddiat.co.kr
홈페이지 www.ddiat.co.kr

값 15,000원
ISBN 978-89-5854-113 4 (13320)

*잘못 만들어진 책은 구입하신 서점에서 친절하게 바꿔드립니다.

노년기에 파트너 찾는 방법과 연애의 기술
Seventy · 1

은발의 사랑

수수 美 지음

도서출판 땡

머리말

이것은 2014년 1월 14일부터 2016년 10월 15일까지의 이야기로 수미의 수기이다. 꾸며낸 이야기가 아니다.

이 수기는 처음에 공개를 목적으로 하지 않았다. 순수한 자신의 기록이고, 자신 외에는 아무도 읽을 수 없다는 전제하에 썼다.

50여 년을 독일에서 산 수미는 모국어를 잊지 않으려고, 한편으로는 자신의 이야기를 쓰고 싶어서, 10여 년 전부터 일기를 쓰기 시작했다.

두 번째 남편이 세상을 떠나고 10년을 외롭게 살던 수미는 제이를 만나 함께한 시간이 70년 인생 중에 가장 아름답고 행복한 시절이라고 생각했다.

유명한 음악가는 늙어서 대작을 완성하고, 미술가는 좋은 그림을 후세에, 정치가는 대업을 이루어 이름을, 철학자는 유명한 저서를 남기고, 종교인은 인생의 의미를 터득하고… 많은 인간이 늙어서 큰 업적을 이룬다.

평범하고 소박한 수미는 나이 70이 되어 고독이라는 만성 고질병에서 스스로를 끌어올려 빠져나온다. 사랑의 힘으로 성생활의 즐거움을 다시 찾고, 같이 늙어갈 집을 새로 짓는다. 그리고 불현듯 찾아온 암과 투쟁하며 스스로 자신의 그림자가 되어 둘이 탄 작은 조각배를 따라다니며 끊임없이 자신의 이야기를 썼다.

젊은 은발의 노장들이 수미의 이야기를 들으며 남은 생을 긍정적으로 살아갈 아이디어를 찾을지도 모른다는 희망을 갖고, 병원에서 퇴원한 후 수미의 이야기를 공개하기로 마음먹었다.

수미의 이야기에는 뚝배기의 된장찌개와 밥 짓는 구수한 냄새가 난다.
스테이크와 양파 냄새가 섞인다.

50여 년을 외국에서 산 수미의 언어는 중국의 사기그릇처럼 매끈하고 우아하지 못하다. 뚝배기같이 거짓 없고 투박하다.

　수미의 이야기는 한 평범한 70 먹은 여인의 사랑의 이야기이다. 은발의 두 사람이 등을 맞대고 체온의 따스함을 서로 나눈 사랑 이야기이다.
　둘이는 서로를 사랑했다. 더 이상 무슨 설명이 필요할까?

　수미는 어떤 유명인의 명언도, 조언도 인용하지 않았다. 순수한 한 여인의 가슴 밑바닥에서 우러나오는 자연스러운 호흡 같은 언어들로 적어 내려갔다.

　우리의 이야기를 공개하는 것을 이해하고 허락해 준 제이 씨에게 이 책을 바친다.

수수 美

차례

머리말_5

이 책을 읽기 전에… 터부? 노년기의 성생활_11

- 은발의 사랑_ 14
- 첫 만남_ 28
- 첫날밤_ 41
- 벌로 받은 둘째 날_ 52
- 벌로 받은 셋째 날_ 60
- 벌로 받은 넷째 날_ 65
- 벌로 받은 다섯째 날_ 74
- 벌로 받은 여섯째 날_ 80
- 벌로 받은 일곱째 날_ 99
- 벌로 받은 여덟째 날_ 105
- 벌로 받은 아홉째 날_ 111
- 벌로 받은 열째 날_ 117
- 하노버에 돌아와서_ 125
- 함부르크에 다시 오다_ 143
- 김치 데이(Day)_ 162
- 70대 섹스의 아름다움과 한계점_ 167

● ● ● 은발의 사랑

- 제이와 늙은 고양이_ 176
- 70대 건강관리_ 180
- 고독이라는 병_ 189
- 2014년 봄_ 193
- 제이와 단둘이 지낸 71번째 생일_ 195
- 경제 문제 해결책과 딸의 방문_ 201
- 70대는 어디에 와 있나_ 205
- 제이와 수미의 노년기 계획_ 207
- 2014년 여름, 골프와 사랑_ 210
- 2014년 가을_ 216
- 2014년 크리스마스와 연말, 그리고 2015년 새해_ 221
- 2015년 봄, 여름, 가을(기다리고, 기다리고, 또 기다리고)- 226
- 2015년 어느 여름 저녁나절의 대화_ 231
- 2015년 겨울_ 234
- 2016년 봄(건축 시작)_ 237
- 자식 사랑 파트너 사랑_ 240
- 2016년 봄, 수미의 생일과 우제돔_ 246
- 1층의 천장이 올랐다_ 250
- 퇴원 후_ 255
- 2층의 천장이 오르고, 3층의 벽이 쌓이기 시작_ 261

● ● ● 은발의 사랑

- 탄생과 죽음이 운명적으로 다른 점_ 269

결산
- 2년 반이 지난 지금, 그들의 사랑은 어디에 와 있나?_ 280

부록
- 연애의 비밀·1_ 296
- 연애의 비밀·2_ 332

끝맺는 말_ 366

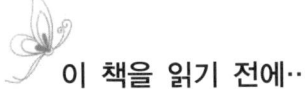

이 책을 읽기 전에…

터부? 노년기의 성생활

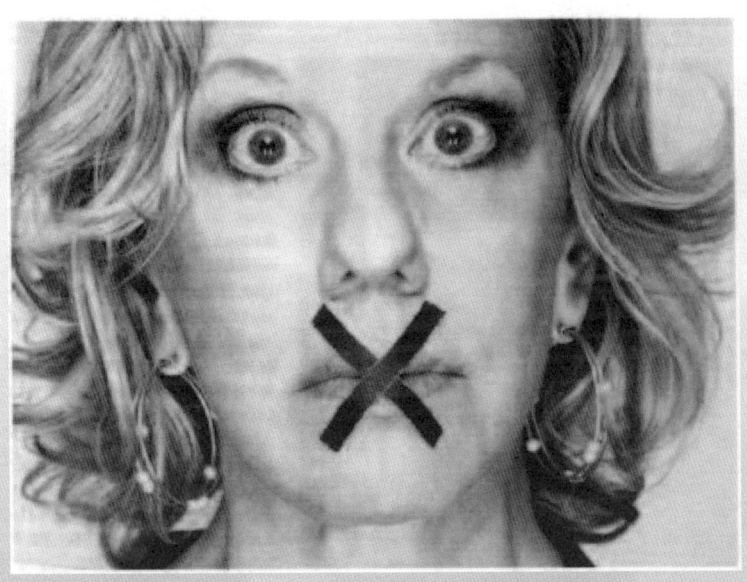

　70년대에 접어들어 여성의 성 개방이 활발히 이루어졌다. 젊고 아름다운 여인들의 자유분방한 삶과 사랑과 sex에 대한 이야기가 영화와 소설의 소재가 되었으며 찬양의 노래로, 시로 전 세계를 덮었다. 온 세계가 젊은이들의 사랑과 성과 향락으로 뒤덮인 것 같았다. 그것은 마치 공기에 성호르몬이 안개같이 혼합되어 돌아다닌다는 환상을 하게끔 하였다.

그러나 노년기의 여성에 대한 사랑과 성에 대해서는 터부화되고, 노년기에는 성도 사랑도 없는 무감각 상태에서 생존하는 반인간으로 취급하였다.

대다수의 정열적인 사랑 이야기는 주인공인 아름다운 여인의 죽음으로 끝을 맺는다.
에리카 종은 『비행공포』에서 죽지 않는 여 주인공의 'zipless fuck'이 승리를 거둔 다음에도 늙은 여인들의 사랑과 성은 터부시되었다. 그런데 2천 년대에 갑자기 늘기 시작한 노인들의 사랑과 투쟁적인 이야기에도 성 문제에 대해서는 싹 돌려 수술해 내고 수술 자리를 잘 꿰매놓아 아문 상처를 보여주는 정도였다. 그런데 노년기의 성문제에 대해 부끄러워하고 입을 다물어야 하는 이유가 무엇일까?

노년기의 성기능은 관대한 자연이 큼직한 손으로 집어주는 '덤'이다. 덤으로 받은 선물을 즐기는 대신 부끄러워하고 쉬쉬 해야 하는 이유가 무엇일까?

노년기에 자식 뒷바라지를 하고 손자를 돌보고 치열한 사회 로부터 한 걸음 물러서서 젊은이들에게 박수를 보내는 것은 좋

은 일이다. 이것으로써 행복할 수 있다면 말이다. 그런데 평생을 그렇게 살아 이미 습관화되어 그렇게 사는 것이 운명이라는 자조적인 생각에서 벗어날 수는 없을까?

지금도 늦지 않았으니 70대에 숨겨 있는 많은 가능성을 발견하고 살살 입김을 불어 조그만 불티를 살려 모닥불을 피우면 어떨까?

행복은 건강의 절대적인 전제 조건이다. 행복의 핵은 사랑이고, 사랑의 핵 속에는 성의 즐거움이 들어 있다. 이러한 자연의 원리를 이해하지 못하면 노년기는 행복하기도 건강하기도 힘들다.

노년기의 성생활은 성교만을 의미하는 것이 아니다. 서로 체온의 따사로움을 즐기고, 피부의 접촉을 통해 가슴으로 스며드는 포근함과 정신적으로 느끼는 든든함, 서로의 피가 식지 않도록 서로의 손을 잡고 쓰다듬는 것 모두가 노년기의 성생활이다.

사랑과 성생활은 생명을 연장하는 아주 간단한 테라피이다.

은발의 사랑

1월 날씨 치고는 바람도 없고, 햇살도 힘은 없어도 방긋이 웃는 것이 기분이 좋다. 수미는 하노버의 기차역 플랫폼에 서서 함부르크로 가는 10시 급행열차를 기다리며 기분이 좋다.

이번에 만나는 함부르크의 제이는 전에 3년 이상 신문 광고와 인터넷을 통해서 만난 6명의 남자와는 수준이 좀 다른 듯했다. 나이 60에 남편을 잃은 수미는 7년 만에 남자를 찾기 시작했는데 벌써 3년 이상이 지났다.

함부르크로 가는 열차는 정확한 시간에 도착하였다. 열차 안에는 많은 자리가 비어 있어서 창가의 조용한 구석을 찾아 앉았다.

기차가 서서히 움직이자 수미의 생각도 서서히 움직이기 시작했다. 지금까지 만난 남자들은 모두 집 근처에 사는 사람들이었다. 멀리 있는 사람은 만나기도 힘들고 비용이 많이 들 거라는 생각에 가능한 한 시내에서 만날 수 있는 거리의 사람을 찾았었다.

한두 번 메일이 오가고 전화를 한 다음, 일단 카페에서 만나 커피를 마시며 이야기를 나누다 헤어졌지만, 남자 쪽에서도 내 쪽에서도 이렇다 할 긍정적인 시작이 되지 않고 서로 마음에 드는 어떤 기미도 보이지 않았다.

3년 전에 처음 만난 남자는 수미보다 5살 젊은 남자로 수미가 살고 있는 곳에서 불과 10분 거리에 살고 있는 홀아비였다. 나이에 비해 늙어 보이는 그는 수미를 보고 아주 좋은 반응을 보였다.

  그의 옷차림이나 말하는 것으로 봐서 조그만 회사에서 일하다 퇴직하고(건강 상태가 나빠서 퇴직하고) 적은 액수의 보험금을 받고 사는 것 같았다.

  외국인에 연상의 여자라 자기에게 솔깃할 것이라는 기대와 자신을 갖고 나를 만난 모양이다. 우리는 커피를 마시며 이런저런 지나간 이야기를 나누며 한 시간 이상을 보냈다. 저녁을 같이 먹자고 하기에 거절하였다. 왜냐하면 그가 너무 오랜 시간 고독하게 살이시, 수미가 싫다고 하면 상처를 받을 것 같은 직감이 들었기 때문이다. 처음으로 만난 사람이고, 어떤 이유로든 타인에게 마음의 상처를 주고 싶지 않아 다음에 전화 연락을 하자며 헤어졌다. 그는 실망하는 빛을 보이며 자기는 많은 여자들에게 따돌림을 받았는데, 그 이유를 알 수 없다며 스스로를 동정하였다. 미안했지만 어떤 긍정적인 약속을 할 수가 없었다.

  두 번째 만난 남자는 이혼한 지 3년 된, 잘생기고 키도 크고 나이도 동갑이었으며 학식도 좋고, 다 자란 자식도 하나밖에 없다고 하였다. 그의 사진을 보고 홀딱 반했다. 자식이 대학을 졸업할 때까지 금전적으로 지원해 주어야 한다는 것이 마음에 들지 않았지만 경제력이 있는 것 같았다.

  여름이라 아이스 카페에서 만났다. 실제로 만나니 인물이 사진보다는 못했지만 스포티하고 옷 입은 것이나 말하는 것이 마음에 들었다. 그러나 그의 주목적과 흥미는 수미에게 있기보다는 그녀가 얼마나 경제력이 있는가에 초점을 두고 있었다.

이런저런 이야기를 나누다 보니 그는 빚이 많아 여자의 덕을 보려고 하는 것 같았다. 수미는 그다지 경제력은 없는데 다행히 연금이 평균보다 좋아서 자신의 비용은 알아서 해결할 수 있지만 남자를 먹여 살리거나 빚을 갚아줄 능력은 안 되며 그럴 생각도 없다고 하니까 표정이나 말투에서 흥미가 싹 없어지는 것을 감지할 수 있었다.

내가 먹은 아이스크림 값은 내가 내겠다고 하니까 좋아하는 꼴이 하도 우스워서, 내가 당신 아이스크림 값과 커피 값을 내주겠다고 했더니 흔쾌히 받아들이는 것을 보고, 그 인간의 질을 알 수 있었다. "기회 있으면 다음에 다시 만납시다"라는 말을 남기고 헤어졌다. 그 후 몇 번 전화가 왔는데 "당신이 찾는 여자는 절대로 내가 아니니까 다른 방면으로 노력해 보라"는 말로 마무리 지었다.

세 번째 만난 남자는 집 앞에서 만나 걸어서 시내에 나가 커피 한잔 마시자고 약속이 되었다. 그는 꽤 좋은 벤츠 차를 타고 왔는데 오후 3시에 맥주 냄새가 풍겼다.

시내에 걸어가서 카페에 앉자마자 커피 대신 맥주를 시키더니 마시는 폼이 아무래도 알코올 중독자 같았다. 단번에 맥주를 마시기에 내가 살 테니 한잔 더 마시라고 했더니 좋아서 입이 헤벌쭉하더니 주문한 맥주가 나오자마자 빠른 속도로 마셨다. 평상시 맥주를 얼마나 마시느냐고 물었더니, 오늘 점심에 생선을 먹어서 목이 말라 여러 잔 마셨지 평소에는 저녁에 한잔 정도 마신다고 했다. 그런데 마시는 폼이나 마시는 속도, 얼룩덜룩 구멍이 많이 난 코의 피부 상태로 보아 나의 짐작이 맞다는 결론에 이르렀다.

계산한다며 지갑을 찾는데 오늘 데이트 약속 때문에 너무 흥분해서 지갑을 집에 놓고 왔다고 한다. 내가 내주면 다음번에는 자기가 좋은 레스토랑에 나를 초대하겠다고 한다. 어이가 없었지만 마신 것을 지불하고, 여자 찾는데 많은 행운이 있기를 바라며 잘 살라는 인사를 한 뒤 헤어졌다. 아마 여자를 만날 때마다 하는 수법인 것 같았다.

네 번째 만난 남자에게 나는 완전히 퇴짜를 맞았다. 만나자마자 실망한 표정을 짓더니 사진에서 보다 늙어 보이며 자기 타입이 아니라고, 섹시한 맛이 전혀 없다고 한다. 화장도 안 하고, 더구나 붉은색 루주도 안 바른 여자는 우선 마음에 안 든다. 자기는 70이 넘었지만 성에 관심이 많고, 여자를 만났는데 첫날 자기와 섹스를 하지 않으면 다시 만날 찬스를 주지 않는다고 한다.

첫 만남 시 섹스에 응하는 여자들이 얼마나 많으냐고 묻자, 대부분의 여자들이 섹스를 원하는데 6~70대 남자들이 숫자적으로 적어 어디를 가던 나이든 여자들만 우글거리기 때문에, 여자를 쉽게 침대에 끌어들일 수 있다고 한다. 그래서 결혼을 하거나 여자와 같이 살 생각이 조금도 없다고 한다.

자기는 좋은 아파트를 갖고 있어, 여자들이 보면 홀딱 반해 집에 와서 집안일도 해주고, 제 돈 들여 식사 초대도 잘하고, 춤추러 같이 가면 미친 듯이 좋아한다고 자랑하였다. 자기와 한

번 춤추러 가겠느냐는 제안을 받아들이지 않자 화를 내며 일어서더니 자기가 마신 커피 값만 내고 인사도 없이 카페에서 나가 버렸다. 기분이 몹시 상했지만 하나의 색다른 경험으로 접어두었다.

1년간 네 명의 남자를 만난 결과, 실망스러움과 인색함 등등에 진저리가 나 포기하고 혼자 사는 편이 훨씬 마음 편하리라는 결론에 이르렀다.

또다시 반년이 지났다. 비교적 젊은 남자가 같이 골프 한번 치지 않겠느냐는 제안을 해왔다. 그 당시 수미는 회원권도 없고 (독일에서는 회원권이 없으면 골프를 칠 수 없다) 5년 이상 골프를 안 쳐 몸이 굳기 시작하여 도저히 골프를 칠 용기가 나지 않았다.

그로부터 한 6개월 정도 지나 한 남자가 내게 관심이 있다며 메일을 보내왔다. 나이가 너무 많아서(82세) 서로 맞지 않을 것이라고 답을 했더니 굉장히 화를 냈다.

"이 늙은 ＸＸ야, 늙은 외국인인 주제에 뭐 잘났다고 만나보지도 않고 거절을 하는 게냐? 골프 좀 친다고 우쭐할 것 없다. 요즈음은 골프 치는 여자들 줄 서 있다. 여행 다니는 것이 좋다고? 창피해서 너 같은 여자를 어떻게 데리고 다니겠느냐? 다른 사람들이 보고, 하도 인기가 없어서 분명 카드록에서 산 여자라고 생각할 것이다. 네가 아시아 여자라 ＸＸ가 옆으로 찢어 졌다고 믿느냐? 너는 첫날 만나서 프랑스식으로 안 하면 어림도 없다."

아무리 서로 보이지 않고 자신을 숨길 수 있는 온라인상이라지만 입에 담지도 못할 저질스럽고 쌍스런 내용들을 써 보냈다. 파트너 찾는 난에 악성 메일을 차단하는 난이 있어 그 사람으로부터 오는 메일을 차단하고, 편집실에 전화해서 경고하였다.

나이가 많은 여자들은 우선 흥미를 보내는 남자도 적을 뿐 아니라 서로 맞는 포인트가 높으면 편집실에서 보내주는 중매 메일을 받아보는 경우도 극히 드물다.

60이 넘은 여자들이 파트너 찾는 포털에 등록한 숫자도 적지만 찬스도 적다. 그 당시 수미는 67세였으니까 통계적으로 보아 남자를 찾을 수 있는 찬스는 거의 없다고 할 수 있다.

동서를 막론하고 남자들은 자기보다 젊은 여자를 찾는다. 수미가 신청한 P.ship은 워낙 비싼 편이고 평이 좋기로 유명해 나이 많은 부자 남자들이 젊은 여자를 찾기 위해 명단에 이름을 올린다. 그러나 5~60이 넘은 여자들은 타이틀이 있거나 돈이 많거나 좋은 집을 갖고 있거나 수미의 경우처럼 골프 실력이 좋다거나 상대에게 제공할 무엇인가가 있어야 명단에 이름을 올릴 찬스가 주어진다.

파트너 찾는 과정은 시장과 같다. 요구와 제공의 원칙이고, 그것이 어느 정도 맞아야 하고, 사진 교환으로 외적인 흥미가 있어야 하고, 받고 주는 메일과 전화를 통한 대화로 서로 관심과 호감이 있어야 우선 만남이 이루어진다.

다섯 번째 만난 남자는 동갑이었는데 '사디-마조'에 관심이 있느냐고 물었다. 그녀는 물론 그것이 무엇을 의미하는지 알고 있었지만, 그런 것에는 별 흥미가 없을뿐더러 서로 등 대고 늙어갈 파트너를 찾는다고 하자, 섹스가 맞지 않으면 파트너 관계가 부드럽게 이루어지지 않는다며, 얘기 도중 셔츠를 걷어 올리는데 문신이 팔에 잔뜩 그려 있어 소름이 끼쳤다. 죄송하지만 저는 사디 마조가 무엇인지도 모르는 바보 같은 인간이니 그만두는 것이 좋겠다고 말한 뒤 바로 일어서서 커피 값을 지불하고 나왔다.

60세 이상의 여인들이 자기보다 나이가 어린 남자를 찾는 경우가 적지 않다.

여성들의 자기 가치관이 높아졌을 뿐만 아니라 경제력이 좋은 여자들이 남자에게 경제적인 도움을 주고 자기의 파트너 같이 데리고 사는데 이에는 경제적 배경이 뒤따른다.

수미는 다른 경험을 해볼 겸 수수료를 많이 받지 않는 파트너 중매 포털에 가입하였다. 그리고 연하의 남자도 환영한다는 난에 기재하였다. 그러자 20~50세까지의 남성들이 하루에 적어도 한두 개의 메일을 보내왔는데 독일인뿐만 아니라 흑인, 터키인, 아랍인들도 있었다. P.ship은 가입하고 한 달에 한 번 정도 어떤 남자가 윙크를 보내거나 메일을 보내는 것이 고작이었는데 말이다. 어떤 남자는 자신은 사랑과 돈을 바꾼다고 노골적으로 표현하는 인간도 있었다.

원하는 나이를 60~70세까지 했음에도 불구하고, 젊은이들이 메일을 보내는 이유는 단순히 경제적 배경 때문이라는 것을 쉽게 알 수 있다. 수수료가 싼 곳과 P.ship과 같이 비싼 곳의 차이점이 바로 이러한 것들이다. 수입이 적은 계급의 인간들은 수수료가 비싼 곳에는 가입을 하지 않는다.

수미는 지금 가입되어 있는 P.ship 사이드가 비싸지만 그만

한 가치가 있다는 확신을 갖고, 파트너 찾는 방법을 바꾸지 않으면 안 된다는 결론을 내렸다.

이메일 주소를 바꾸고, 모든 질문과 테스트를 바꾸고, 나이를 10년 줄이기로 결정했다. 일단 생년월일을 목록에 넣으면 마음대로 바꿀 수가 없다. 사진을 바꾸고, 원하는 난도, 모든 질문에 대한 대답도 전과 다르게 변경하였다.

파트너를 구함에 있어 나이는 크게 작용하지 않는다. 자기보다 나이가 어린 남자와 사는 여자들도 많다. 수미는 비교적 체중도 늘지 않고, 나이에 비해 젊어 보이기 때문에 일단 10년을 줄이면 남자들이 관심을 보이는 찬스가 높아지고, 진지한 관계로 발전할 가능성이 있다고 생각했다. 그러므로 나이는 진정한 파트너를 구함에 큰 영향을 미치지 않는다는 주장을 할 자신이 있었다.

그때 수미의 나이는 69세였다.

여섯 번째 만난 남자는 인도 사람이었다. 인도 남자들은 키도 크고 잘생긴 사람들이 많다. 수미가 만난 인도 남자도 잘생기고 체격이 좋았다. 그는 그녀의 프로필을 우연히 보고, 예전에 튀니지로 골프 여행 갔을 때 그녀와 같이 골프를 친 기억이 나서 메일을 보냈다고 한다. 모든 조건이 좋았지만 이미 한 여인과 같이 살고 있으면서 단지 호기심에서 나를 만나기를 원했던 것이다. 실망감으로 속이 상했지만, 겉으로 내색하지 않고 함께 차를 마시며 오랜 시간 이런저런 이야기를 나누다 헤어지기가 아쉬워 저녁을 먹고 헤어졌다. 수미는 마음이 헛헛했다. 마음에 드는 남자는 이미 팔렸고 다른 남자들을 시시껄렁하고….

독일 농담에 "남자들은 변소 같아. 이미 누가 들어앉아 있거나 똥통같이 구린내가 나거나 둘 중에 하나야. 쓸 만한 인간은 하나도 없어." 그런 생각을 하며 집에 돌아오니 마음은 더 허전하고 텅 빈 아파트가 유난히 쓸쓸하게 느껴졌다.

다시 거의 반년이 지난 어느 날, 함부르크에서 메일이 왔다. 수미는 이미 70 고개를 넘어섰다. 그동안 한두 개의 메일과 윙크가 왔지만 마음에 드는 사람이 없었다.

"나는 바로 당신 같은 여인을 찾았습니다. 지금까지 어디에 숨어 있었나요? 나는 10개월 전에 이 사이트에 가입하고 한 여인을 찾았습니다. 바로 당신 같은 여인을 찾았습니다. 나이도 맞고 골프 치는 취미도 맞고, 춤은 잘 못 추지만 춤추는 것을 좋아합니다…."

그는 자신에 대한 많은 정보를 보내왔다. 수미는 그동안 남자를 만나면서 너무 실망하고 지쳐서 그를 만나볼 마음의 여유가 없었다. 더구나 나이를 10년 줄여 그가 찾는 파트너 요건에서 부적합하므로 심사숙고하지 않을 수 없었다. 게다가 함부르크는 수미가 사는 하노버에서 약 150km 떨어진 곳이므로 서로 많은 정보를 나누고, 어떤 확신이 생겨야 만나는 것이 좋겠다는 결론을 내렸다.

제이(함부르크 남자)는 매일같이 SMS와 메일을 보내왔다. 자기에 대해 궁금한 것은 무엇이든 대답해 주겠으니 조금도 주저하지 말고 물어봐 주기를 바란다며 자기 주소와 전화번호까지 적어 보냈다. 물론 내가 그 응답으로 같은 것을 해주기를 바라고 하는 것 같았다. 그러나 그녀는 주소도, 전화번호도 보낼 수 없었다. 10년의 나이를 줄였을 뿐더러 전화번호와 이름과 주소를 알면 많은 내용의 개인적 정보를 찾을 수 있기 때문이다.

그래서 수미는 답하기를,

"우리는 얼마 전 인터넷을 통해 알았습니다. 그래서 나 자신을 유리 인간으로 만들기에는 아직 이르다고 생각합니다. 좀 더 시간을 갖고 서로를 알아갔으면 합니다. 그런 후 다음 단계로 넘어가는 것이 좋다고 생각합니다."

이런 내용으로 만남을 하루하루 미루었다. 그리고 사진을 교환하고 열심히 이메일을 주고받았다.

그가 보내온 주소를 통해 인터넷에서 그가 경영하는 대리석 회사를 찾아보았다. 그가 운영하는 상점은 보통 상점이나 건축 재료 상에서 살 수 없는 물건과 특히 오래된 역사적 건축물을 수리하는 곳으로 이름 나 있었다. 대리석과 모자이크에 그의 이름이 붙은 브랜드 명을 갖고 있었으며 함부르크와 북부 독일에 그의 이름이 꽤 알려 있었다. 그리고 그의 아들이 베를린에서 고급 리무진 중매업을 하고 있는 것도 인터넷에서 찾아볼 수 있었다.

12월 성탄 때 딸과 손녀들이 포르투갈에 여행가 있는 동안, 우리는 사랑의 늪에 조금씩 끌려 들어가고 있었다. 우리는 계속 메일을 주고받았다.

그의 메일에 이런 내용이 있었다.

"수미 씨 메일을 받으면 저는 한없이 행복합니다. 늙어가면서 오래간만에 가슴과 배 속에 나비들이 날아다니기 시작합니다. 꽃잎도 가끔 떨어집니다."

그는 빨리 만나기를 원했다. 무엇이 당신의 만남을 막느냐고 물어왔다. 아직 끝나지 않은 남자가 있느냐, 아니면 자기가 전혀 마음에 들지 않느냐 등등 꽤나 초조함을 보였다.

수미는 대답하기를, "그런 것이 아니라 지금까지 6명의 남자를 만났는데 너무 실망해 누군가를 다시 만난다는 것이 겁나고, 참으로 많은 어려움을 배웠기 때문에 이번에는 진지하게 서로를 좀 더 안 다음에 만나는 것이 좋다고 생각합니다. 독일에 8천만 명의 인간이 살고, 파트너를 찾는 인간들이 몇 백만이라는 것을 읽은 기억이 있는데, 단 한 사람을 만난다는 것이 이토록 힘들이라고는 생각 못했습니다."

그는 답하기를, 자기도 1년 이상을 파트너 포털에 가입하여 수없는 접촉을 하고, 약 10명의 여자를 만났지만 이렇다 할 결과를 보지 못했다고 한다. 대부분의 여자들이 진정한 의미의, 같이 늙어갈 파트너를 찾기보다는 우선 자기보다 돈 많고, 여행이나 가고 멋진 곳으로 데이트 하는 것을 원하기 때문에 자기가 찾는 파트너의 그림과는 다른 여자들을 만나게 된다고 한다.

한번은 자기 집에서 15분 거리에 살고 있는 한 여자와 만났는데 여행도 가고 해서 자기 집에 살림을 합칠까 생각했는데 소비성이 강하고 서로 취미가 맞지 않아 그만두었다고 한다. 자기는 여행 가면 주로 골프를 치고 남은 시간에 관광을 해서 그녀에게 골프 배우기를 권고했더니, 휴가 와서 왜 그런 것을 해야 하느냐며 거절했다. 단 한 번이라도 시도해 보라고 했더니 마지못해 레슨을 두 시간 받더니, 허리도 아프고 도무지 관심이 없다고 한다. 그는 처음에는 예쁘고 나이가 59세인 것이 마음에 들었지만 외식과 여행, 쇼핑 외에는 아무런 흥미가 없는 그녀와 앞으로 함께할 것을 생각하니 서로 힘겨울 거라는 결론을 내렸다고 한다. 그런데 내 나이에 사람을 다시 만나 또다시 시작해야 한다는 것이 육체적으로나 정신적으로 도저히 감당할 자신이 없어 같이 여행을 가고 3개월간 데이트를 하였다. 물론 당장의 외로움을 덜어주기는 했지만 시간을 끌면 끌수록 헤어지기 힘들어지므로 여행에서 돌아오자마자 끝을 냈다고 한다.

그의 마지막 메일은 수미를 감동시켰다.
나는 단 하나의 여인을 찾습니다.
그 여인은 나의 전 세계입니다.
그러나 전 세계가 이 한 여인을 대치할 수 없어야 합니다.

수미는 메일을 통해 많은 것을 물었다. 그의 경제 사정, 특히 빚이 얼마나 있는가 등을 묻고, 대답하기 싫은 것은 대답하지 않아도 좋지만 당신이 대답하는 것만큼 나도 모든 것을 대답해 주겠다는 전제하에 건강 문제, 자식(아들 하나)과의 관계, 왜 상점을 팔았는가 등등 끝도 없이 질문을 하였다. 그는 약속대로 무엇이나 대답을 해주었다. 그의 모든 것이 마음에 들었지만, 2년 전에 이혼한 두 번째 부인(첫 부인은 10년 전에 상처했다)과의 경제적 문제가 마음에 걸렸다.

그는 제법 큰 건물을 소유하고 있는데 이곳에서 대리석 회사를 운영하며 그 건물에서 살고 있었다. 두 번째 부인이 이 건물의 빚의 반을 부담해 주었으며 지금까지는 회사에서 나오는 집세로 이자를 꼬박꼬박 내고 모든 것이 순조로웠는데 전 부인이 다른 남자와 결혼하며 돈을 갚아 달라고 하였다. 전 부인이 빚을 담당할 때 5년 후에 돌려준다는 계약을 하였는데 이혼할 경우, 미리 갚아주어야 한다는 것이다. 기한 내에 갚아주지 않으면 강제 매매를 할 수 있다고 한다. 건물을 팔려고 1년 전에 내놓았는데 시세가 맞지 않고 은행 빚을 미리 갚으려면 엄청난 손해 배상을 하지 않으면 안 된다.

은행에서 빚을 더 이상 주지 않는 이유는 나이 때문이라고 한다. 단 하나 있는 아들이 상속자로 전 부인의 빚을 위임받으면 은행에서 대부를 해준다고 하는데, 아들도 베를린에서 리무진 중매업을 하고 있어 많은 은행 대부를 갖고 있으며 대부가 자주 필요하기 때문에 사인을 해줄 수 없다고 한다. 전 부인에게 갚아줄 금액이 얼마나 되느냐고 물으니, 반 밀리언이라고 한다. 엄청난 금액이다. 어떤 사유로 그다지 많은 금액을 부인이 갚지 않으면 안 되는지는 만나서 이야기하자고 한다.

"당신은 한 여인을 찾고, 결혼할 의사를 갖고 있으며 중요한 것은 경제력이 있어서 당신 전 부인의 빚을 갚아줄 것을 원하고 있습니다. 나는 그만한 능력도 없을뿐더러 파트너를 찾는 당신의 의도가 순수하지 않고 마음에 안 드니까, 그만두는 것이 좋을 것 같다"는 답장을 보냈다.

그는 쉽게 포기하지 않았다.

"내 빚을 갚아줄 여자를 찾는 것이 주목적이 아니라 진정한 파트너를 찾는 것이 주목적입니다. 요즈음 저축을 해도 은행에서 이자를 받는 것이 거의 불가능한데, 파트너가 돈이 있으면 집문서에 집어넣고 은행보다는 조금 좋은 이자를 받으며, 집을 팔 때까지 기다려주면 서로 좋은 일입니다. 어떤 사기적인 나쁜 의도가 전혀 없습니다. 이 근처에서 태어나 70년 넘게 살았으며 이 건물에서 20년 이상 사업을 하는 내가 무슨 나쁜 의도가 있다면 어떻게 얼굴을 들고 다니겠습니까? 골프 클럽에도 10년 이상 가입되어 있지만 당신은 나에 대한 나쁜 평을 절대 듣지 못할 것입니다

당신의 딸이 대학 교수이고, 그녀의 남편이 이름 있는 의사라고 하는데, 그 두 사람을 데리고 와도 좋습니다. 사업에 관한 모든 것을 공개하고 모든 문제점을 열어 보일 수 있습니다."

그의 진지한 메일을 보고 일단 만나보기로 마음먹었다. 수미는 여행에서 돌아온 후 2014년 1월 14일, 만나기로 약속하였다.

첫 만남

하노버에서 함부르크까지 급행열차는 1시간 15분 걸린다. 함부르크가 가까워지자 수미는 마음이 뒤숭숭하고 불안하기까지 하였다. 70이 넘은 나를 정말 60이라고 믿어줄까, 남자가 정말 사진에서 보듯이 부드럽고 좋은 인상일까, 어떻게 인사를 할까 등등 수없는 생각이 머릿속에서 오고갔다.

열차는 서서히 도착을 준비하고, 도착을 알리는 방송을 들으며 가슴이 통통 뛰기 시작하였다. 열차는 정확한 시간에 도착하였다. 수미는 핸드폰으로 열차의 중간쯤인, 레스토랑 다음 칸에서 내린다고 서로 찾기 쉽게 연락하였다.

수미는 평소와 같이 수수한 차림새였다. 화장도 아주 엷게 하여 화장을 안 한 것 같았으며, 감색 코트에 굽이 거의 없는 겨울 부츠를 신었다.

그는 수미를 바로 알아보고 꽃다발을 한 아름 안겨주며, 와주어서 감사하고 기쁘다며 가볍게 끌어안으며 볼에 가볍게 키스하였다. 수미는 머리끝에서 발끝까지 전기에 감전된 듯 온몸에 짜릿한 느낌을 받았다.

그는 독일인으로는 좀 작은 편이었는데 170cm 키에 알맞은 체격으로 평생 스포츠를 한 흔적이 보였다. 첫인상이 마음에 들었다. 테 없는 안경을 쓰고 스포츠 재킷을 입은 폼이 얼굴에 잔주름이 없다면 60도 안되어 보였다. 73세라는 것이 믿어지지 않았다. 수미는 그의 움직임이나 걸음걸이, 목소리에서 남성성을 느낄 수 있었다.

그는 미소를 띠우며 커피 마시러 카페에 가겠는지 아니면 자기 집에 가서 자기가 끓여주는 커피를 마시고 싶은지를 물었다.

수미는 생각하였다. '오늘 처음 만난 남자를 따라 그의 집에 가다니… 말도 안 돼.' 하지만 남자가 너무 진실하고 착하게 보일 뿐 아니라, 오늘 그의 집을 보고 골프장을 보고 돌아가려면 우물쭈물할 시간이 없어 그를 따라가기로 했다. 약간의 모험 없이는 아무것도 안 된다.

수미는 그의 집에서 커피를 마시자고 했다.

제이는 뜻밖이라는 듯 좋아하면서 말하였다.

"용기가 대단하군요. 이메일을 주고받을 때 한 말마다 두드려가며 진전하던 때와는 사뭇 다르군요."

그러자 수미가 대답하였다.

"여유를 부릴 시간이 없어요. 골프장을 보고 돌아가려면 시간이 빠듯하거든요. 5시 차로 돌아갈 계획으로 왔어요. 나는 가능한 한 늦게 돌아다니는 것을 피하는 편이에요."

"그래요. 혼자 살면 모든 면에 조심해야지요. 시간 맞추어 역에 데려다줄 테니 걱정 말아요."

그의 차는 겉으로 보기에는 수수해 보였는데 성능이 좋은 차였다. 그가 차문을 열어주어 들어가 앉으며 차를 깨끗이 청소했음을 느낄 수 있었다.

"차가 깨끗하네요."

"어제 차를 손질하고 청소하고 정리해서 그렇지, 항상 이렇게 깨끗하지는 않아요. 귀한 손님을 맞이하기 위해 정성을 다해 청소했지요. 5년이나 되었지만 아직 아무런 말썽 없이 잘 달려주어서 참으로 다행으로 생각합니다."

눈가에 잔주름을 지으며 미소를 짓는 옆모습이 꽤 정답게 다가왔다.

함부르크 정거장에서 동남쪽으로 약 15분간 가니 길가에 큰 상점이 있고 그 옆에 1900년 정도에 지은 고풍스러운 벽돌 건물이 딸려 있는데 그가 생활하는 곳이라고 한다. 3층짜리 건물로 2층은 세를 주었으며 그는 지붕 밑을 고쳐서 사용하고 있다고 한다. 지붕 밑을 고쳐서 만든 그의 아파트에는 3개의 방과 2개의 목욕실이 있고 고풍스러운 벽난로가 있으며 지붕 위 테라스에는 많은 장미와 나무를 심어 독일인의 평균적인 아파트보다 질이 높은 개성적인 맛이 있었다.

수미는 그가 끓여주는 커피와 비스킷을 먹으며 이런저런 대화를 나누었다. 모든 것이 마음에 들었다. 커피를 마시며 수미는 온통 생각이 나이 문제를 어떻게 해결할 것인가로 꽉 차 있었다.

우선 골프장을 둘러보기로 하고 아파트에서 나와 차를 타고 약 10분 거리 되는 골프장을 갔다. 겨울이라 골프장은 쓸쓸하게 비어 있었는데 몇 사람이 드라이빙 렌지에서 연습을 하고 있었다. 골프 클럽은 함부르크에 있는 유명하거나 비싼 고급 클럽이 아니라 9홀짜리 조그만 골프장이었다. 예전에는 꽤 좋은 컨트리클럽에 다녔는데 거리상 너무 멀고, 부인과 헤어지며 경제 사정이 좋지 않아 집에서 가깝고 값이 저렴한 이 골프장으로 2년 전에 옮겼다고 한다. 수미는 속으로 다행이라고 생각했다. 거의 10여 년을 정기적으로 골프를 치지 않았으며 70의 몸에 다시 골프를 시작한다면 이런 조그마한 골프장이 제격이라고 생각되었다.
"공 몇 개 때려 볼래요?"
수미는 사실 자신이 없었지만 그의 짧은 SW로 몇 개의 공을 시도하였다. 고맙게도 공이 맞아주어서 골프화도 신지 않고 코트를 입은 채 거의 반 바스켓을 연습했다.
"스윙이 마음에 듭니다. 가볍고 부드럽고, 아주 좋습니다."
수미는 기분이 좋았다. 컨트리클럽 레스토랑이 닫혀서 오는 길에 중국집에서 음식을 먹으며 주로 골프 이야기를 했다. 수미는 어떻게 나이 문제를 해결해야 하는지 골몰하느라 그의 말이 들리지 않을 정도였다.
그의 아파트로 돌아오니 추위에 드라이빙 렌지에서 반 시간 연습한 이유로 허리가 아프고 피곤하기까지 했다. 그는 그녀의 컨디션을 바로 눈치 채고 기차 시간까지 두 시간 정도 여유가 있으니 소파에서 한 시간 정도 쉬라며 담요를 갖다 주었다. 수미는 그의 섬세한 배려가 마음에 들었다.
소파에 눕자마자 금세 잠이 들었다. 한 시간 정도 자고 나니 피곤이 풀렸다.
수미는 그가 끓여주는 차를 마시며, 오늘 나이 문제를 해결하지 않으면 안 된다는 강박감을 느꼈다.
'이 문제가 해결 안 되면 정들기 전에 헤어져야 한다. 단 한

시간도 지체하면 안 된다.'

제이가 벽난로에 불을 붙여 분위기가 아주 온화하고 다사로웠다.

수미는 미소 띤 얼굴로 제이를 정답게 바라보았다.

"인터넷을 통한 만남이 얼마나 위험한지에 대해서는 들으셨지요? 진실이 아닌 것을 말하고, 이메일은 자신을 감출 수 있다는 생각으로 포장된 진실을 써 보내는 경우가 많지요."

"그래요, 당신 말이 맞습니다. 나도 사실 키가 170cm인데 173cm로 기재했거든요. 하하하…."

"대부분의 여자들이 키 큰 남자들을 선호하는 편이죠. 사실 그런 것은 중요하지 않은데 말이에요."

"그래요. 남자가 너무 작으면 좀 문제지만 그런 외형적인 것보다 인간의 됨됨이가 우선이라고 생각합니다."

침묵이 잠시 흐른 뒤, 수미는 가라앉은 차분한 음성으로 계속 말하였다.

"많은 남자들이 자기보다 10년 이상 어린 여자를 찾는데 여자들이 평균적으로 오래 살고, 건강한 편이므로 진정으로 파트너를 찾는 남자라면 자기보다 조금 어리거나 동갑인 여인을 찾는 것이 현실적이라고 생각하지 않으세요? 전 나이는 한 부분에 불과할 뿐이고, 다른 많은 조건들이 맞아야 건전한 파트너 형성을 할 수 있다고 믿어요."

"파트너 형성에, 특히 늙어가면서 서로 의지하고 같이 늙어갈 인간을 찾는다면 나이보다는 취미, 건강 상태, 인생관, 그를 둘러싸고 있는 인간들, 경제 상황… 등 많은 것이 중요하다고 생각합니다."

제이는 아무 말 없이 수미를 부드러운 눈길로 쳐다보며 수미가 계속 말해 주기를 바라는 자세를 보였다.

"한 인간의 늙어가는 과정은 사람마다 다릅니다. 50세 여인이 잔병이 많고, 담배 피우고 술을 많이 마셔 60세로 보이는 경우도 있고, 70세 여인이 긍정적인 인생관을 갖고 건강하고 활기차게 살면 60세로 보이고 활동력도 60세 못지않게 좋을 수 있습니다. 당신도 예외적인 남성은 아니에요. 당신은 프로필에 원하는 여자의 나이를 60에서 65세로 기재했습니다. 당신은 73세인데 70세의 여인이 맞지 않을까요?"

수미는 미소를 잃지 않고 부드러운 음성으로, 그러나 또박또박 이야기하였다.

그는 수미가 대화를 어디로 끌고 가려는지 짐작하였다.

"물론 나도 그렇게 생각합니다. 그렇지만 파트너 찾는 난에 나이를 속이는 것은 좋지 않다고 생각합니다. 처음부터 거짓으로 시작하는 인간관계가 좋게 진전될까요?"

수미는 대화가 부정적으로 나간다는 직감이 들었다.

"하지만 살다 보면 어쩔 수 없는 거짓말도 있지 않나요? 내가 원하는 남자는 나와 동갑이거나 조금 나이가 많은 것을 바랐는데, 그런 사람을 만나거나 어떤 반응이라도 받으려면 나 자신의 나이를 60으로 하지 않으면 전혀 찬스가 없다는 것을 배웠습니다."

그는 잠시 입을 다물고 침묵하였다.

'무슨 생각을 하는 것일까?'

그의 침묵에 수미는 순간적으로 안절부절못하였다.

"그래요, 당신 말이 맞습니다. 내게는 70세가량의 여인이 맞습니다. 살다 보면 살아남기 위해 많은 거짓을 말하고, 속이게 됩니다. 거짓말을 안 하고 사는 사람은 아마 이 세상에 없을 겁니다."

수미는 그를 쳐다보며 미소를 지었다.

"제이 씨는 제 말의 의미를 빨리 알아채셨네요. 나쁜 의도는 없었습니다. 실제 내 나이를 밝히니 전혀 기회가 없었어요. 솔직히 80이나 90세 노인의 병치레를 해주기 위해 파트너를 찾는 것은 아니잖아요. 나는 지금도 파트너와 함께 살며 사랑하고, 골프도 같이 치고 싶고 여행도 다니고 싶거든요. 기다림에 지쳐 10년을 줄여서 사진을 내고 이메일도 새로 개정하였습니다. 내 생각에 나는 나이에 비해 많이 늙지 않았고, 건강상태도 60세 못지않게 좋다고 생각해요. 자신에 대한 과대평가일지 모르지만, 많은 사람들이 제가 건강하고 나이에 비해 젊다는 것을 인정해 줍니다."

"수미 씨는 60도 안되어 보입니다. 정류장에서 수미 씨를 보고 나이보다 꽤 젊어 보인다고 생각하고 참 좋았습니다. 도저히 70세 여인이라고 믿어지지 않습니다. 혹시 성형수술하지 않으셨어요?"

수미는 깔깔 웃었다.

"나이 외에는 전부 진짜예요. 평생 동안 아무런 수술도 하지 않았어요. 치아도 거의 진짜입니다. 자, 그러면 내 나이가 얼마인지 맞혀보세요."

"68에서 70 사이라고 추측됩니다."

수미는 핸드백에서 운전면허증을 꺼내 보여주었다. 4월이면 만 71세이다.

그는 미소를 지었다.

"이것은 인연입니다. 수미 씨가 나이를 속이지 않았으면 우리는 절대로 만날 기회가 없었을 겁니다. 그렇지만 내가 당신의 나이를 그대로 받아들이는 데 조건이 있습니다."

그는 수미를 쳐다보며 개구쟁이 같은 미소를 지었다.

"교통위반을 하여 경찰에 걸리면 어떻게 되지요?"

"운전면허증을 뺏기거나 벌금을 내거나…."

"그래요, 당신은 교통위반을 했는데 작은 위반이 아니라 10년이라는 엄청난 위반을 하였습니다. 그러나 내가 잘 봐주어서 하루에 1유로씩만 벌금을 받을 테니 3,650일에 1유로씩 물면 3,650유로 둘이서 따듯한 스페인이나 터키에서 두 주간 정도 신나게 골프 여행을 할 수 있겠네요."

시간이 빠르게 흘러 수미는 계획했던 기차를 놓치고 다음 기차를 이용해야 했다.

"액수가 너무 많아요. 하지만 생각해 볼게요. 그러면 내가 10년이나 나이를 줄인 것을 용서하고 다시는 거기에 대해 문제를 만들지 않겠다는 것이지요? 집에 가서 잘 생각해 보고 답을 줄게요."

수미는 그가 역에 데려다주기를 바라며 일어날 준비를 하였다. 그는 섭섭한 얼굴을 하며 수미의 두 손을 잡고 사랑스런 눈빛으로 수미를 들여다보았다.

"잠깐만 앉으세요. 제가 또 다른 제안을 하겠습니다. 벌금을 내기가 아까우면, 10일간 나하고 같이 지내는 건 어떤가요? 1년에 하루입니다. 휴가나 여행으로 서로를 알고 배운다는 것은 어려운 일입니다. 자신들의 좋은 면만 보이려고 노력하고 분홍빛 베일을 쓰고 세상을 보기 때문입니다. 보통 평상시의 생활과 자질구레한 일에서 거짓 없는 진정한 한 인간을 알고 배울 수 있습니다."

그의 말에서 진정성을 느꼈다. 그는 몸에 비해 손이 곱고 손가락이 길었으며 손길은 부드럽고 따듯했다. 게다가 손이 큰 것도 마음에 들었다. 수미는 손이 작은 남자는 쓸쓸이나 사고가 잘고 대범하지 못하다는 편견을 갖고 있었다.

수미는 오래된 가물로 메말라 갈기갈기 갈라진 마른 땅 같던 심장에 말초신경과 감정이 되살아나기 시작함을 느꼈다. 그가 수미의 두 손을 가볍게 잡았을 때, 마치 벨벳이나 실크를 손에 감는 것 같은 느낌이 들고 가슴의 피가 갑자기 온몸을 뒤흔들며 잔잔한 파도 같이 출렁거렸다.

지금까지 만난 남자들에게서 전혀 느껴 보지 못한 감정이었다. 그들은 하나같이 징그럽고 능글맞아 동병상련의 정을 느끼기는커녕 추하게 늙었다는 생각이 들곤 했었다.

"집에 가서 잘 생각해 보고 알려드릴게요."

그는 얼굴에 잔뜩 미소를 지었다.

"아닙니다. 소뿔도 단김에 빼라는 말이 있듯이 지금 바로 결정해 주십시오."

수미는 흐뭇했으나 한편으로 그의 단호한 요구에 겁이 났다.

"너무 무리한 요구라고 생각하지 않으세요? 우리는 만난 지 몇 시간 지났을 뿐이에요. 그런데 어떻게 10일을 같이 지내자는 제의를 할 수 있나요?"

"행운이라는 것은 마치 사고나 불행한 일같이 예고 없이 찾아 옵니다. 그런데 그것을 직감 못하고 놓치면 그런 행운은 또다시 당신을 찾아주지 않습니다. 골프에서 10m 거리를 적당히 보고 퍼팅했는데 들어가 주는 순간이 있지요? 그런 것이 행운입니다. 우리가 만난 것은 그런 행운입니다. 이것을 직감하고 잡아야 합니다. 나는 정거장에서 수미 씨를 기다리며 마치 여행 갔다 돌아오는 아내를 마중 나온 것 같은 착각을 했습니다. 전에 아내가 혼자 어디 갔다 오면 마중 나왔던 기분과 너무나 같았습니다. 이런 것이 바로 인연이라는 것이 아닐까요?"

수미는 그의 말에 감동하여 다시 앉았다. 그는 수미의 두 손을 잡고 아무 말 없이 그녀의 눈을 정답게 들여다보았다. 눈가의 잔주름으로 나이를 읽을 수 있었지만 그의 푸른 눈빛은 아직도 광채를 잃지 않았다. 큰 눈은 아니지만 한없는 부드러움과 다사로움을 풍겼다.

"그러면 당신은 내가 어떻게 하기를 원하는 건가요? 구체적으로 말해 보세요."

"아주 간단합니다. 집에 가지 말고 오늘부터 나하고 10일간 같이 지냅시다. 누가 기다린다고 빈 집에 그리 가려는 겁니까? 텅 빈 아파트, 나오면서 보온 온도를 줄여놓아서 들어가면 써늘한 빈 집, 불을 켜기 전에 어두운 구멍 속으로 기어 들어가는 기분일 텐데 무엇이 좋아서 가려고 합니까?

수미는 좀 어처구니가 없어서 아무 말도 못하고, 입을 좀 벌린 상태에서 10초는 숨도 쉬지 않고 전 세상이 정지된 듯, 그대로 앉아 그를 쳐다보았다.

"간단하게 생각하세요. 약속이 있으면 연기하고, 약이 필요하면 의사에게 처방해서 사고, 옷은 우선 있는 것 입고, 아마 스포츠 옷들은 내 것이 좀 커도 대충 맞을 것이며, 잠옷은 나에게 충분히 있습니다."

수미는 10일간 약속도 없고, 꼭 먹어야 하는 약도 없었다. 단지 옆집 아주머니에게 전화해서 편지함만 비워달라면 된다.

"제이 씨, 이 근처를 한 반 시간 정도 산보하면 어떻겠어요? 아직도 밤차로 갈 수 있는 시간이 되니까, 나한테 30분 정도 생각할 시간을 주면 좋겠어요."

그는 쾌히 승낙하고 바로 자리에서 일어나 코트를 입었다. 이미 밖에는 어둠이 살짝 내려앉았으며 어깨를 움츠릴 정도로 기온이 낮아졌다.

올 겨울 첫눈이 내리기 시작하였다.

그는 수미에게 자기의 캐시미어 스웨터를 입혀 주었다. 그의 동작은 마치 어린아이에게 옷을 입혀 주는 것 같았다.

둘은 공원을 거닐었다. 그가 수미의 어깨를 자연스럽게 감싸 안았다.

"아주 오랫동안 수미 씨와 함께 생활하고, 이 길을 수미 씨와 걸어 다닌 것 같은 느낌이 드는 이유가 무엇인지 알 수 없습니다. 아마 우리는 전생에 이미 알고 있었던 것이 아닐까요?"

"그러게요. 저도 이 길을 자주 산책한 것 같은 느낌이 들어요. 이런 것이 바로 데자뷰(Deja-Vu)라는 것일까요?"

"수미 씨는 전생과 후생을 믿습니까?"

"믿지는 않지만 부정하지도 않아요."

"죽은 첫 아내와는 끔찍할 정도로 사랑했습니다. 그녀는 10년간 암을 앓다 죽기 전에 자신이 죽으면 나에게 맞는 여인을 하늘에서 골라주겠다고 하였어요. 상처하고 4년 후, 알고 지내던 건축사로부터 한 여자를 소개받았습니다. 경제력도 좋고 미인이었는데 왠지 죽은 아내처럼 사랑할 수 없었습니다. 그 당시 사업을 확장해야 할 처지에 놓여 있어서 그녀와 결혼이 쉽게 이루어졌습니다. 그녀의 투자로 사업이 번창하여 시내 한복판에 고급 대리석 판매 전시장을 열고, 북독일에 나의 이름이 알려지기 시작했습니다.

진정한 사랑이 없는 결혼은 별로 행복하지 않았습니다. 나는 사업에 온 정력을 쏟아부었기 때문에 아내는 바람을 피우기 시작했고, 결국 4년 만에 이혼하게 되었습니다. 그녀는 소비력이 대단하여 4년간 빚이 많이 늘었습니다. 그래서 빚의 반을 책임지지 않으면 안 되었습니다."

수미는 그의 팔짱을 낀 채 오랜만에 사람의 따스한 체온을 느낀다고 생각했다.

"이제 돌아가는 것이 좋겠어요. 추워서 더 이상 못 가겠어요."

그는 돌아서면서 수미의 얼굴을 두 손으로 감싸고 키스해도 좋으냐는 말없는 물음을 보내왔다. 수미는 말없는 답을 보내고, 두 사람은 추위를 잊고 첫 키스를 즐겼다. 추위에도 불구하고 두 사람의 가슴에 뜨거운 불덩이가 내려앉았다.

조금씩 내리던 눈이 꽤 많이, 나비들같이 하느작거리며 그들의 어깨 위에 내려앉기 시작했다. 고풍스러운 길가의 전등은 낭만적인 불빛을 두 사람에게 던져주었다.

수미는 거의 잊었다고 생각했던 낭만적인 분위기를 인식하는 자신이 새삼스러웠다.

"대답하세요. 지금 당장, Ja oder Nein(예, 아니오로)."

수미는 웃으면서 그에게 말했다.

"꼭 대답을 해야 하나요? 이미 나는 대답한 것으로 아는데…."

그는 수미를 끌어 앉고 다시 정열적인 키스를 했다.

집 앞에 다다르자 그는 한 건물을 가리켰다.

"헌 건물이지만 가치는 대략 2밀리언입니다. 우리가 같이 손잡고 경영하면 전처의 빚을 갚을 수 있으며 반은 당신 것입니다. 큰 부자는 아니지만 팔면 빚 다 갚고도 우리는 죽을 때까지 돈 걱정 없이 살 수 있습니다. 전제 조건은 우리가 서로 사랑할 수 있고 서로를 존경하고 도울 수 있는 능력입니다. 우리에게 주어진 시간은 10년에서 최고 20년입니다. 하루하루 의식적으로 즐기며 살아야 합니다. 우리가 20년을 더 산다 하더라도 마지막 10년은 어떤 적극적인 생활을 하기 힘들 것입니다. 우리는 둘 다 건강한 편이지만, 언제 무슨 사형 선고가 내려질지 알 수 없습니다."

두 사람은 첫사랑에 빠진 사춘기의 커플같이 손을 잡고 33개의 층계를 올랐다.

첫날밤

제이는 수미가 층계를 오르며 약간 힘들어 하는 기색을 보이자 천천히 올라갔다.

"이것도 하나의 운동입니다. 그러나 언젠가는 엘리베이터가 있는 집을 구해야겠지요. 이 집을 못 떠나는 이유는 이곳에서 20년 이상 사업을 하고 너무 정이 들어서 쉽게 다른 아파트를 구할 수 없을 것 같으며, 아직은 하루에 몇 번씩 오르락내리락 해도 끄떡없기 때문입니다. 그러나 새 사랑을 찾으면 생활을 바꿀 생각입니다."

아파트에 들어가니 아직도 벽난로에 재가 남아 있어 제이는 서둘러서 나무를 넣어 불을 살렸다. 그의 동작은 재빠르고 동시에 유연했다.

벽난로의 불꽃과 테라스 창문을 통해 이제 막 사랑에 빠지기 시작한 두 사람을 들여다보는 어둠은 서로 조화를 이루며 그림같이 아름다웠다. 그는 수미를 벽난로 앞에 놓인 스윙 소파에 앉히며 말했다.

"제발 내 집같이 생각하고 마음 편히 가져요."

제이는 크리스털 잔에 빨간 포도주를 한잔 갖다 주었다.

"이런 아름다운 순간을 즐겨요. 앞으로 우리의 관계가 어떻게 되든, 지금 이 순간은 아름답습니다."

수미는 벽난로의 불꽃을 보며 포도주를 조금씩 마셨다. 어제만 해도 이런 순간이 오리라고는 상상조차 못했는데 참으로 인생은 알다가도 모를 일이라고 생각하였다. 그리고 그의 말대로 갑자기 찾아온 아름다운 순간을 즐기기 시작하였다.

그는 수미 옆에 앉아 포도주를 즐기는 듯했다.

"바깥에 있다가 따듯한 방에 들어오니 피곤도 하고 배도 고프네요. 내가 저녁 만들어줄게요."

그는 검은 빵에 치즈를 얹고 토마토와 올리브를 옆에 곁들여 한 접시 내놓았다. 마침 배가 고팠던 참이라 수미는 맛있게 먹으며 그의 살림 솜씨를 칭찬하였다.

그는 음악을 틀었다. 은은한 클래식이 흐르다가 블루스 곡이 나오자 그는 수미에게 춤을 청해 왔다. 그는 포근한 기분으로 수미를 끌어안고 블루스를 추었다.

그것은 춤이라기보다 두 인간이 액체로 변해 하나로 녹아 들어간 상태에서 음악에 도취되었다고 할 수 있다. 연달아 탱고와 다른 음악들이 나왔지만 두 사람에게는 시간도 공간도 이미 말살되고 진공 상태에 도달하였다. 생각할 능력도 말살되고 연분홍빛 진공 속으로 깊이 빨려 들어갔다. 피곤하고 지친 한 인간이 깊은 잠에 빠지는 달콤한 순간, 배고프고 굶주리던 인간이 따뜻한 음식을 대하는 순간의 즐거움, 추위에 떨며 방황하던 인간이 따뜻한 방에 들어가 쉬고 목욕하는 쾌감….

그도 수미도 꿈같은 상태에서 깨어나기 싫었다. 오랜 가뭄으로 수만 개로 갈라지고 메마른 땅에 한두 방울의 빗물이 떨어지기 시작하더니 이제는 제법 봄비가 조용히 내리기 시작하였다.

밖에는 계속 눈이 내리고 있었다. 점점 깊어가는 어두움과 소리 없이 침묵하며 내리는 눈은 두 사람의 아름다움을 보려고 창가에 코끝을 바짝 붙였다. 얼마의 시간이 흘렀는지 모르겠다. 음악이 그치고, 그들은 음악 없이 한동안 눈을 감은 채 서 있었다.

제이는 천천히 꿈에서 깨어나 수미를 다시 소파에 앉히고 말 없이 수미를 애무하였다. 그의 손길은 무엇에 비교할 수 없이 부드럽고, 그의 피부에서 풍기는 냄새는 향기로웠다. 금방 깎은 잔디밭의 향기로움과 해가 떨어지는 저녁나절 숲속에서 풍기는 촉촉한 향기의 복합 같았다.

그가 수미에게 속삭였다.

"우리 같이 목욕하고 같이 자러 가요."

수미는 놀랐다. '어떻게 만난 지 몇 시간 밖에 안 된 사람과 같이 목욕을 하고 같이 잠을 잔단 말인가? 나는 창녀도 아니고, 호스티스도 아닌데….'

남편 외에는 다른 어떤 남자와 경험이 없던 수미로서는 하나의 쇼크였다. 그의 따뜻한 품에 안겨서 잠이 든다는 것은 아름다운 꿈같은 상상이지만, 수미가 지금까지 살아오면서 지켜온 삶의 규범상 그에게 완전히 문이 열리지는 않았다.

'이 남자와 같이 자고, 10일 후에 헤어진다면 나는 얼마나 상처를 입을까? 아마 그 상처로 인해 죽을지도 몰라.'

남편이 죽은 후 갑자기 심장에 문제가 생겨 입원해서 진단을 받아본 결과, 아무런 이상은 없지만 '부로큰 하트(마음의 고통으로 망가지는 심장)'라는 진단을 받고 1년 이상 약을 먹고 고생하던 일이 떠오르자 덜컥 겁이 나기 시작했다.

그는 수미의 두려움을 직감한 듯했다.

"싫고 겁나면, 혼자 자요. 나는 거실 소파에서 잘 테니 수미 씨는 내 침대에서 편히 자요."

수미는 은근히 그가 침실로 데리고 가 침대에 눕히기를 바랐지만, 그러기에 제이는 너무 신사였다.

"수미 씨는 한 번도 남자와 같이 샤워하거나 같이 목욕한 적이 없어요?"라고 말한 뒤 웃으며 다시 말을 이었다.

"아니 70이 먹도록 무엇하고 살았어요. 수미 씨는 인생의 수많은 아름다운 순간들을 놓치고 살았나 보군요. 인생에 있어 무엇이든지 한번 시작하기 마련입니다. 우리의 생은 단 한 번뿐입니다. 연습으로 살고 다음에 무대에 서는 것이 아니고, 연습 없이 바로 무대에 서서 공연을 하는 것이 인생입니다. 나는 수미 씨가 원하지 않는 것은 절대로 안 할 테니까 걱정 말아요."

그는 미소를 잃지 않고, 부드러운 음성으로 조용조용 이야기하였다.

"우리가 무대 위에서 한 동작과 말, 시간은 되돌아오지도 다시 교정할 수도 없어요."

수미는 생각했다. '나는 많은 시간을 헛되게 보냈던 것일까?' 외로움이 아파서, 사랑하는 인간의 따뜻한 피부가 그리워서 이불 밑에서 자위하며 울던 많은 날들이 파노라마 같이 지나갔다.

수미는 10년간 혼자 지내면서 자주 자위를 하였다. 어쩌다 절정에 달하고 나면 왜 그런지 한없이 슬퍼서 울다 잠이 들었다. 70이 가까워지자 성에 대한 관심이 적어지고, 자위하는 수도 줄어들었지만 사랑이란 감정과 남자의 따듯한 체온에 대한 그리움은 여전하였다. 더구나 정신적으로 한 인간에 대한 굶주림과 배고픔은 조금도 변하지 않고, 나이가 들수록 더 심해지는 것 같았다. 겨울잠을 자는 동물은 자는 동안 배고픔을 못 느끼지만, 영양에 대한 욕구는 항상 있는데 그것이 생존할 수 있는 조건이라고 한다.

"제이 씨 말이 맞아요. 사실 나는 당신의 제의를 받아들이고 싶은데 겁이 나고, 당신이 나를 싫다고 할 경우에 오는 아픔과 실망을 생각하면 아예 시작을 안 하는 것이 좋을 거라는 생각이 들어요. 70된 여인의 몸은 아름다움이 지난 지 오래되었고, 시든 꽃을 당신이 좋아할 것 같지 않아요."

"여인은 아무리 늙어도 사랑하면 아름답습니다. 나도 늙었습니다. 모든 인간들이 오래 살기를 원하지만 늙기는 싫어합니다. 늙는다는 것을 부끄러워하거나 억울해하지 않고 감사하게 받아들이면, 오랫동안 건강과 젊음을 유지할 수 있습니다."

그의 긍정적인 생각과 인생관이 수미를 기쁘게 했다.

수미는 다시 자신과 싸우기 시작하였다.

'지금 따듯한 목욕물에 들어가면 얼마나 좋을까? 무엇이 나를 막는 것일까? 도덕? 내가 누구에게 나의 행동을 변명해야 하나? 하느님? 나는 아무에게도 해를 끼치지 않는다. 제이를 기쁘게 하고 나 자신을 기쁘게 할 뿐이다. 할까, 말까? 내가 처음 만난 남자와 목욕을 같이 하고 잠자리를 했다는 것을 딸이 안다면 얼마나 엄마를 천하게 생각할까? 딸에게 굳이 알릴 필요가 있을까? 딸의 생은 나의 생과 아무런 상관이 없다. 그런데 어떻게 옷을 벗고 욕탕에 들어가지? 물론 사우나를 자주 다녀서 벗는 것에 문제는 없었지만 처음 만난 남자 앞에서 다 늙은 몸을 보이고 옷을 벗는 용기는 없다.'

제이는 그녀가 망설이는 것을 알아챘다.

"욕조에 목욕물 준비하고, 불 끄고 촛불 하나만 켜놓고 먼저 들어갈 테니까, 욕조에 들어오든지 말든지 그때 결정하도록 해요."

그의 욕실은 크고 아름답고 고급스러웠다. 욕조는 지붕의 천장 밑을 이용한 삼각형으로 두 사람이 앉기에 편안한 크기였다.

수미가 이런저런 생각을 하는 동안 제이는 목욕물을 틀어놓았다. 그리고 음악이 은은히 흐르도록 하고, 촛불과 샴파냐를 한잔 준비해 놓았다. 수미는 지금까지 살면서 경험해 보지 못한 아름다운 분위기를 보고, 한편으로는 놀라고 한편으로는 행복감이 온몸을 감싸기 시작하였다.

'누군가를 찾기 시작한 지 3년 만에 결국 나는 나의 남자를 만난 것인가?'

그는 모든 준비를 마친 후, 옷을 벗고 거품이 나는 향기로운 물속에 들어가 앉았다. 그는 수미에게 샴파냐를 권하였다.

"이런 순간이 다시는 올 수 없는 아름다운 순간이라고 생각지 않으세요? 나는 오늘 참으로 행복합니다. 내일 땅이 꺼진다 해도 지금의 이 행복감을 즐길 수 있습니다."

수미는 아무래도 용기가 나지 않았다.

"눈 감고 쳐다보지 말아요."

수미는 몸을 감싸고 있던 수건을 욕조 앞에서 떨어뜨린 후 물

속으로 들어가 조심스럽게 앉았다.

"이제 눈 떠도 돼요?"

"Nein(아니오)."

"아니 나를 장님을 만들 작정입니까?"

그는 웃으며 눈을 떴다.

"예쁘기만 한데 왜 그렇게 수줍음을 탑니까?"

그는 수미의 젖을 두 손으로 조심스럽게 만지며,

"이건 처녀 가슴 같은데 뭐가 문제입니까?"

배를 만져보며,

"이 정도는 골프 치러 다니면 다 빠져요"라고 하였다.

그는 수미를 물속에서 들어 자기 넓직다리 사이에 앉히고 뒤에서 가볍게 껴안았다. 수미는 그의 성기가 완전히 발기한 것을 느끼면서 가슴이 두근거리며, 자신의 성기는 메말랐을 텐데 갑자기 그가 삽입하면 어떻게 하나 하는 걱정이 번갯불같이 지나갔다. 마음속에서는 뜨거운 피가 끓고 화산같이 폭발할 것 같았으나 그는 수미가 몸을 움츠리는 것을 알고, 수미의 손을 끌어다 자기의 성기를 잡도록 해주었다.

"수미, 내가 갑자기 성교할까 봐 겁내고 있지요? 얼마나 오랫동안 안 하고 살았습니까?"

"10년 이상요…."

"조심할게요. 바셀린이 있으니까 이따가 잘 바르고 조심스럽게 하면 괜찮을 겁니다."

그는 샴파냐를 한 입 물더니 키스하며 수미의 입 속에 넣어주었다. 수미는 눈을 크게 뜨고 깔깔 웃으며 말하였다.

"이것도 처음이네요 하하하….”
수미는 그가 행복을 느낄 수 있도록 아무런 저항도 하지 않았다. 두 인간이 서로 사랑하고 하나가 되어 핥고 빨고, 그는 마치 엄마소가 금방 태어난 송아지를 핥듯이 수미를 한없이 핥고 빨며 애무하였다.
"수미의 피부는 달콤하고 향기롭습니다. 피부가 비단같이, 알라바스타 대리석같이 곱고 매끈합니다.”
수미는 자신의 육체가 욕탕 위에 떠서 구경하고 있는 기분이었다.
그들은 욕탕에서 나와 침실로 들어갔다. 호화로운 것은 없고, 흰 가구와 진한 갈색 침대와 왼쪽 오른쪽에 조그만 보조탁자 둘이 놓여 있을 뿐이었다. 가구들은 수수해 보였지만 하나같이 고급이었다.
제이와 수미는 타월만 두른 채 침대에 들어갔다. 그는 수미를 가볍게 끌어안고 이불을 덮어주었다. 그는 몸이 달대로 달아서 뜨끈뜨끈하였다. 그는 침대 옆 보조탁자 서랍에서 바셀린을 꺼내 수미의 성기에 부드러운 손길로, 아픔이나 불쾌감을 주지 않기 위해 마치 갓난아기 엉덩이에 크림을 바르듯 발라주었다.
"좋아요?”
수미는 아무런 대답도 하지 않았다. 이런 순간에 무슨 언어가 필요할까?
제이는 조심스럽게 자신을 수미에게 삽입하기 시작하였다. 그의 행동은 성교를 한다기보다 자기의 육체와 영혼을 모아 수미에게 바치는 것 같았다. 수미는 성기의 질이 너무 좁아서 통증을 느꼈다. 그는 몸을 움직이지 않고 정지된 상태로 거의 1분을 버텼다.

"그만둘까? 아픈 모양인데…."

수미는 자신도 모르게 신음하고 있었다.

"아니에요. 좋아서 그래요."

황홀한 쾌감과 고통이 동시에 온몸을 휘몰았다.

"인간의 어떤 기관도 쓰지 않으면 퇴보하기 마련입니다. 팔이나 다리에 깁스를 오래하고 있다가 풀면 어떻게 됩니까?"

그는 이해심을 보이고 위로하였다.

수미는 그가 사정할 수 있도록 그가 하는 대로 몸을 맡겼다. 쾌감인지 아픔에서 오는 신음인지 수미는 연달아 신음하며 그의 허리를 정열적으로 끌어안았다. 그는 온몸이 불에 잘 달은 난로같이 뜨겁더니 절정에 도달한 뒤 깊은 한숨을 쉬었다. 그는 하품을 하더니 수미를 끌어안고 깊은 잠에 빠졌다.

두 사람은 꽤 오랜 시간 잠을 잤다. 제이는 일어나서 소변을 보고 소다수를 가지고 와선 수미에게 주고 자신도 한 컵을 단숨에 들이마셨다.

그는 수미 옆에 누워서 수미의 손을 잡고 정다운 눈길로 들여다보았다.

"오디세이의 방황이 오늘 끝난 모양입니다. 이제 나는 죽을 때까지 머무를 항구를 찾았다는 확신이 들어요."

수미는 한없는 방황 끝에 도착한 따듯한 보금자리를 느꼈다. 아무 말 없이 그의 품에 안겼다.

"수미는 나하고 꼭 맞아요. 내 품에 싹 들어와요. 너무 큰 여자는 품에 안기가 좀 거북하거든. 가슴도 내 손에 쏘옥 들어오고 꼭 맞고…' 그는 웃으며 다시 수미를 끌어안고 애무하였다. 그는 다시 몸이 달아올랐다.

'이제 그만하면 좋겠는데…'

그 순간, 외롭고 남자가 그립던 세월이 떠올라 수미는 굶주린 사자 같은 본능으로 그의 애무를 받아들였다. 수미의 가슴에 키스를 하던 그의 입술이 점점 아래로 내려가더니 한동안 배꼽을 키스하고 애무하였다. 그는 한 손으로 수미의 목을 껴안고 수미의 넓적다리를 쓰다듬었다.

"믿어지지 않아요, 당신 나이에 이런 부드러운 피부를 유지한다는 것이…."

"엄마 덕이지요. 엄마는 돌아가실 때까지 피부가 고왔어요. 엄마는 미인이었는데, 엄마의 미모는 받지 못했지만 대신 고운 피부를 받았어요."

그는 수미의 피부를 핥고, 빨고, 취향을 즐기면서 입술을 수미의 성기 쪽으로 가져갔다. 수미는 어쩔 줄 몰라 하며 다리를 움츠렸다.

"성기를 입으로 애무하는 것은 진정한 사랑이 없으면 할 수 없는 최고의 남자의 선물입니다. 눈을 감고 편안히 있어요. 몸을 움츠리지 말고. 내 몸이 아니라고 생각해요."

그는 곧 수미의 성기를 애무하였다. 그러자 수미는 정신을 잃을 정도로 흥분하여 절정에 도달하자 자신도 모르게 큰 소리로 신음하였다.

그는 수미를 자기 위에 눕혔다.

"수미가 하고 싶은 대로 한번 해봐요. 여자가 위에 있으면 자기가 하고 싶은 대로 움직일 수가 있어 좋아하지요."

어떻게 해야 좋을지 몰라 수미가 멈칫거리자 그는 자신의 성기를 수미에게 넣어주고 수미의 몸을 조심스럽게 움직여주었다. 그는 밑에서 수미의 젖가슴을 두 손으로 잡고, 젖꼭지를 입으로 애무하였다. 수미는 여전히 통증을 느끼며 동시에 쾌감과 황홀감을 즐겼다.

'사디-마조의 성적인 행동이 바로 이런 것인가?' 하는 생각을 했다. 어떻게 아픔과 쾌감이 동시에 가능할까 하는 생각을 하며, 그가 하는 대로 몸을 맡기니 또다시 절정에 오르기 시작하였다.

몇 년 전부터 자위하는 수도 적고, 아무리 상상력을 발동하여도 절정에 오르기 힘들어 이제 내 인생은 성과 이별하지 않으면 안 된다고 생각하던 때가 있었는데, 이것은 기적이 아닐 수 없다.

'제이는 어떻게 73세에 정력이 이렇게 좋은 건가. 정력제라도 복용하는 것일까?'

남편은 65세에 거의 성적 능력을 잃어서 심장병에 위험하지만 한 달에 한 번 정도 정력제를 복용하였는데, 아무튼 그의 정력이 놀라울 뿐이었다. 그는 또다시 절정에 오르고 사정을 하였다.

둘은 껴안은 채 다시 깊은 잠에 빠졌다. 눈을 뜨니 오전 10시가 넘었다. 그들은 일어나서 같이 샤워를 하고 너무 배가 고파 기진맥진한 상태로 커피와 빵과 계란을 네 개나 삶아 먹었다.

별로 받은 둘째 날

"우리 춥지만 옷 따뜻하게 입고 골프장에 가서 연습 좀 하고 오면 어떨까?"

그는 개구쟁이같이 웃으며 수미를 끌어안았다.

"당신이 원하면 나는 또 할 수 있어."

"어머나, 너무하다…."

수미는 그가 준 옷을 얼른 주섬주섬 입고, 그의 골프 재킷을 입고 도망가는 기분으로, 그의 짧은 골프채 두개를 갖고 드라이빙 레인지로 갔다. 이 골프장은 9홀짜리에 비해 드라이빙 레인지가 잘 되어 있고, 겨울이나 비 오는 날도 연습을 할 수 있고, 골프를 시작하는 초보자와 노인들이 치기 쉽도록 되어 있다. 또한 레스토랑이 아담하고 가정적인 분위기가 느껴졌다.

수미는 어젯밤의 정열로 다리가 아프고, 허리가 아팠지만, 늙은이 같은 엄살을 하고 싶지 않았다.

두 사람은 한 바구니 공을 빼서 지붕이 덮인 연습장으로 들어갔다. 수미는 될수록 많은 힘을 들이지 않고, 에너지를 소모하지 않도록 짧고 가벼운 스윙으로 연습을 하였다.

"좀 늦었지만 내 꿈이 이루어졌어요. 수미 씨 스윙이 마음에 듭니다. 골프장이 닫혔지만 다시 열리면 여름 그린은 없어도 나가서 같이 쳐요. 겨울 골프는 골프채 몇 개만 들고 들어가면 되지요? 파트너와 같이 공을 치는 남자들이 무척 부러웠어요."

그는 활짝 웃으며 남이 보는 것도 상관 않고 수미를 끌어안았다.

"중국집 옆에 조그만 그리스 식당이 있는데 거기서 점심 먹어요."

둘은 아침을 많이 먹었는데도 지난밤 너무 많은 에너지를 소모했는지 배가 고파서, 그리스 식당에 들어가 구이와 감자튀김, 샐러드를 주문하여 맥주와 함께 신나게 먹었다.

"나 조심해야 돼요. 이렇게 먹으면 금방 살 쪄요."

"집에 가서 다 소모하면 돼요."

수미는 말없이 웃으며 살며시 눈을 흘겼다. 그리고 테이블 위에 놓인 서로의 손을 잡고 쳐다보며 웃었다.

그는 남이 보거나 말거나 상관하지 않고, 길거리에서나 레스토랑에서나 마음이 내키는 대로 수미를 끌어안고 키스하였다. 수미는 조금 민망했으나 너무 사랑에 굶주리고 배고팠던 참이라 그가 하는 대로 맡기고 마냥 행복해했다.

나이가 70이라는 것을 완전히 잊었으며 생의 마지막 단계에 와 있다는 생각조차 전혀 할 수 없었다. 제이는 수미가 자신의 나이를 생각하지 못하도록 그의 생기와 힘을 수미에게 넣어주었다.

수미는 그의 아파트에 들어서며 하품을 하였다. 제이는 수미가 피곤해함을 곧 알아차렸다.

"우리 낮잠 잡시다. 수미 씨도 낮잠 자는 것 좋아해요?"

"그럼요, 늙으니까 낮잠 자는 것이 아주 좋은 것 같아요."

"나도 그래요. 내가 손끝도 건드리지 않을 테니까 낮잠 잡시다."

그는 옷을 입은 채 소파에 눕고, 수미는 침대에 누웠다. 그는 단 1분도 안 되어 깊은 잠에 빠졌다. 수미는 그가 건강한 이유를 짐작할 수 있었다. 수미는 피곤한데 잠이 빨리 들어주지 않았다. 깊은 잠에 빠진 지 얼마나 지났는지, 제이의 품에서 자고 있다는 것을 감지하고 눈을 떴다.

"수미 씨 꽤 피곤했나 봐요. 30분 넘게 자기를 안고 있었는데…."

그는 수미에게 커피를 가져다주었다.

"힘들어요? 정열적으로 사랑한다는 말 속에는 고통을 받는다는 뜻도 들어 있어요. 사랑한다는 것은 아름다우면서 때로 고통스러운 것이지요."

수미는 그가 생물학적인 고통이 아니라 정신적인 고통을 말하는 것이라는 것을 알았지만, 자신은 어떻게 고통과 쾌감을 동시에 즐길 수 있는지에 대해 잠시 생각하였다.

"피곤이 좀 풀렸으면 우리 시내에 나가요. 함부르크는 참으로 아름다운 도시입니다. 오늘 미니아투어 박물관 보고, 내가 전에 하던 전시장 보고, 엘베 강가에 가서 조금 거닐다 카페에서 와인 한잔 마시고 옵시다."

"많은 독일인들이 함부르크를 관광하는 것이 소원인데 나는 지금 함부르크에 발을 담그고 있군요."

수미는 너무 좋아서 어린아이 같이 깔깔거리고 웃으며 그의 얼굴을 부드럽게 만지면서 키스하였다. 그는 애정이 잔뜩 담긴 눈길로 웃으며 수미의 손길을 즐겼다.

"당신은 어젯밤에 오디세이의 방황이 끝나고 머무를 항구를 찾았다고 했지요?"

"남자들은 특히 나는 한 여자와 같이 자고 나면 나의 사랑인지 아닌지 직감으로 압니다. 수미는 나한테 100% 맞는 여인입니다."

"인간관계에 100%라는 것이 어디 있어요?"

"그래요. 첫 만남에서 80%, 살면서 10%, 나머지 10%는 죽을 때까지 배워야 하는데 아마 다 못 배우고 죽기가 쉽지요."

그는 갑자기 진지한 얼굴을 하였다.

"너무 늦기 전에 나갑시다."

박물관에 도착하니 관람할 수 있는 시간이 두 시간밖에 남아 있지 않았다.

"충분합니다. 한 시간이면 다 볼 수 있습니다."

미니 세계가 눈 밑에, 앞에, 옆에, 위에 펼쳐졌다. 5cm만 한 인간들과 세계에서 가장 크다는 미니 기차 정거장과 꿈의 나라를 돌아다니는 기분으로 시간 가는 줄 모르고 돌아다녔다. 꿈의 나라가 따로 있는 것이 아니다. 바로 이것이 꿈을 현실로 보는 순간이었다.

수미는 긴 복도를 지나 이 방 저 방을 돌아다니며, 사람들이 왜 조그만 것을 좋아하는가에 대해 열심히 생각하였다. 작년에 120만 명 이상이 박물관을 찾았다고 하니 그 인기가 놀라웠다. 1,300qm(㎡)에 널려 있는 15,400메타에 깔려 있는 세상에서 가장 길다는 미니 정거장의 모델은 기차뿐 아니라 시간까지 미니가 되어서 15분마다 석양이 지는 것이 인상적이었다.

　인간이 개미의 세계를 볼 때 인간이 월등히 크다. 개미가 박테리아의 세계를 볼 때 자신들이 크게 느껴진다. 거인의 세계가 우리 인간 세계를 보면, 지금 수미가 보는 이 많은 미니어처같이 느껴질까?

　'인간은 우주 앞에, 자연 앞에 얼마나 작은, 약소한 존재인가….' 이런저런 생각에 빠져 축소된 전 세계를 꿈속같이 돌아다니다 나왔다.

　1월의 저녁은 어두움과 추위가 빨리 찾아들었다. 수미가 추위하는 것을 보고, "강가는 추우니까 이 근처에 전에 내가 하던 전시장이 있어요. 그 건물 안에 이탈리아 카페 겸 식당이 있으니 빨리 갑시다"라며 수미의 손을 잡았다.

　두 사람은 한 고풍스러운 큰 건물로 들어갔다. 그의 전시장은 이미 5년 전에 다른 사람이 인계받았지만 그의 로고와 이름을 그대로 쓰고 그가 전시해 놓은 것을 그대로 쓰고 있어서, 많은 사람들이 아직도 제이가 사업을 하고 있다고 믿고 방문하는 사람이 많다고 한다. 결국 그 전시장은 그의 이름을 팔아서 사업을 하는 셈이었다. 전시장은 크고 아름다웠다. 많은 대리석과 모자이크 모델이 전시되어 있었는데, 지금까지 본 적이 없는 물건들과 모자이크도 전시되어 있었다. 전시장을 둘러본 뒤 그 건물 안에 있는 카페에 들어가 간단히 저녁을 먹었다.

　저녁을 먹고 나와 잠시 항구의 배를 보며 산책하다가 두 사람은 너무 추워서 따뜻한 집에 가고 싶은 생각밖에는 없었다. 집으로 돌아오는 차 안에서 그는 수미의 손을 쓰다듬고 넓적다리를 쓰다듬었다. 그의 따듯한 손길이 수미의 옷을 통해 스며드는 순간마다 수미는 온몸이 짜르르… 함을 느꼈다.

그는 빨간 신호 앞에 서면, 애정 어린, 따끈따끈한 눈길을 보냈다. 수미는 이제 다 접어두어야 한다고 생각했던, 깊이 숨어 있던 감정이 다시 살아나고 있다는 것이 믿어지지 않았다. 메마르고 갈라진 황무지에 조금씩 비가 내려 촉촉이 젖은 땅에 싹이 하나 둘 흙을 뚫고 나온다. 그 싹들은 끈질긴 인내심을 갖고 10년이라는 긴 세월을 비가 와 대지가 달콤한 수분으로 적셔지기를 기다렸다.

그들은 아파트에 도착하기 전에 이미 불이 붙기 시작하였다. 그는 차고에서 수미를 정열적으로 껴안으며 속삭였다.

"저녁 먹는 동안 참느라 무척 혼났어요."

그는 수미의 코트 밑으로 손을 넣어 수미의 등을 애무하며, 수미의 열을 올리기 시작하였다.

그들은 아파트에 올라와 부엌에 서서 와인을 마시며 말없이 서로를 애무하고 와인 잔을 들고 침실로 갔다. 그는 수미의 옷을 하나씩 벗기고 자기도 옷을 벗으며 얼은 서로의 몸을 껴안으며 체온의 따듯함을 마음껏 즐겼다.

제이의 정력은 대단하였다. 그는 완전히 흥분된 상태라 수미를 뒤에서 끌어안은 채 성교를 하기를 원했다.

그는 수미가 첫날에 비해 많이 촉촉해졌음을 감지했지만 부드러운 손길로 바셀린을 발라주었다. 그는 바셀린 발라주는 것 자체를 즐기는 것 같았다. 수미는 첫날에 못 느낀 쾌감을 느끼기 시작하였다. 그가 뒤에서 옆으로 삽입하는 기분이 무척 자연스럽고 흥분감을 주었지만, 어제처럼 약간의 통증이 있었다. 내색하지 않으려 했지만, 그는 수미가 몸을 움츠리는 것을 느끼고 아프냐고 물어왔다.

"아니에요. 아직도 좀 서먹해서 그래요. 걱정하지 말아요."

그는 조심스럽게 수미에게 다가왔는데 숨소리는 뜨겁고 정열적이었다. 성적인 경험이 별로 많지 않은 수미를 다루려면 섬세한 정서와 손끝의 감각이 필요했다. 그래서 그의 동작은 부드러울 뿐 아니라 수미를 위해 많은 움직임을 하지 않도록 조심하였다.

"많은 여자와 관계를 맺었었나 봐요."

"그래요, 많은 여자들을 알았어요. 그렇지만 사랑한 여인은 아내밖에 없었어요. 결혼을 40이 다 돼서 했으니까 총각으로 있으면서 많은 여자를 아는 것이 당연하지 않겠어요? 그때의 많은 경험을 당신이 지금 즐기고 있는 것입니다. 아내는 수수하고 부지런하고, 마음이 착한 회사 경리였어요. 회사 경리를 보아주고, 잡일을 도맡아했어요. 그리고 직원들을 잘 관리하고, 모든 것이 원활하게 돌아가도록 많은 도움을 주었지요. 결혼 후 바로 임신하고 아들을 낳았어요. 아들이 10살 되었을 때 유방암 선고를 받고, 10년간 치료 받으면서 거의 정상적인 생활을 하다가 갑자기 재발하여 악화되더니 1년을 못 넘기고 사망했어요."

"지금도 부인 생각을 많이 하세요?"

"가끔… 세월은 가장 좋은 치료사입니다. 잊을 수 있는 능력을 주신 하느님께 감사드립니다."

"저도 그래요. 5년 지나니까 모든 것이 희미해지더군요. 아픔도 상처가 아물면서 거의 의식할 수 없게 되었어요. 제 남편은 갑자기 세상을 떠나서 그 쇼크에서 벗어나는데 많은 시간이 걸렸어요. 그러다 외로움을 견디지 못해 사람을 찾기 시작했는데 3년 이상의 시간이 흐르더니 결국은 남편이 떠난 지 10년 만에 당신을 만났습니다."

그는 수미를 가볍게 끌어안고 등을 쓰다듬어주었다.

"아직 우리에게는 20여 년의 시간이 있습니다. 솔직히 하느님이 우리에게 얼마나 많은 시간을 선물할지는 아무도 모르지만, 우리의 좋은 뜻이 있는 한 하느님은 우리를 도와주실 것입니다."

그들은 거의 동시에 깊은 잠에 빠졌다.

벌로 받은 셋째 날

아침에 눈을 뜨니 9시가 넘었다. 둘은 함께 샤워를 했다. 수미가 같이 샤워하기를 꺼려하자,

"지금 경제 사정이 좋지 않아 절약하고 살아야 하는데 같이 샤워하면 돈도, 물도 절약 돼요" 하며 미소 지으며 수미를 끌어들였다.

그는 수미의 몸에 비누질을 해주면서 온몸을 매끄럽게 애무해 주었다. 수미는 이런 애무와 따듯한 물이 자신을 불붙게 하는 것에 놀라움을 느끼며 자신이 아닌 다른 여인을 보는 기분으로 즐겼다.

그는 자연스럽게 수미의 한쪽 다리를 자신의 허리쯤에 올려서 잡고 그녀에게 자신을 삽입하였다. 비누의 부드러움으로 거침없이 성교가 이루어졌다. 그가 큰 타월로 수미의 몸을 닦아주는데 수미는 다리에 힘이 풀려 주저앉고 싶었다. 그는 즉각 알아차려 수미를 침대에 눕히고 토닥거리며 이불을 덮어주었다. 다시 한 시간쯤 자고 일어났더니 빵과 커피, 과일과 한 송이의 장미가 식탁을 장식하고 있었다.

"미안해요. 내가 차려주려고 했는데…."

"상관없어요. 내가 너무 당신에게 취했나 봐요. 당신 힘들게 해서 미안해요. 오늘부터 조심할게요… 사실, 장담은 할 수 없

는데… 당신 피부가 너무 달콤해서….”

그는 얼굴에 함박웃음을 짓더니 이내 특유의 개구쟁이 같은 미소로 바뀌면서 수미를 의자에 앉혔다. 갓 구운 보리빵을 사 와 구수한 향기가 저절로 군침이 돌게 하였다. 금방 갈은 커피의 향기로움이 코를 간질이고, 예쁜 사기그릇들은 눈을 즐겁게 하며 수미가 맛있게 먹기를 재촉하였다.

"예쁘게 상을 차리셨네요."

"사랑하는 사람과 함께 아침을 먹는다는 것이 얼마나 행복한 일인지, 외로움을 모르는 인간은 맛볼 수 없는 진한 감정이지요. 우리가 지금 호텔 침대에서 나와 같이 식사를 한다면 지금 같은 진한 맛은 보기 힘들 것입니다. 수미 씨가 첫날, 집에 같이 와서 커피를 마신 것이 얼마나 좋았는지 당신은 모를 겁니다."

그들은 아침을 천천히 즐기며 하루를 계획하였다. 1월의 독일 날씨답게 밖에 눈이 조금 쌓여 있었다. 식탁에 앉으니 눈에 덮인 주변 주택들의 지붕이 내려다보였으며 추위에 떨고 있는 길가의 나무에서 처연할 정도로 아름다움을 느꼈다.

"내가 오늘 이 근처에 약속이 있으니, 같이 나가서 식품 장을 봅시다. 미팅이 약 20분 정도 걸릴 테니까 그동안 수미 씨는 이 근처를 돌아다니거나 카페에 들어가 있어요. 쇼핑 몰 안에 카페가 많으니 편한 대로 해요. 끝나면 전화할 테니까 전화기 꺼놓지 말아요."

우리는 차로 집에서 약 5분 거리에 있는 가까운 시내로 나갔다. 함부르크에 속한 주변 도시로 부유한 사람들이 사는 조용한 곳이었다.

　수미는 쇼핑 몰에 들어가 우선 급하게 필요한 옷을 몇 개 고르고, 특히 주말에 댄싱 티 파티(약 2시부터 6시까지 하는 커피와 케이크를 먹으며 춤을 추는 파티)에 가자고 했으므로 파티복은 아니더라도 겨울 원피스와 바지에 맞는 블라우스를 골라놓고 그의 전화를 기다렸다.

　그와 만나 골라놓은 옷을 보여주니, 블라우스는 마음에 드는데 원피스는 마음에 안 든다고 해서 다시 골랐다. 그는 사치스럽지는 않지만 안목이 높은 편이었다.

　그들은 점심 메뉴로 스테이크를 선택하고 그가 추천하는 레스토랑으로 들어갔다. 제이는 이 레스토랑은 음식 맛이 좋으며 꽤 고급 식당인데 몇몇 도시에도 이 식당이 있다고 설명해 주었다. 그리고 자기 회사에서 이 레스토랑을 디자인해 주었으며 테코의 진초록빛 나는 프랑스제 타일을 주로 이용하였는데 이것이 이 레스토랑의 심벌이 되다시피 하였으며, 20년이 지났는데도 교체하지 않는 것을 보면 품질이 얼마나 견고한지 알 수 있다고 덧붙였다. 왜 진초록빛으로 하였느냐는 수미의 질문에,

　"진초록빛은 신선한 채소를 상징하지요. 사람들은 샐러드 뷔페에 갈 때 머릿속에 신선한 채소를 떠올립니다. 이 레스토랑의 주인과 지금도 친분이 있지만, 그의 아이디어와 나의 아이디어는 서로 맞아떨어지는 것이 많았지요."

　레스토랑에서 나오니 겨울 햇살이 얼굴을 조금 내밀어주어 수미는 기분이 좋았다. 옷을 따듯하게 입고, 편한 신을 신었기 때문에 한 시간 정도 돌아다니며 함부르크에 있는 단 하나의 성

을 돌아보고, 공원 벤치에 앉아 겨울 햇살을 즐기며 잠깐 다리를 쉬었다.

그는 항상 수미의 손을 잡고 다녔으며 수미의 눈을 바라보고 이야기하였다. 수미는 동양적인 습관이 아직도 남아 있어 상대방의 눈을 똑바로 쳐다보지 못하고 눈을 아래로 깔곤 하였다.

"수미 씨, 대화할 때 상대방의 눈길을 피하면 흥미가 적다는 인상을 주기 쉽습니다. 왜 수미 씨는 나의 눈길을 피합니까?"

"저에게는 동양인의 피가 흐르기 때문이에요. 동양인들은 상대방을 빤히 쳐다보는 것은 상대방에 대한 예의가 아니라고 어렸을 때부터 교육받아 왔거든요."

"그런 것이 바로 서양과 동양 문화의 차이입니다. 나는 처음부터 당신이 파트너 찾는 난에 쓴 문장이, 독일 여인들의 진취적인 문장과 자신을 잘 팔려고 안간힘을 쓰는 것에 비해 조용하고 현실적인 내용이 마음에 들었습니다. 수미 씨의 문장은 마치 좋은 아크바렐(수채화) 그림을 보는 것 같았습니다. 대부분의 독일 여인들의 글은 진한 아크릴 색채로 그린 요란한 그림 같거든요. 당신의 글은 마치 약간 눈을 아래로 떨어뜨리고 숙고하는 자세로 쓴 것 같은 조용한 인상을 주었습니다. 다소곳이 내 말을 듣고 있는 지금의 자세와 똑같습니다."

파트너 중매 사이트에 수미가 쓴 자기소개 글은 다음과 같다.

나는 한국인의 뿌리를 갖고 있는 독일인입니다. 40년 이상을 독일에서 살아서 독일인들의 생활과 문화, 언어 습관을 많이 아는 편이지만 아직도 나의 뿌리는 동양인입니다.

은발의 사랑　63

나의 특성은 수수한 인간입니다.

앞에 골프와 춤추기가 취미라고 쓴 내용을 보고 놀기 좋아하고 사치하는 여인이라 생각하지 마십시오. 돌아가신 남편이 골프를 좋아하여 배웠고, 춤은 늙어가면서 이상적인 운동이라고 생각하여 스포츠클럽에서 배웠습니다. 춤은 집중력을 길러주고 육체와 정신간의 연대적 조합, 기억력을 위하여 아주 좋은 운동입니다.

한 사람을 찾습니다. 모험하고, 돌아다니고, 사치할 사람이 아니라 남은 인생을 서로 의지하고 존경하고 사랑하고 사랑받을 한 사람을 찾습니다.

남에게 폐를 끼치거나 남자의 경제력에 의지하여 사는 것을 아주 좋게 생각하지 않습니다. 나의 모든 비용은 내가 담당할 만한 조그만 경제력은 있습니다.

골프 치기를 좋아하지만 골프광은 아닙니다. 집안일을 좋아하고, 요리하는 것을 즐겨 외식을 별로 좋아하지 않습니다. 스스로 한 요리가 맛도 좋고 건강에도 좋다고 생각합니다.

모든 것을 적당히 하는 것을 좋아합니다. 아직도 여기저기 골프 여행에 대한 꿈을 갖고 있습니다. 나이에 비해 건강하며 골프 치는 데 아직 어려움이 없습니다.

진정한 뜻이 있으신 분의 소식을 바랍니다.

— 끝

식품점에 들러 고기와 생선과 채소를 사고 좋아한다는 치즈와 와인을 사고 집에 들어오니 저녁나절이 되었다. 저녁은 빵과 치즈와 샐러드를 만들어 먹고, 생선은 내일 수미가 요리하기로 하였다.

벽난로를 피우고 따듯한 불기를 즐기며 많은 대화를 나누었다.

벌로 받은 넷째 날

안개가 껴 회색 베일을 두세 겹 두른 것 같은 날씨였다. 제이는 아침잠에서 깨자마자 수미를 끌어안고 달구기 시작하였다.

"너무 그러지 마세요. 혼자 살 때는 어떻게 참고 지냈어요. 오늘은 휴식 시간을 두면 좋을 것 같아요."

"혼자 있을 때 하도 많이 굶어 배가 완전히 부를 때까지는 굶은 사자 같아요. 그렇지만 참을 수 있어요, 수미가 싫다고 하면…."

그는 슬그머니 수미의 손을 끌어다 자기의 성기에 갖다놓았다.

"그래요. 오늘은 쉴 테니까 대신 내 조그만 친구를 손으로 잘 다듬어주어요."

수미는 웃으며, "왜 당신이 10년은 젊은 여자를 원했는지 알겠어요. 그렇지만 60 먹은 여성도 성에 대한 흥미가 전혀 없는 여자들도 많고, 불감증인 여인도 많아요."

수미는 그가 원하는 대로 사정할 때까지 그의 성기를 정성껏 애무해 주었다. 그의 사정 액은 젊은이 못지않게 양이 많았다. 수미는 그의 정액이 아까운 생각이 들었다. 10년을 기다린 사랑의 정액이 가슴 아프도록 아까웠다.

수미는 제이의 배 위에 사정된 사정 액을 수건으로 닦아주는 대신 혀로 핥아 먹었다. 왜 그랬는지는 알 수 없었다. 지금껏

한 번도 안 한 행동을 자신도 모르게 한 것이었다. 정액은 조금 소금기가 있고 이상한 냄새가 났지만 불쾌한 마음은 전혀 없었다. 예전에 남편이 프랑스식을 원하면 가끔 해주고 항상 더러운 생각이 들어서 옆에 놓인 타월에 뱉곤 했다. 아무리 생각해도 자신이 좀 미친 것 같았다. 그는 수미의 머리를 가볍게 쓰다듬어주었다.

"나는 정말 행복합니다. 사랑하지 않으면 당신같이 내 조그만 친구를 이다지 아름답게 위로해 줄 수 없습니다. 당신은 진정으로 나의 전부가 당신 속에 들어오기를 갈구하고 있습니다."

그는 수미를 포근히 껴안고 다시 잠이 들었다. 수미는 살며시 일어나 아침상을 조용히, 그가 깨지 않도록 차리고 커피를 끓였다. 수미는 살며시 침실로 들어가 그의 입술을 살짝, 마치 파리가 앉는 기분이 들도록 건드렸다. 그는 손을 들어 파리를 쫓는 손짓을 하며 웃으며 잠에서 깨어났다.

아침상이 차려진 것을 보고 활짝 웃으며 말하였다.

"내가 뭘 잘했다고 하느님이 이런 행복한 아침을 주시는지 정말 감사합니다."

그는 아침을 먹으며 오늘 저녁에 뮤지컬 'King of Lion'을 배 타고 강 건너가서 볼 수 있는데 언제 가겠느냐고 물었다.

"가능하다면 내일 갔으면 좋겠어요."

"오늘은?"

"매일 나가야 하나요? 오늘은 내가 해주는 밥 먹고 집에서 쉬면 어때요?"

"그래요 그렇게 합시다. 나는 10일의 시간이 지나가는 것이 아까워서 함부르크를 많이 보여주고 싶은 마음에 하는 이야기지, 사실은 나도 집에 있는 저녁을 자주 즐깁니다. 책도 보고 이것저것 정리할 것도 있고. 이 책장 좀 봐요, 반은 버려야 하는데 이렇게 쌓아놓고 삽니다."

"그러면 오늘부터 같이 정리를 하면 어떻겠어요? 자기가 버릴 것을 내놓으면 내가 서류 말살하는 기계에 넣어서 쓰레기 백에 넣어줄게요. 우리 음악 들으며 같이 정리해요."

"참 좋은 제안이긴 하지만 당신의 귀한 시간을 내 서류 정리하는데 소모하기가 미안한데요."

"첫날 그러지 않았어요? 매일의 평범한 일들을 통해서만 한 사람을 진정으로 알 수 있다고요. 파트너 형성은 좋고 사랑하고 아름다운 일로만 형성되는 것이 아니라 고난도 귀찮은 일도 서로 나누는데 진정한 뜻이 있다고 믿습니다."

수미는 빨리 상을 치우고, 한구석에 쌓여 있는 많은 서류를 거실 중앙으로 끌어냈다.

"시작하세요. 미루어 두었던 일은 시작하기가 힘들지, 일단 시작하면 금세 마무리 짓게 되고 속이 후련하답니다."

한 시간 후 쓰레기 두 자루가 완전히 찼다.

"이제 그만합시다. 나하고 지내는 며칠 동안 일을 너무 하면 안 되지요. 우리 와인 한잔 마시고 쉽시다."

"아니에요. 당신을 도와줄 수 있어서 행복해요. 한 시간만 더 하면 아마 이 산더미의 반은 정리가 될 거예요."

그는 고맙다고 말하며 서류 정리를 계속하였다. 이 서류들은 지금 경영하는 사람에게 인계할 때 남은 것들인데, 어떤 것

은발의 사랑 67

은 10년 이상을 보유해야 하므로 한 번씩 컨트롤을 해야 한다. 일하는 속도가 점점 빨라져서 한 시간 만에 반 이상이 처리되었다.

"서류들을 아파트로 끌어다 놓고 반년은 미적거렸는데 수미 씨가 옆에서 도우니까 이렇게 빨리 되는군요. 사랑은 참으로 엄청난 힘을 갖고 있습니다. 갑자기 20년은 젊어 진 것 같아요."

"다행이에요. 도울 수 있어서⋯ 같이 산다는 것은 좋은 일이나 나쁜 일이나 서로 돕고 나누는데 가치와 의미가 있으니까요. 기쁜 일은 나누면 배로 늘고, 나쁜 일이나 힘든 일은 나누면 반으로 줄지요?"

그는 행복한 듯 수미를 가볍게 껴안았다.

"자, 이제 우리 같이 요리합시다. 어제 사온 도미를 먹어야 하는데⋯."

"도미를 어떻게 요리하면 좋을까요? 구울까요? 아니면 동양식으로 지질까요? 생선찌개도 할 수 있지요."

"수미, 마음대로 해요. 날씨가 추우니까 생선찌개도 좋겠군요."

그는 한국식당에서 생선찌개를 먹어 알고 있었다.

"매운 것을 좋아하는데, 너무 맵게는 하지 말아요. 숨을 쉴 정도는 되어야 합니다."

수미는 밥을 안치고 양파와 파와 당근 등을 넣고 한국식 생선찌개를 끓였다. 그리고 오이를 썰어서 한국식으로 양념해서 무쳤다.

제이가 오이 써는 것을 도와주는데, 곱게 썰어 달라고 주문했더니 솜씨가 아주 좋았다.

"어떻게 그렇게 칼을 잘 써요?"

"30살까지 타일, 모자이크를 놓는 일군으로 일했는데 섬세하지 않으면 성공할 수 없습니다. 특히 모자이크가 나의 특기였는데 섬세함과 손끝의 느낌이 있어야 하거든요."

생선찌개에 넣을 양념이 별로 좋지 않았지만, 터키 고춧가루가 있어서 매운맛을 내고 생강을 좋아해서 싱싱한 생강을 넣었더니 맛있는 생선찌개가 되었다. 마늘은 좋아하지 않지만 생강을 좋아해서 동양식 음식이 먹고 싶으면 생강을 많이 쓴다고 한다.

두 사람은 휜 아인을 곁들여 준비해 놓은 저녁식사를 하며 이런저런 이야기를 주고받았다. 수미는 그의 성적인 요구가 너무 강하다고 했다.

"즐겨요. 지금은 내가 너무 행복하고 사랑에 굶주렸기 때문에 겨울잠에서 깨어난 곰 같지만, 결혼생활의 경험으로 봐서 1주일에 2번 정도가 평균입니다. 아내는 나보다 10년이 젊어서 나의 사랑의 봉사가 적은 듯했는데, 그 당시는 일에 시달리고 스트레스 때문에 더 이상은 어떻게 해줄 수가 없었어요. 그러니 지금 우리의 허니문을 즐겨요."

그는 밥을 먹다 말고 수미의 허리를 끌어안았다.

"우리 먹고 나서 이 위에서 한 번 할까?"

수미는 아무 말도 없이 눈을 흘겨주었다. 농담이지 설마 다 늙은 둘이서 그런 짓을 할까 싶었다. 그의 성적 욕구를 좀 줄이려고 한 대화가 오히려 그의 열에 불꽃을 던져준 결과가 되었다.

"농담이지요?"

그는 특유한 개구쟁이 미소를 지으며 아무 말 없이 수미를 계속 애무하였다.

"그만, 그만하라니까요."

그는 그만두기는커녕 열이 더 오르는 듯했다.

그는 일어나서 침실로 들어가 이불과 베개를 갖고 와서 수미가 눕기를 바랐다.

"창피해요, 대낮에…."

"뭐가 창피해요. 죽을 때까지 같이 살다가 병이 나면 똥도 닦아주어야 하는데…."

수미는 그를 행복하게 해주고 싶었다. 그래서 그가 원하는 대로 식탁 위에 누웠다. 평생 그런 식의 성교를 해보지 않은 수미는 부끄러우면서도 한편으로 호기심이 일었다.

"당신이 내 앞에서 원피스를 입어서 내 판타지가 줄달음질을 쳤어요."

원피스는 댄싱 티 파티에 입으려고 산 것인데, 미리 입어보고 벗지 않고 대신 큰 앞치마를 하고 요리를 하였었다.

그는 조심스럽게 수미의 앞치마를 벗기고 원피스를 올렸다. 그리고 내복을 벗긴 다음 그녀의 배꼽에서 넓적다리를 내려 성기를 입으로 애무하였다. 수미를 끌어당겨 식탁 중앙 부분에 누인 후, 수미가 절정에 도달하기 직전에 조심스럽게 다리를 들고 그의 성기를 삽입하였다. 처음과 마찬가지로 쾌감과 아픔이 동시에 밀려오고 쉽게 절정에 도달했다. 그는 조심스럽게 천천히 움직이며 수미를 섬세히 관찰하면서 자기의 절정을 즐겼다.

제이와 수미는 먹다 남은 밥과 찌개를 식은 대로 다 먹어 치우고, 그릇을 정리하지도 않은 채 잠자리에 들어 껴안고 잠이 들었다.

잠에서 깨어 밖을 보니 조금씩 어둠이 기어들고 있었다.

"수미, 이렇게 시간 보내기 아까운데 우리 영화 보러 갈까?"

"오늘은 집에 있기로 했잖아요. 영화관 대신 집에서 텔레비전 보면서 쉬면 어때요?"

"밥 먹고 티비 보는 것은 80이 되어서도 할 수 있어. 나는 10일간 많은 것을 수미에게 보여주고 싶거든… 도시가 수미 마음에 들면 나한테 머무를 기회가 많아지잖아."

"걱정 말아요. 10일간 무슨 일이 있어도 도망가지 않을 테니까요."

"당신은 열흘간이 아니라 죽을 때까지 도망갈 수 없을 거요. 내가 놓은 낚싯밥을 물었기 때문에 내가 빼주지 않으면 도망갈 수 없어요. 멀리 도망간다고 생각하지만 낚싯줄이 길 뿐이지 도망간 것이 아니에요. 잡아당기면 다시 돌아올 운명입니다."

"어머나… 끔찍한 말이네요. 그럼 나는 완전히 자유를 잃었다는 말인가요?"

"아니, 그게 아닙니다. 내 낚싯줄은 한없이 깁니다. 그 긴 줄 안에서 무엇이나 마음대로 하세요. 아마 당신은 평생 동안 부인으로 이다지 많은 자유를 누린 때가 없었을 겁니다. 요리하고 싶으면 하고 싫으면 그만두고, 집안일도 하고 싶은 만큼만 하세요. 나, 살림 잘합니다. 아내가 아플 때 살림하는 법 많이 배웠고, 워낙 총각생활을 오래해서 요리는 잘 못하지만, 세탁이나 청소, 마당일 등은 무엇이나 즐겨 합니다. 1주일에 한 번 청소부가 오는데, 전화해서 이번 주에는 오지 말라고 했어요."

"당신은 관대하고 그릇이 큰 것 같아요."

"그렇습니다."

그의 의견대로 영화를 보러 갔다.

시내에 있는 오래된 건물 안에 영화관을 차려놓았는데 고풍스럽고 아늑한 분위기가 좋았다.

젊은 시절, 마라톤 선수였던 한 노령의 남자가 양로원에서 병든 부인과 같이 살면서 지루함을 견디지 못해 운동을 다시 시작하고 트레이닝을 하여 그의 꿈이었던 베를린 마라톤 대회를 참석하는 '마지막 마라톤'이라는 코미디물이었다. 웃으며 보았지만, 나이가 많아 어디에도 쓸모가 없을 것 같은 인간에게 숨어 있는 놀라운 힘과 능력을 재발견한다는 의미에서 힘과 용기를 얻었다.

"보세요, 우리는 아직 얼마나 젊습니까? 나이 70대는 아직도 많은 가능성이 잠재되어 있다는 것을 믿고 밀고 나가면 우리는 아직도 많은 것을 할 수 있습니다. 의지력이 문제이고, 건강을 위한 스포츠와 영양, 그리고 가장 중요한 것은 행복해야 합니다. 행복하지 않은 사람은 건강할 수가 없습니다. 우리 또래의 많은 사람들이 모든 것을 다 정리하고, 작은 아파트로 들어가거나 노인요양센터, 양로원에 들어가는데 나는 그들과 전혀 다른 생각과 꿈을 갖고 있습니다."

"무슨 꿈을 갖고 있어요?"

"지금 당장은 어떤 현실성도, 경제력도 없기 때문에 말할 수 없지만, 언제 시간이 있을 때 나의 늙어가는 꿈을 이야기해 줄 게요. 어느 정도 현실 가능성이 보이면 와인 한잔 마시며 얘기 합시다. 지금 얘기하면 좀 황당하다고 생각할 테고 더더구나 수미 씨에게 현실성 없는 인간이라는 인상을 주고 싶지 않습 니다."

수미와 제이는 아파트로 돌아와 빵과 치즈와 와인을 마시며 영화 본 감상을 서로 나누었다.

그는 핸드폰을 꺼내 날씨를 보았다.

"내일은 더 춥다고 하네요. 우리 쇼핑하거나 사우나 합시다."

제이는 지붕 미당에 나무로 만든 헛간이 있고 그 헛간 속에 사우나를 가지고 있었다.

"그래요, 나 사우나 좋아해요. 추운 날 뜨끈한 사우나에 들어 가는 기분, 참으로 좋지요."

그들은 텔레비전을 조금 보다 잠자리에 들었다.

"오늘 밤은 나를 건드리지 마세요, 제발."

"알았어요. 그런데 여자들이 싫다는 말은 좋다는 말을 거꾸 로 하는 거 아닌가요?"

"아니, 진정이에요."

"그러면 내 조그만 친구가 섭섭해 할 텐데…."

"당신 조그만 친구가 그러는데, 오늘은 차고에 들어가 있대 요."

벌로 받은 다섯째 날

햇빛이 있어 날씨가 영하로 내려가지는 않았다. 그는 아침을 먹고 재빨리 옷을 갈아입으며 나갈 준비를 하였다.

"우리 오늘 쇼핑합시다."

"뭐 별로 살 것도 없는데 추운 데 나가서 돈 써야 하나요?"

"나는 꼭 사고 싶은 것이 있어요. 내가 좋아하는 쇼핑센터가 알스터 하우스인데 수미 씨에게 보여주고 싶어요. 쇼핑한 다음 스시 집에 가서 노리스시 먹고 추우니까 그 건물 안에서 돌아다니다 와요."

알스터 하우스는 40년 된 고급 쇼핑센터로, 고급스러운 분위기를 피부로 느낄 수 있었다. 함부르크에서 제일 유명한 쇼핑센터로 고급품에서 일반 물건까지 파는데 알스터 강가에 자리 잡고 있었다.

그는 여성복 상점으로 들어가더니, 빨간색 목욕 가운을 꺼내서 수미에게 입혀 주었다. 빨간색이면서도 야하지 않고, 고급스럽고, 어딘가 동양적인 취향이 묻어 있었다.

"어때요? 마음에 들고, 꼭 맞지요?"

수미는 마음에 꼭 들었지만,

"집에 입던 가운도 있고, 자주 입는 것도 아닌데 이렇게 비싼 가운은 왜 사요? 빚도 많아서 쩔쩔 매고 있는 것 같은데…."

"나는 벌써부터 이 목욕 가운에 눈독을 들였어요. 사랑하는 여인이 생기면 아침나절 옷 입기 싫으면 걸치고, 저녁에 샤워하고 걸치고, 사우나 하고 입고, 왜 자주 입지를 않습니까? 내일 사우나 하고 이 가운을 입으면 얼마나 아름다울 텐데….”
"너무 비싸요. 반은 내가 낼게요.”
"아닙니다. 이것은 내가 하는 첫 선물이고, 수미 씨가 이 가운을 좋아해서 10년, 20년 입는다면 그리 비싼 편이 아닙니다.”
그는 수미에게 이 빨간 가운을 꼭 선물하려고 마음먹었기 때문에 수미는 고마운 마음으로 받았다.
둘은 위층에 있는 스시 집에 들어가 스시와 된장국을 먹고, 샴파냐를 마시고 나왔다. 그때 갑자기 수미는 지금까지 느끼지 못하던 생의 즐거움과 힘이 메말랐던 샘에서 조금씩 솟아나오는 것을 느꼈다.
"수미 씨, 사치하지 않고 절약하며 사는 것 참 중요하지요. 그리고 나의 경제상황을 미루어볼 때 문제가 해결될 때까지 절약하며 살아야 한다는 것을 누구보다도 잘 압니다. 그러나 생각해 보세요, 수미 씨나 나나 당장은 현금이 많지 않지만 언젠가 건물을 팔면 우리가 펑펑 써대지 않는 한 죽기 전에 다 쓸 수 없는 금액입니다. 무엇 때문에 한 푼 쓰는 것에 벌벌 떨어야합니까? 자식 다 소용 없습니다. 부모 골 빼서 자기 하고 싶은 것, 먹고 싶은 것, 입고 싶은 것 다하며 성공해서 잘 살지만, 막상 부모가 곤경에 빠지면 귀찮아하고, 도와달라고 손 내밀까 봐 전전긍긍하는 것이 참으로 가슴 아프고, 심장의 피가 거꾸로 흐르는 것 같습니다. 그런데도 이 조그만 선물 때문에 걱정을 하는 건가요?"

 수미는 그의 말이 맞다고 생각하고 노래라도 부르고 싶은 마음으로 알스터 하우스를 나와 그 근처에 있는 자동차 전시장을 한 시간 정도 관람하였다.

 집에 돌아오니 추위와 피곤함이 일시에 풀려 두 사람은 한 시간 정도 낮잠을 잤다. 그는 여전히 사랑의 굶주림이 채워지지 않았는지 수미를 껴안고 애무를 하다가 잠이 들었다. 수미는 다행이라고 생각하며 그가 깊이 잠을 자도록 조심스럽게 그의 팔에서 빠져나와 저녁 준비를 하였다.

 밥과 찌개를 해서 간단히 먹기로 했는데 된장이 없어 맛을 낼 수가 없었다.

 잠시 후 제이가 일어나는 기척이 들리자 수미가 말하였다.

 "된장도 없고 김치도 없어서 찌개가 맛이 없겠어요."

 "아니 왜 진작 이야기하지 않았어요? 여기서 5분만 가면 큰 아시아 슈퍼마켓이 있는데, 우리 지금 빨리 가서 장 봐와요."

 그는 서슴없이 옷을 입더니, 수미를 잡고 내려가 차에 앉혔다. 이런 경우, 수미는 있는 것으로 적당히 끓여 먹는데 제이는 조금도 망설임 없이 일어서는 적극적인 면이 있다.

 아시아 슈퍼마켓에는 한국 식품뿐 아니라 전 아시아 식품이 산더미 같이 쌓여 있었다. 하노버에도 큰 아시아 상점이 있지만 함부르크는 더 큰 도시인 만큼 아시아 식품점도 대규모였다.

 수미는 된장, 간장, 고춧가루, 참기름, 김 등 꼭 필요한 것들만 사들고 나왔다.

 "한국 음식 입에 안 맞으면 어떻게 해요?"

"걱정하지 말아요, 없어서 못 먹지. 나는 태국 음식, 베트남 음식, 중국 음식 다 잘 먹고, 한국 식당에도 가끔 갑니다. 그뿐 아니라 수미 씨 스파게티 만든 솜씨 보니까 음식 솜씨가 좋은 것 같아요."

"그래요, 나는 독일 음식도 못하는 것이 거의 없고 감자 음식과 빵을 좋아해요. 한국 음식은 1주일에 한두 번 별미로 먹는 반독일 사람이 되었어요."

"반반이면 가장 이상적입니다."

장 봐온 된장과 고춧가루를 찌개에 넣고 매콤하게 끓여 맛있게 먹으며 쇼핑 갔던 이야기를 나누었다. 제이는 싹싹 비운 그릇을 설거지 기계에 넣으며 중얼거렸다.

"나, 혼자 산 지 오래되어서 살림 솜씨가 좋은 편이지요. 그래서 수미 씨가 편할 겁니다."

"점수 따려고 애쓰지 않아도 돼요. 도망 안 갈 테니까 걱정 말아요."

"그래도 아직 마음이 안 놓여요."

"왜요?"

"우리 두 사람이 정신적으로나 육체적 특히 성적인 면에서 맞는다는 것은 의심할 여지가 없지만, 실질적인 문제에서 내가 빚이 많다는 것이 큰 문제입니다."

"제이 씨, 솔직히 그것이 큰 문제이긴 하지만 내가 울며 방황하고 돌아다니다 만난 당신을 어떻게 쉽게 떠날 수 있겠어요? 하느님께서 우리에게 해결책을 주실 것입니다. 내쫓긴 고양이가 길을 잃고 배고픔과 추위에 떨며 이 집 저 집 문간을 기웃거리다가 누군가의 가슴에 안겨 따듯한 장소와 우유를 제공받을 때, 그 고양이가 느끼는 안락함과 행복을 상상이나 할 수 있겠어요?"

"나도 마찬가지입니다. 한없이 정처 없이, 시작도 끝도 없는 대양을 돌아다니다 하나의 항구를 찾고, 그곳에 머무르기로 마음먹은 한 남성의 기분을 상상하실 수 있습니까?"

제이와 수미는 서로의 체온을 느끼며 시간 가는 줄 모르고 한동안 무아지경의 상태가 되었다.

제이가 꿈속에서 깨어나며 말했다.

"오늘 저녁은 내가 격렬한 대결을 해야 합니다. 오늘 함부르크의 축구팀이 싸우거든요. 나는 열렬한 축구 팬입니다. 나 자신이 20대에서 30대까지 축구팀에 들어서 열심히 싸웠거든요. 40이 가까워 다리를 다쳐 그만두고, 테니스를 시작하여 한 20년간 쳤는데 너무 힘들고 아내가 죽은 뒤로는 골프로 옮겼습니다. 그 당시에 회사를 운영하고 있어 연습할 시간이 너무 없어서 진전이 없다가, 이제 몇 년 전부터 시간을 내어 이나마 지금 정도의 실력이 되었지요."

"우리는 골프도 서로 잘 맞아요. 당신 실력이나 내 실력이나 비등하지요?"

"수미, 축구 보는 것 좋아해요?"

"별로요. 그렇지만 제이 씨가 좋아하면 나도 같이 보거나 옆에 앉아서 헤드폰 끼고 음악을 듣거나 책 읽으면 되지 않겠어요?"

"그래요, 옆에서 잠이 들어도 상관없어요. 여하간 수미가 옆에 앉아 있거나 누워 있으면 나는 만족하고 행복합니다."

　수미는 의외로 축구를 보는 것이 재미있다고 느꼈다. 그는 축구를 보는 중간 중간에 축구에 대한 지식을 알려주었다.

　함부르크 팀이 스페인 팀을 리드하기 시작하자 그는 열을 올리고, 마치 자신이 싸우는 것 같이 열을 내고 안타까워하고, 골인을 하면 소파에서 일어나 두 손을 들고 기뻐하는 것이 마치 10대처럼 생기가 돌았다. 포도주를 한 잔씩 마시며, 간식 대용으로 약간의 빵과 치즈를 썰어 준비해 놓고 자정이 넘도록 축구를 즐겼다.

벌로 받은 여섯째 날

일어나니 지붕 위 정원이 꽁꽁 얼고, 앙상한 나뭇가지 위에 하얀 서리 같은 설탕 가루가 잔뜩 붙어 조그만 수만 개의 꽃을 피우고 있었다.

수미는 일어나 상을 차리고 커피를 끓이고, 제이의 발바닥을 간질러 제이를 깨웠다.

"잘 잤어요?"

수미는 가벼운 키스를 하며 커피를 침대 옆 책상에 놓아주었다.

"겨울잠 자는 늙은 곰같이 깊이 잘 잤어요. 침대에 누워서 커피를 마신다는 것은 꿈속에나 가능하였는데, 이것이 사실이라는 것을 의식하려면 잠이 좀 깨어야 합니다."

그는 수미의 손을 부드럽게 잡고 커피 한잔을 즐기며 마셨다.

"계란 하나 삶아줄래요?"

"반숙 아니면 완숙?"

"완숙으로 해줘요."

그는 수미를 끌어당겨 안았다.

"사람 일은 알다가도 모를 일입니다. 며칠 전만 해도 이런 아침을 맞이하게 될지 누군들 알았겠습니까? 아침에 눈을 뜨면, 누군가 내 옆에 누워 있거나 침대로 커피를 가져다주면 얼마나 행복할까 하는 생각을 자주했는데 며칠 사이에 내 희망사항이 현실이 되었다니… 꿈은 아니겠지요?"
"그래요, 제이 말대로 행운도 불행도 갑자기 찾아옵니다. 우리 이 행운을 즐겨요. 잘 잡고 있어요."
"나는 나의 모든 힘을 바쳐서 나의 행운을 잃지 않으려고 안간힘을 쓰고 있어요. 수미는 그걸 못 느끼고 있나요?"
"알아요, 하지만 우리는 현실적인 많은 문제를 해결해야 해요. 사랑이 아무리 좋아도 현실적인 문제를 해결하지 못하면 사랑과 행복감은 눈 녹듯이 사라지기 쉽습니다. 거짓말의 다리는 짧다는 속담 아시지요? 에로스의 다리도 짧습니다."
그는 가벼운 힌숨을 쉬며 아무 말 없이 일어섰다.
"그러나 사랑의 힘은 많은 것을 치료하고, 새로운 세포를 자라게 하는 힘이 있습니다. 고리타분한 생각인지 모르지만, 나는 사랑의 힘을 절대적으로 믿습니다."
"오늘은 사우나 하기로 했으니까, 아침 먹기 전에 샤워하지 않고 가운 입고 아침 먹어도 괜찮을까요?"
"물론."
그는 아침상이 곱게 차려진 것을 보고 벙긋이 웃었다.
"누군가 나를 위해 아침을 차려준다는 것이 이렇게 행복한 일인지 왜 우리는 처음부터 깨닫지 못하는 걸까요? 행복하기 위해선 많은 것이 필요하지 않다는 증거이지요. 나는 지금 세상의 그 누구보다도 행복합니다."
"지금 모든 것이 시작하는 첫 단계이기 때문에 감정이 진하고 깊지요. 시작에는 항상 요술쟁이가 따라다닌답니다."

"그래요, 그런 것을 모르는 20대가 아닙니다. 시간이 흐름과 동시에 많은 것이 퇴색하고, 습관화되고, 새로운 맛이 덜하고, 때로 지루하고… 그러나 우리는 많은 인생의 경험을 갖고 있습니다. 의식적으로 이런 사실은 인정하고 살면 됩니다. 20년 짧은 결혼 생활 동안 하루도 나의 아내와 사는 것을 지루해 하거나 후회하지 않았습니다. 화산이 폭발하고 나면 그 잿더미는 오래도록 뜨거움을 보관합니다. 그 따뜻한 재가 화산보다 더 좋습니다. 오랫동안 좋은 감정으로 같이 살려면 너무 뜨거운 것은 오히려 해가 될 수 있어요."

"이상적인 파트너 형성은 서로 사랑하면서도 현실을 인정하고, 서로를 존중하고, 각자의 자유 공간을 인정해 줘야 한다고 생각해요."

"습관적인 것들처럼 말이에요. 아침에 하는 샤워같이 기분 좋고, 피곤한 하루를 마치고 오래된 편한 소파에 몸을 맡기고 잠깐 눈을 감고 쉬는 순간같이, 따뜻한 목욕물이 담긴 욕조에 들어앉을 때의 즐거움같이 편안하고 아무런 거리낌이 없어야 하지요. 항상 좋은 면을 보이려고 노력하고, 자신이 가진 것보다 더 많은 것처럼 보이려고 노력하는 것이 장기간으로 볼 때, 파트너 형성에 큰 도움이 된다고 생각하지 않아요."

"여자들이 집에서도 화장을 하는 것은 피부에도 좋지 않고, 파트너에게 자신이 가진 것보다 잘 보이려는 의도가 있습니다. 인간은 항상 단정해야 합니다. 우리가 처음 만날 때 나는 수미 씨가 화장을 안 하고 수수한 옷차림으로, 그러나 고급스럽고 단정한 모습으로 온 것이 참 마음에 들었습니다."

그는 작은 병의 샴파냐를 열어서 수미에게 권했다.
"아침부터 술은…."
"아침에 마시는 한잔의 샴파냐는 혈액순환에도 좋고 기분도 좋게 합니다. 살아가면서 가끔은 평상시와 다르고 싶을 때가 있습니다. 가끔씩 즐기는 샴파냐와 계란과 사우나가 나의 사치이고 즐거움입니다. 이런 날은 길 건너 빵집에 가서 갓 구운 빵을 사고, 꽃을 한 송이 사들고 오는데, 오늘은 수미가 상을 차렸으니까, 꽃 한 송이보다 더 좋으네요."

제이는 아침을 천천히 즐겼다.
"오늘 커피는 수미의 눈빛을 섞어 마시기 때문에 기가 막히게 맛이 좋아요."

아침을 끝내고, 그는 자기 책상 앞에 앉아 컴퓨터에서 이메일을 찾아보고 이곳저곳에 전화를 걸었다.
"조금만 기다려줘요. 조금 있다 사우나 킬 테니까요."
"서두르지 마세요. 사무 일이 끝나면 우리 같이 한 시간만 책장 정리하고 사우나는 천천히 오후에 해요."
"오늘 또 정리하자고요?"
"그래요, 한 시간만 해요. 저의 생활원칙은 중요한 과제와 일을 먼저 하고, 그 다음에 즐기는 것입니다. 아무리 작은 일일지라도 목표를 두고 완성하고 나면 즐기는 것이 훨씬 더 가치 있고 보람으로 느껴집니다."
"고마워요. 다른 여자들은 같이 일하자고 하면 화를 낼 텐데 스스로 제안해 주니 너무 좋습니다."
"점수 따려고 하는 것 아닙니다. 저는 다른 여자가 아니에요.

저는 수미입니다. 수미라는 이름의 뜻이 무엇인지 아세요? 수수한 아름다움이라는 뜻이 담겨 있습니다."

수미는 계속 이야기하였다.

"저는 이런 일을 수고롭다고 생각하지 않아요. 만약 우리가 장기간 같이 살게 된다면 이런 일들은 우리 주변을 정리하는 시작입니다. 제이 씨는 정리할 것이 너무 많아요. 서류뿐 아니라 헛간에 쌓여 있는 아직 안 푼 이삿짐, 경제 문제 등등, 당신은 지금 카오스 상태에 있는 것 같아요."

한 시간 정도 서류 정리를 하니 다시 두 자루의 쓰레기가 모였다.

"2년 전까지만 해도 아래층을 일하는 방과 사무실, 손님 접대방으로 썼지요. 이혼하고 경제 사정이 좋지 않아 아래층을 고쳐서 세를 주고 지금 쓰는 지붕 밑 아파트만 사용해서 많은 물건이 자리를 못 찾고 있는 거지요. 버리자니 아깝고 해서 헛간에 쌓아두고 있는데 솔직히 손댈 엄두가 나지 않아 저렇게 방치해두고 있는 겁니다. 버릴 것은 버리고, 팔 것은 팔아 정리해야 하는데… 그런데 이 물건들을 버리거나 남을 주지 못하는 또 하나의 이유가 있습니다. 지금 쓰고 있는 테라스의 정원 뒤를 보세요. 약 300qm의 빈터와 왼쪽에 또 약 100qm 빈 터가 있습니다. 이곳에 펜트하우스(옥상 위의 고급 단독 주택)를 하나 지을 수 있는 공간이 있습니다. 왼쪽의 100qm은 공터로 비워두어야 하고 300qm에는 150qm의 테라스가 붙은 단독 주택을 지을 수 있습니다. 그러나 지금 나의 경제 사정으로는 이런 계획을 진행하기에는 불가능한데 언젠가 이 꿈이 이루어지면 헛간에 있는 많은 값나가는 물건들을 다시 사용할 수 있지 않을까요?"

수미가 관심을 갖고 들여다보니 아름답고 값나가는 물건들이 많았다. 그중에 유화 한 점이 유난히 눈에 띄고 마음에 들었다. 한 소박한 여인이 밀짚모자를 쓰고 뒷짐을 지고 창밖을 내다보고 있는 현대적 인상파의 그림이었다.

"이 그림은 마치 내가 창가에 서서 밖을 내다보며 생각에 잠긴 것 같아요."

"그래요? 나도 이 그림이 좋아서 내 책상 앞에서 볼 수 있는 벽에 걸었었는데, 그러나 수미 씨처럼 섬세한 생각은 못했습니다. 몇 년 전에 한 여자 화가가 우리 회사를 통해 수리를 하고 돈을 다 내지 못해, 내가 이 그림이 마음에 들어 팔아주었지요. 수미 씨 마음에 들면 좋은 틀에 끼워서 지금 침실에 걸려 있는 수채화랑 대체합시다."

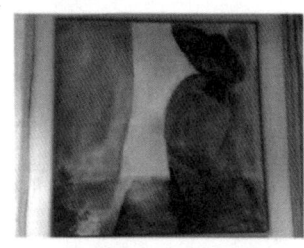

이 유화는 한 소박한 여인이 밀짚모자를 쓰고 뒷짐을 지고 창밖을 내다보고 있는 현대적 인상파의 그림이다.

'이 여인은 무슨 생각을 하고 있을까? 농사가 잘되고 있나⋯ 비가 오려나⋯ 추수는 어떨까⋯ 이런 생각들을 하고 있는 것일까?'

"그런데 틀은 새로 하지 마세요. 이 간단한, 아마 임시로 만든 나무틀이 수수하고 소박한 그림과 맞아요."

그는 유화를 들고 침실로 들어가 걸려 있는 수채화를 내리고 창밖을 내다보고 있는 여인의 그림을 걸어주었다. 좀 전까지 걸려 있던 아크바렐(수화)도 아름다웠다. 아담한 집과 꽃이 핀 정원, 아마 봄인 것 같다. 모든 색감들이 연한 분홍, 초록, 보라색 등으로 온화하고 부드럽고 조용한 분위기를 자아내고 있었다.

"수미 씨, 내가 왜 이 그림을 침대 맞은편에 걸어 놓은지 알아요?"

수미는 그를 쳐다보고 미소를 지었다.

"이 그림을 보면서 사랑하는 여인이 생기면, 이런 집에서 살고 싶다는 생각을 누워서 자주했어요."

이 수채화를 치우지 않고 다른 곳에 걸기로 했다. 2개의 그림을 한 벽에 걸기에는 그림의 성격이 너무 달라 유화는 침대 머리맡에, 수채화는 침대 맞은편에 걸었다.

한 보따리의 서류와 책, 카탈로그 등을 한 더미 쏟아놓고 정리하기 시작하였다. 그는 하나하나 손에 넣고, 아직 버려서는 안 되는 것과 버려야 좋을지 모르겠는 것과 완전히 버릴 수 있는 것으로 분류하였다. 수미는 보관할 물건을 한 상자에 싸고, 완전히 버릴 것은 쓰레기 자루에 넣었다.

비용이 많이 들 텐데, 사우나를 얼마나 자주 하느냐고 수미가 질문하였다.

"물론 사우나가 이미 집에 있으니까 그렇지, 사우나를 새로 설치한다면 많은 비용이 들어서 밖에서 하는 것이 경제적이지요. 집에서 사우나를 하면 편한 점이 많지요. 짐을 싸지 않아도 되고, 햇볕이 좋을 때는 밖에 누워서 일광욕도 자유롭게 할 수 있고, 왔다 갔다 하며 텔레비전도 보고, 음악도 듣고… 건강한 사치입니다. 그리고 전기 값이 공공 사우나 이용비보다 훨씬 저렴하지요."

"재혼한 아내는 꽤 돈이 많았었는데, 부득이 사우나를 집에 들여놓기를 원해서 그 당시에 산 것입니다. 보시다시피 이 사우나 꽤 고급품입니다."

제이는 얼린 피자를 하나 오븐에 넣고 구웠다.

수미는 제이가 선물한 가운을 입고, 그의 목욕신을 신고 나왔다. 그 모습을 바라보며 제이는 수미를 껴안았다.

"빨간색이 수미 씨와 너무 잘 맞아요. 약 60도 정도 올라갔을 테니까 우선 들어가서 시작합시다."

제이는 스스럼없이 옷을 벗고 알몸으로 사우나에 들어가 누웠다.

"수미, 빨리 들어와요."

수미는 공공 사우나를 자주 이용했지만, 남자 앞에서 옷을 홀딱 벗고 들어가기가 부끄러웠다. 눈치를 챈 제이는 나와서 수미의 가운을 벗겨서 걸어주고, 어깨를 껴안고 사우나로 들어갔다.

"6일간이나 같이 지냈는데도 아직도 서먹하고 내가 남같이 느껴져요?"

수미는 그냥 미소를 띠우고, 수건을 달라고 하였다.

"언젠가 당신이 남이 아니라 나 자신으로 느껴질 때가 있겠지요."

"하하하… 추워서 좀 덮어야 할 것 같아요?"

제이는 커다란 수건을 하나 건네주었다.

"편히 누우세요."

그는 기억자로 누울 수 있고, 서로 머리를 맞댈 수 있도록 수미 자리에 큰 타월을 이미 깔아놓았고 나무 베개 위에 폭신한 베개까지 놓아주었다.

"사우나가 너무 좋네요. 이렇게 편하게 사우나를 하기는 처음이에요."

"수미 씨 마음에 든다니 기분이 좋습니다. 구름에 둥실 뜬 기분입니다."

15분간 사우나를 하고 나와서 가운을 입고 몸을 식히기 위해 테라스를 거닐었다.

"보세요, 이 테라스 뒤에 자갈이 깔린 뒤 땅과 옆 땅이 약 400sqm(스퀘어 미터) 정도 됩니다. 이곳에 펜트하우스를 짓는 것이 내 꿈입니다. 현재 빚이 많고, 경제력도 없고, 나이 때문에 은행에서도 대출을 해주지 않아 황당한 꿈이라고 생각하겠지만, 나는 아직도 희망을 버리지 않고 가능성을 찾고 있습니다."

제이와 수미는 구운 피자 한쪽씩을 나누어 먹으며 마냥 즐겁기만 하였다.

"우리 들어가서 샤워하고 잠깐 누워 쉰 다음, 탕에 다시 들어갑시다."

사과즙 칵테일을 들고 거실로 돌아와 음악을 들으며 소파에 누웠다. 제이가 아무 말 없이 쉬자 수미는 고마웠다. 사우나는 혈액 순환이 빨리 오르고 내리므로 쉽게 피곤해지기 때문에 사우나 중간 중간에 쉬는 것이 중요하다.

사우나에 다시 들어가니 80도로 뜨끈하게 달아올라 사우나를 좋아하는 수미에게는 아주 기분 좋은 온도였다.

"80도까지 올라가면 온도가 더 이상 오르지 않고 계속 그 온도를 유지하다가 20분 후에 조금씩 내려가서 한 시간이 지나면 저절로 꺼집니다."

"모든 것이 잘 갖추어져 있어요. 정리를 잘하고, 물건들이 제자리를 찾으면 정말 살기 편할 것 같아요. 테라스와 마당이 큼직해서 좋아요. 날씨 좋은 날은 골프 연습도 할 수 있겠어요."

"날씨는 좋은데 골프장에 갈 시간이 없으면, 나가서 퍼딩 연습, 짧은 거리 연습을 좀 하지만 혼자서는 심심하고 재미가 없어요."

"수미, 언젠가는 나하고 이 집에서 같이 살고 같이 늙을 거라는 예감이 들지 않아요?"

"글쎄요, 이제 6일간 지났을 뿐인데 어떻게 그런 중요한 일을 쉽게 결정할 수 있겠어요."

"나는 할 수 있어요. 수미는 아마 나의 빚과 경제적 문제 때문에 결정하기가 힘들겠지만, 나의 감정만으로는 우리는 운명적으로 천생 인연입니다."

"우리 10일 다 채우고 다시 이야기해요. 우선 나는 벌로 받은 10일을 채워야 하니까요."

"내가 벌로 준 10일, 아주 획기적인 아이디어 아니었나요? 그날 헤어져서 서로 전화나 하고 메일이나 쓰고, 가끔가다 저녁이나 같이 먹었으면, 우리는 서로를 지금 같이 많이 알지 못했을 겁니다. 인간관계는 평범한 매일을 통해 가장 빨리 알 수 있습니다. 나는 수미하고 6일이 아니라 6년은 같이 산 기분입니다.

어떻게 첫날부터, 첫 순간부터 이다지 친밀감을 가질 수 있었는지 나 자신도 모르겠습니다."

그는 계속하여 말하였다.

"우리에게 주어진 시간은 길어야 15년, 하느님이 우리를 사랑하시면 20년, 우리는 우물쭈물할 여유가 없습니다. 이 기회를 놓치면 언제 다시 기회가 올지 모르지만, 아마 그때는 모든 것이 늦었을 겁니다."

사우나에서 나와 찬물로 같이 샤워를 하였다. 수미는 서먹한 느낌이 전혀 없고, 같이 살을 대고 샤워를 하는 것이 당연하고 즐겁기만 한 것이 스스로 놀라웠다.

'나는 제이와 플라토닉 공을 이루기 시작하는 것일까?'

오늘이 지나면 4일밖에 안 남았는데 무슨 일로 제이를 행복하게 해줄까 하는 생각을 곰곰이 하였다.

수미가 거실 소파에 누워 잠깐 잠이 든 사이에 그는 책상 앞에 앉아 컴퓨터를 보고 있었다. 널찍한 그의 책상은 텔레비전을 볼 수 있는 거실의 중앙에 놓여 있었다.

"일하고 있어요?"

"일하는 것이 아니라 사실은 테니스 중계를 보고 싶어서 일하는 척 책상 앞에 앉아 있었어요. 10년 전만해도 테니스를 가끔 치고, 텔레비전에서 중계를 해주면 밥 먹는 것도, 잠자는 것도 잊고 보았어요. 그런데 요즈음은 골프를 더 많이 보고, 여전히 축구는 열심히 보며 응원합니다."

"운동 경력이 어떻게 돼요?"

"축구 20년, 테니스 20년, 골프 10년 정도입니다. 축구는 다리를 다쳐서 수술하고 그만두고, 테니스는 아내가 죽고 나서 그만두고(아내가 테니스 광이었어요) 골프는 꼭 파트너가 있지 않아도 아무와도 같이 즐길 수 있기 때문에 좋을뿐더러, 테니스에 비해 무릎을 너무 혹사하지 않아서 나이 든 사람에게 좋은 운동이라고 생각합니다. 그뿐 아니라 정신 집중과 움직임의 조화가 중요하기 때문에 늙어가면서 가장 이상적인 운동입니다. 물론 워킹도 좋고, 산이나 강가, 바닷가를 돌아다니는 것도 좋지만, 골프는 모든 이런 취미와 콤비할 수 있어서 좋습니다."

"만약 같이 살게 되면 산으로 바다로 강가로 돌아다니며 골프 치고, 관광하고… 생각만 해도 좋으네요."

그는 좋아서 벙글벙글 웃었다.

"수미가 자기소개서에 나이를 10년 깎았을 때, 번개처럼 머리를 지나가는 생각이 벌금을 물리고, 그 돈으로 스페인 남쪽에 가서 신나게 골프 치다 오면 좋겠다고 했는데, 수미가 경제적으로 짠 것 같아 부담을 주지 않으려는 의도와 수미를 진정으로 알고 미래를 위해서 다른 방법을 취했던 겁니다."

"내가 그날, '그만둡시다. 다 늙어서 무슨 짓입니까? 혼자 살다 죽어도 괜찮을 거예요' 하고 가버렸으면 어떻게 하려고 했어요?"

"그러지 못한 것이 우리 운명입니다. 나도 왜 내가 그날 '처음부터 거짓으로 시작하는 파트너는 원치 않습니다. 살다가 무슨 거짓말을 또 할지 알 수 없습니다'하는 말로 끝을 마치지 않았는지 모르겠습니다. 이 모든 것이 우리의 운명이고, 천생 인연이고, 하느님께서 주신 배려입니다. 그때 무엇인가가 나를 멈추었는데, 아마 먼저 간 아내이거나 먼저 간 당신의 남편인지도 모릅니다."

그는 수미를 껴안아 일으켰다.

"우리 마지막 한 탕은 10분만 하고 침실에 들어가 아침에 마시다 남은 샴파냐 마시고 푹 쉽시다. 나이 먹으니까, 가끔은 하루 종일 아무것도 안 하고 이리저리 뒹굴고, 텔레비전을 보고, 음악을 듣고, 잡지나 읽으며 시간을 보내는 것이 편하게 느껴져요. 젊어서는 8시간, 10시간 일하고도 잠깐 쉬고, 운동하러 나가서 저녁나절을 보내고도 시간이 아까워 밤에 극장도 가고, 아내와 춤도 추러 가고 했는데 이젠 정력이 많이 줄었어요."

그들은 끝으로 탕에 들어가 10분을 하고 바람을 좀 쏘이고, 찬물로 샤워하고 소다수를 큰 컵으로 한 잔씩 마시고 침실에 들었다.

"수미, 가운 벗지 말고 누워요. 내가 벗겨줄 테니까."

수미는 사우나와 찬물로 몸이 가뿐하면서도 피곤이 밀려들었다. 자리에 누우니 엄마 품에 안긴 아기같이 포근하고 행복했다. 수미는 웃으며 가운 앞을 여미고 꼭 잡고 있었다.

"수미는 내가 약골이라 수미가 꼭 잡고 있는 거 못 열 것 같아요? 첫날 큼직한 열쇠로 잠근 수미의 쇠문도 열었는데…."

그는 수미에게 가볍게 키스했다.

"우리 사우나에서 몸을 실컷 달구었으니까, 이제 그만 달궈요."

"네 번째 탕이 정말 건강에 좋은 탕입니다."

그는 샴파냐 잔을 들어 수미가 마실 수 있도록 입에 대주었다.

"아침보다 더 맛있네요."

제이도 샴파냐를 한 모금 마시더니 수미의 가운을 열고, 입에 머금은 샴파냐를 수미의 성기 위에 가만히 뱉었다.

"어머나, 무엇해요?"

수미는 이제 몸을 움츠리지 않았다. 그녀는 찬 샴파냐가 그녀의 성기를 적시고 흘러내리는 것을 감지하였다. 그는 다시 한 모금 샴파냐를 입에 넣고 키스하면서 그녀의 입에 넣어주었다.

"찬 샴파냐가 수미의 성기를 자극하고 혈액 순환이 잘되도록 하지요. 조금 기다려봐요, 기분이 좋아지고 내 애무가 진하게 느껴질 테니."

수미는 자신의 몸이 달아오르는 느낌을 즐기며, 제이에게 몸을 맡겼다.

그는 수미의 가운을 앞만 벗기고, 온몸을 애무하더니 성기로 내려가 입으로 애무하면서, 수미의 손을 잡아 수미의 ○○ 위에 얹어주었다.

"내가 입으로 성기를 키스할 때 여인이 자기 손으로 ○○을 만지고 애무하면 나는 굉장히 흥분돼요."

그는 조심스럽게 수미의 깊은 그곳에 손가락을 삽입하여 수미가 정신없이 흥분하도록 만들었다.

절정에 달하는 순간, 에로스 신이 수미의 머리채를 잡고, 마치 세탁기가 세탁물을 휘두르듯 소용돌이치는 기분이었다. 수미는 거의 정신을 잃을 것 같았다. 절정의 소용돌이에서 천천히 깨어나려는 순간, 그의 목소리가 희미하게 들렸다.

"이제 내가 당신에게 가도 될까요?"

"나 지금 정신이 하나도 없어요. 클라이맥스에서 지금 내려오고 있는 중이니까 좀 기다리세요."

"그래요. 숨 좀 돌리고 나서 나한테 프랑스식으로 선물해 주면 어때요?"

"그래요, 당신이 원하고 행복하다면 선물할 수 있어요."

두 사람은 남은 샴파냐를 나누어 마셨다.

수미는 옆에서 그의 바로 누운 자세에 접촉하며 가볍게 얼굴에서 시작하여 목으로 가슴으로 마치 하나의 새털이 그를 쓰다듬듯이 애무하기 시작하였다. 그는 눈을 감고 완전히 릴랙스한 자세로 수미의 애무를 즐겼다. 제이는 몸에 털이 많아서 그를 가볍게 쓰다듬으면, 마치 사랑하는 강아지를 쓰다듬는 기분이었다.

그녀는 그의 가슴을 지나 그의 배꼽을 지나 아래로 내려가며 성기를 지나 다리로 내려갔다. 제이는 수미가 그의 배를 애무할 때, 그녀가 성기를 애무하리라 기대했는데 그곳에 도착하기까지는 아직 많은 인내가 필요함을 느끼며, 수미의 선물을 아직 포장을 뜯지 않고 기다렸다.

수미는 그의 발과 발가락을 애무하고 입으로 핥아주었다. 그는 아마 발에 많은 성감대와 신경이 퍼져 있음을 모를 것이다. 그의 발은 70대 같지 않게 곱고 아름다웠다.

그녀는 그의 엄지발가락을 입으로 애무하고 한 손으로 발등에 가벼운 마사지를 하였다. 발바닥을 손으로 애무하며 발등을 동시에 다른 손으로 애무하였다.

그의 다리는 키에 비해 곧고 길었다. 그녀는 털이 무성한 다리를 가볍게 쓰다듬으며 입으로 키스하고 입으로 핥아주었다. 그의 성기는 최고의 크기와 팽팽함을 보여주었다.

그녀는 그의 넓적다리를 지나 그의 ○○을 애무하기 시작하였다. 그의 ○○은 젊은이같이 바짝 달라붙고, 연분홍색을 유지하고 팽팽함을 잃지 않았다.

수미는 순간적으로 '이 사람은 어떻게 이다지 오래 성적인 젊음을 유지하는 걸까?'하는 생각을 하며, 그의 성기를 입으로 애무하기 시작하였다. 그의 성기는 전혀 늙음을 보이지 않고, 몸에 비해 적지 않은, 연분홍빛 정열과 자랑스러움을 과시하였다.

그의 도토리 머리가 연분홍빛과 약간 보라색이 나는 이유는 혈액 순환이 말초신경까지 완전히 잘 도착하였다는 증거이다. 단 1분도 참지 못하였다.

"참고 싶은데 더 이상 참을 수가 없어요."

그는 신음하며 온몸을 떨고 거의 경련을 일으키듯 사정을 하였다. 수미는 전에 남편과의 경험으로 프랑스식을 모르는 것은 아니지만, 이다지 심하게 경련하는 것을 본 적이 없었다.

입에 들어온 사랑의 정액을 수미는 거리낌 없이 삼켰다.

"아니 수미, 당신 나의 사랑의 정액을 먹었어요?"

수미는 조금 창피한 생각이 들어 아무 대답도 하지 않았다.

"수미, 당신은 나를 정말로 깊이 사랑하는군요. 그렇지 않으면 사랑의 정액을 삼킬 수 없습니다."

"음… 건강을 위해서 삼켰어요, 여자는 늙으면 남자 호르몬이 건강에 좋대요."

제이는 큰 소리로 웃었다.

"나는 내 생에 이렇게 아름다운 선물은 처음으로 받았고, 건강을 위해서 사랑의 정액을 삼켰다는 말은 정말 처음으로 들었습니다."

"살다 보면 언젠가는 처음으로 하는 일들이 생기지요. 당신은 73세이고, 나는 70이지만 많은 것을 처음으로 하게 될지 몰라요."

"그래요, 나는 많은 것을 수미와 처음으로 경험하고 싶어요. 35년간 사업을 하면서 사업이 내 인생 전부였어요. 그래서 세상 구경할 여유가 없었어요. 사업상 스페인과 이탈리아를 자주 다녔고, 독일 내에서 뱅뱅 돌고 살았다고 보면 돼요. 나는 아직 뉴욕도 한번 가보지 못했어요. 여행하고 싶은 곳이 너무 많아요. 많은 곳을 여행하고, 세상을 많이 경험한 수미가 부러워요."

"부러울 것 하나도 없어요. 예전엔 남편과 많이 여행을 다녔고, 남편이 죽은 뒤에는 외로움을 잊기 위해, 혹시 어떤 인연으로 누군가를 만날 수 있을까 하는 조그만 희망으로 여행을 다녔어요."

제이는 수미를 애무하다, 수미를 돌려 눕히고 가운을 완전히 벗겼다.

"수미는 엉덩이가 유난히 예뻐요" 하며 엉덩이에 키스를 하였다.

"그래요? 다른 남자들도 그러던데요."

"뭐라고? 어떤 다른 남자가 그랬어요?"

"흠… 살다 보면 남자를 만나게 되지 70 먹은 처녀를 만났을

까요?"
그는 수미의 말에 웃으며 말하였다.
"수미는 남자 경험이 많지 않습니다."
"그건 내가 당신에게 점수 따려고 한 거구요."
"내게는 아무리 여자들이 '척' 해도 아무 소용없어요. 그렇지만 질투심이 나니까 그런 말은 하지 말아요."
"당신 플레이보이였어요?"
"며칠 전에 말했듯이 40이 되도록 총각으로 살았고, 스포츠를 하고, 돈 쓰기 좋아하여 여자들이 많이 따랐어요. 남자들은 여자가 자기 좋아한다고 달려들면 웬만하면 다 받아주는 편이라 나도 여자가 많은 편이었어요. 그러나 단 한 가지, 한 여사에게 정을 주면 헤어질 때까지 다른 여자와 자는 일은 피했어요. 건강을 위해서도, 도덕적인 면에서도, 아침에 거울을 볼 수 없는 일은 피했어요. 아내를 만날 때까지 많은 세월이 지나고 많은 여자 경험을 했지요. 그 당시 회사에 새로운 경리사가 필요해서 그녀를 고용했는데, 그녀를 면접 볼 때부터 무엇인가 마음에 들었어요. 나는 어떤 사람과 처음 맞대면 몇 분 안에 마음에 닿는 것이 있는지 없는지 직감할 수 있어요."
"어떤 대화가 마음에 들었어요?"
"생각 안 나요. 너무 오래된 일이니까요. 단지 기억나는 것은 그녀의 단정한 모습과 미소입니다. 수미 씨의 미소와 비슷합니다."
"그녀에게 결혼 신청을 할 때까지 1년이 걸렸어요. 그녀는 홀어머니와 같이 조그만 아파트에서, 이곳에서 30분간 떨어진 변

두리에 별로 좋지 않은 지역에 살고 있었습니다. 그녀의 월급으로 생활을 꾸려나갔지요. 이곳에서 한 10분 걸어가면 옛날에 강가였던 모래사장이 있어요. 함부르크에서 꽤 유명한 자연보호 지역으로 여름이면 사람들이 일광욕도 하고, 아이들이 모래놀이를 하는 곳이지요. 그곳을 같이 산책하면서 나는 이 여자를 아내로 맞아들여야 한다는 신념이 들어 오랜 총각 생활을 마치고 결혼식을 간단히 올렸습니다. 그리고 그녀의 홀어머니를 모시고 함께 이사를 했습니다. 아내는 10년 전에 암으로 죽고, 어머니는 90이 넘도록, 차고를 넓혀서 지은 아파트에서 살다가 집에서 돌아가셨습니다. 어머니는 내가 어떤 여자를 구하면 자기를 내보낼지도 모른다는 두려움을 항상 안고 살았는데 아래층 한구석에서 평화롭게 사는 외로운 늙은 여인을 왜 내쫓겠어요. 물론 다른 사람에게 세주면 집세를 받을 수 있지만 그런 생각은 단 한 번도 해본 적이 없으며 어머니가 돌아가실 때까지 돌보아주었습니다."

두 사람은 눈이 감겨서 더 이상 참지 못하고 자정이 되도록 이런저런 이야기를 나누다 잠이 들었다.

벌로 받은 일곱째 날

아침에 일어나니 왠지 몸이 찌뿌드드하고 컨디션이 안 좋은 것 같았다. 소변을 보면 기분이 나쁘고 아프며, 소변이 탁한 것 같았다. 소변을 자주 보고 싶고 양도 적고 통증이 있더니 낮에는 피가 보였다. 수미는 너무 놀라고 걱정이 되었다.

'늙어서 너무 주책을 부려서 성병에 걸린 건 아닐까? 제이가 전에 여자관계가 많다고 했는데… 며칠 있으면 집에 가니까 그때 의사한테 가보자.'

그러나 증상이 나아지기는커녕 소변에 피가 섞여 나오고, 통증이 더욱 심해졌다. 할 수 없이 제이에게 말을 했더니, 당장 옷을 입으라며 자신의 주치의에게 데리고 갔다.

소변 검사를 한 다음, 제이는 의사에게 수미를 만나서 며칠간 성교를 자주하였다고 보고하였다.

"당신 파트너는 '허니문 관광염'입니다. 위험한 병균은 없지만 3일간 약을 복용하고, 다음 주에 빈속으로 와서 피 검사를 해보고, 산부인과에도 한번 가보는 것이 좋을 것입니다. 나이 많은 사람이 오랫동안 성교를 안 하다 다시 시작하면 산부인과의 도움을 받을 수 있고, 당분간 며칠 쉬는 것도 좋습니다."

의사는 제이가 파트너를 만난 것을 축하하고 친절히 산부인과를 추천해 주었다.

수미와 제이는 점심을 간단히 먹고, 스시가 먹고 싶다고 하여 김과 노란 단무지, 와사비를 사 들고 왔다.
　수미는 정성을 다하여 한국식 김밥을 만들었다. 계란을 부치고, 노란 단무지와 시금치 데친 것을 넣고, 빨간 피망으로 색을 내었다. 된장국에 미역을 조금 넣고 국을 만들었더니 단백한 맛에 보기도 좋았다. 생강 절인 것과 오이 절인 것을 곁들였으며 와사비와 일본 간장의 조화가 일품이었다. 제이는 스시 전문점에서 먹던 노리스시보다 열 배는 맛이 좋다고 벙글거리며 맛있게 먹었다.
　집에 와서 곧바로 약을 먹으니 몇 시간 후에 효과가 나기 시작하더니 4시간 후에 다시 한 번 복용하니 통증이 거의 사라졌다. 수미는 지금껏 약을 별로 복용하지 않았기 때문에 약의 효과가 빠르지 않나 하는 생각을 하며, 여하간 의사의 처방대로 3일간 두 번씩 복용하고, 그 후에 산부인과를 찾아야겠다고 마음먹었다.
　두 사람은 며칠간 성교를 피하기로 하고, 몸조심과 청결을 잘 지키기로 서로 약속하였다.
　저녁나절 계획한 대로 배 타고 엘베 강을 건너가 뮤지컬 'The Lion King(Der Konig Der Lowen)'을 보기로 하고, 잠깐 쉬었다.
　수미는 인터넷에서 뮤지컬의 내용과 이런저런 정보를 수집하여 제이에게 읽어주었다.
　오후 6시에 집에서 출발할 예정이라 수미는 5시에 일어나 준비를 하였다. 주차 구역을 찾기도 힘들고 밤에 운전하고 다니는 것도 위험하기 때문에 집 앞에 있는 버스 정거장에서 버스를 타고 시내로 나가 배를 탔다. 시내까지 불과 20분밖에 걸리지 않았다.

전용극장인 뮤지컬 하우스는 빈자리가 없을 정도로 꽉꽉 찼다. 8시 공연까지는 1시간 정도 여유가 있어서 테커에서 와인 한 잔과 소금이 겉에 붙은 빵(Brezel)을 하나씩 샀다. 두 사람은 애정 어린 눈길로 서로를 바라보았다.

수미가 음악 중에 특히 'Circle of Life', 'I just can't wait to be King', 'Can you feel the Love tonight'을 좋아한다고 하니까 제이는 프로그램과 노래 가사가 적힌 책자를 사다 주었다.

수미는 그의 섬세함에 고마움을 표시했다. 제이는 이 뮤지컬을 두 번이나 보았기 때문에 내용을 잘 알고 있었다. 그는 청바지에 검은 재킷을 입었는데 잘 어울릴 뿐더러 젊어 보였다.

"제이 씨 아주 젊어 보이고 보기 좋아요."

그는 활짝 웃으며 수미를 가볍게 끌어안았다.

"이렇게 사람이 많은 데서 껴안고 키스하는 것 아무렇지도 않아요?"

"수미 씨, 누가 우리같이 늙은 사람들 행동을 쳐다본다고 걱정이지요? 쳐다본다면 아마 부러워서 보는 걸 거예요. 자, 봐봐요. 얼마나 많은 늙은이들이 혼자 빌빌 돌아다니고 있나? 그들이 자유를 즐긴다고요? 천만에요. 그들은 짝을 찾고 있을 겁니다. 단지 우리보다 운이 좋지 못하거나, 좀 더 좋은, 좀 더 멋있는… 욕심을 부리다 행복의 찬스를 놓치거나. 여하간 그들은 우리처럼 행복하지 못하고, 우리를 관찰하면서 부러워하고 있을 겁니다."

"해석이 재미있네요. 당신이라는 사람, 굉장히 낙천적이고 자신감이 넘쳐요. 나는 자신감을 많이 잃었어요. 나이가 들어가자 쳐다보는 사람도 없고, 딸을 성공시키겠다는 결심으로 먹을 것 줄여가면서 발버둥 쳤는데, 성공하고 나더니(대학 교수 발령을 받고 나더니) 어미를 도와주거나 보호해 주기는커녕, 어미 알기를 제 발밑의 노예 정도로 생각하더군요. 딸의 대접에 가슴이 내려앉고 지금껏 지켜온 나의 가치관이 일순간 무너져 내렸어요. 남편이 세상을 떠났을 때도 도와줄 생각은 전혀 없고, 어떻게 하면 어미를 빨리 한구석으로 밀쳐내고 돈을 뺏어갈 생각밖에 없는 것이 역력히 보여 많은 밤을 눈물로 새웠습니다."

"그래요, 내 경우도 마찬가지입니다. 나는 수미가 무슨 말을 하는지 너무나 잘 알고 느낍니다. 그러나 이 문제는 다른 날 이야기하고, 지금은 이 순간을 즐기세요."

그는 건배를 하고 수미의 이마에 입을 맞추었다. 제이가 돈을 아끼지 않고 좋은 위치의 좌석표를 사서 어떠한 방해 없이 뮤지컬에 푹 빠질 수 있었다.

수미는 정신없이 뮤지컬에 빠져들었다. 배우들의 노래와 연기와 무대장식 등 모든 것을 하나도 놓치지 않으려고 정신을 바짝 차리고 한 시간을 보내고 나니 황홀한 꿈에서 깨어나며 중간 휴식이 되었다.

두 사람은 밖으로 나와 빨간 앵두 즙에 소다수를 탄 칵테일을 사서 들고 한쪽으로 가서 꿈에서 깨어남을 즐겼다.

"배고프면 먹을 것 좀 사다 줄까요?"

"아니요. 배고프지 않아요. 그리고 집에 먹을 것이 많이 있으니까, 제이 그만 돈 써요."

다시 들어가 후반부를 보고 나오니 밤 10시였다. 피곤하지만 기쁨을 한가득 안고 배를 타고 건너와 택시를 타고 집에 도착하니 밤 11시가 되었다.

"제이, 낮에 남은 김밥하고 치즈하고 와인 한잔 마시고 자면 어떨까요, OK?"

제이와 수미는 같이 샤워를 하고 잠옷을 갈아입고, 큰 쟁반에 김밥과 치즈와 와인을 얹어 들고 침실로 들어가 침대에 앉아 무릎에 올려놓고, 오늘 관람한 뮤지컬에서 나왔던 음악을 조그맣게 틀어놓고 저녁 겸 밤참을 즐겼다.

"수미, 나는 당신의 이런 장난스러운 아이디어가 좋아요. 침대에서 음식을 먹는 것은 병원에 입원해서나 가능한 일로 알았는데 내 침대에 앉아 스시를 먹는 맛이 라이온의 왕이 된 기분이네요."

"내가 그랬잖아요, 우리는 아직 많은 것을 처음 할 것이라고요. 사업하느라고 뉴욕도 못 가봤다니 그것도 언젠가는 처음으로 나하고 같이 해야 해요."

"아하-, 그러면 수미는 나하고 같이 살 모양이네…."

"모든 것은, '우리가 같이 살게 된다면' 하는 가상법에서 나오는 말입니다. 우선은 이틀밖에 남지 않았어요."

"그래요?" 하는 제이의 개구쟁이 같은 얼굴에 자신감이 잔뜩 묻어 있었다.

수미는 뒷정리를 하고 이를 닦은 후 잠자리에 들었다.

"오늘은 나를 인형같이 놔두기로 했지요?"

"나 그런 말 한 기억 없는데….."
그는 수미를 껴안으며 "인형도 껴안으면 좋다고 하는데…" 하며 수미의 가슴을 만지작거렸다.
"내 손에 꼭 맞아요, 작지도 크지도 않고….."
그는 수미의 젖꼭지를 빨며 "음… 맛있어. 비싼 와인 마시지 않아도 되겠네"라고 중얼거렸다.
"그래요, 수미 옆에 가만히 인형같이 누워 있을 테니 그 대신 선물을 하나 해요."
"무슨 선물을 또 해요?"
"수미는 70인데 레퍼토리가 그것밖에 없어요?"
"나는 레퍼토리도 없고, 누군가를 사랑하면 그 사랑의 느낌을 그대로 성에 전달할 뿐 어떤 기술이나 과장된 요염을 부리지 않는답니다."
"당신 말 참으로 마음에 들어요. 그래요, 그러니 사랑의 표시를 보여주세요."
"피곤해서 잘래요. 자기가 한잠 자고 깨면 당신이 좋아하는 것 다 해줄게요."
"흠… 내가 깨지 않으면 어떻게 해요? 건강한 남자는 아무리 피곤해도, 단 하나를 먼저 잠재우지 않으면 안 되는 것이 있는데?"하며 슬며시 수미의 손을 자기 성기에 갖다 대었다. 그의 성기는 벌써 흥분한 상태였다. 수미는 그의 성기를 토닥거려 주었다.
"잘 자요, 내가 자장가 불러줄까?"
그는 웃으며 워낙 피곤했는지 수미를 가볍게 껴안고 곧 바로 깊은 잠에 빠졌다.

벌로 받은 여덟째 날

아침에 잠이 깨니 8시경이었다. 제이는 가볍게 코를 골며 신나게 자고 있었다.

수미는 그가 깰까 봐 조용히 일어나서 화장실을 갔다가 조심스럽게 다시 자리에 들었다. 그러나 아무리 조심하여도 옆 사람에게 움직임이 전달되어 그는 눈을 떴다.

그는 소변을 보고 돌아와 다시 누웠다.

"나, 코 골았지요?"

"조금요. 어떻게 알아요?"

"반듯하게 오래 누워서 자면 코를 고는데, 깨면 알아요."

그는 몸을 돌려 수미를 껴안았다.

"자기 전에 무언가 수미가 약속을 한 것 같은데?"

"아마 꿈을 꾼 모양이지요."

"나를 알찌(알츠하이머병)로 만들 거예요?"

부엌에 가서 찬 소다수를 갖다 마시며 서로 잠을 깨웠다.

"제이, 무엇이 하고 싶어요?"

"사랑, 사랑, 사랑… 나는 사랑에 미치고 굶주렸어요."

수미는 얼굴부터 발끝까지 그의 몸을 쓰다듬었다.

"이것이 오늘의 선물이고, 나의 사랑의 전달입니다."

"좋아요, 그런데 마지막 OK 바통을 누르는 것을 잊었나 봐요."

수미가 그의 조그만 친구를 두 손으로 잘 쓰다듬고 입으로 애무해 주니 금방 절정에 오르고 사정을 하였다. 오늘의 특징은 갓난아기들에게 사용하는 오일을 손에 잔뜩 묻혀 그의 페니스를 마사지 해주었다.

"수미, 무엇으로 나의 조그만 친구를 마사지했기에 이렇게 빨리 소리소리 치고 즐거움의 눈물을 뿌려요?"

"비밀이에요."

그녀는 제이의 배 위에 사정한 사랑의 잔여물을 핥아먹었다.

"꺼림칙하지 않아요?"

"아니요, 사랑하니까 아무렇지도 않은데요? 사실은 나의 건강을 위해서… 쓴 약도 참고 마시는데…."

그녀는 민망스런 웃음을 웃었다.

"하하하… 나를 너무나 사랑하기 때문이지. 수미가 무슨 말을 해도 나는 수미가 나를 사랑하기 때문에 그런 행동을 한다는 것을 알아요."

두 사람은 다시 껴안고 잠이 들었다.

거의 12시가 다 되어 잠에서 깨어나니 배가 무척 고팠다.

"나가서 맛있는 것 사 먹을래요? 아니면 길만 건너가면 조그만 터키 식당이 있는데 '되네르'를 싸달라고 할까요?"

수미는 얼른 대답하였다.

"그래요, 집에서 먹어요. 나는 매일 나가기 싫어요."

"닭고기 아니면 양고기?"

닭고기는 집에서도 자주 먹기 때문에 양고기를 신청했다.

그는 집에서 입던 옷에 골프 점퍼를 걸치고 나가 약 20분 만에 먹을 것을 싸들고 들어왔다. 수미는 일어나 빨간 목욕 가운을 입고, 그가 사온 음식으로 식탁을 장식하였다.

되네르는 맛이 좋고, 고기의 질도 채소도 좋았다. 값싼 간단한 터키 식단이지만 영양적으로나 맛으로나 가끔 먹을 만했다.

아침을 먹으며 수미가 물었다.

"두 번째 아내는 꽤 미인이고, 돈도 많았다면서 왜 헤어졌어요?"

"가장 큰 문제는 돈이었지요. 낭비가 너무 심하고, 자신의 경제력이 나보다 월등히 높아 낭비가 심할 뿐만 아니라 너무 억세고 설쳐댔어요. 잠자리에 들어서도 자신이 원하는 것만을 관철하려고 했어요. 처음에는 그런대로 잘 지냈는데 세월이 기니까, 나의 친구가 기어 나와서 즐거움을 찾기는커녕, 안으로 자꾸 기어 들어가니, 성교가 불가능해졌어요. 집안일은 청소부가 거의 다 해 그녀는 아침부터 시내에 나가서 옷 가게 돌아다니는 것이 일과이고 미장원을 이틀에 한 번, 매니큐어, 페디큐어에 매일같이 신부 화장하듯 화장을 하고 돌아다니는데 예쁘기는커녕 자연스러운 맛이 없고, 징그럽기만 하니 어떠한 결말이 날지 뻔하지 않아요. 일에 시달리다 집에 들어오면 간단한 식사 정도는 집에서 하고 싶은데, 부득이 나가자고 들들 볶아서 다시 끌려 나가곤 했지요. 거의 매일 이러한 일들이 반복되니 피곤하고 밥맛도 없는 것이 어떤 때는 지옥 같은 생각이 들었어요. 회사 일을 다 끝내지 못해 집에 와서 정리를 하면 "첫째가 사업, 둘째가 사업, 그리고 한참 있다가 마누라가 존재한다는 것을 느끼니 어떻게 이런 부부생활을 계속 유지할 수가 있어요?" 하며 화를 내곤 하였다.

"그 당시 이탈리아 대리석과 스페인, 프랑스 모자이크를 많이 들여와 팔았기 때문에 그 나라들을 자주 다녔지요. 따라다니는 것은 좋은데, 나는 사업상 사람들도 만나야 하고 여러 재료에 대한 자료도 조사해야 하는데 전시 관람이 끝나기도 전에 쇼핑과 공연, 영화 등에만 관심이 있어 스트레스를 한없이 주니, 아무리 내 사업에 투자를 해주어 사업이 잘된다고 하지만, 이해심이라고는 조금도 없고 자기만을 위하라고 하니 결혼생활이 잘 이루어졌겠습니까?

얼마 후부터 사업상 여행은 따라오지 않더니 좋아하는 남자가 생겨서 바람을 피웠더라고요. 다행이라고 생각했는데, 문제는 회사와 건물에 투자한 자기 돈을 내놓으라는 거예요. 물론 멀지 않은 장래에 회사와 회사 건물을 팔고 퇴직하려고 했지요. 그 후에는 집세를 받아서 생활하려고 했는데, 그때까지 적어도 2년이 걸리는데, 당장 내놓으라고 으름장을 놓지 뭡니까?

그녀에게 높은 이자를 주기로 하고, 건물을 계획보다 앞당겨 팔려고 마음먹고, 올 연말까지 연장했어요. 다행이긴 하지만 그녀가 이자를 세게 받고, 건물을 은행에 계약한 기간보다 일찍 팔면 많은 벌금 이자를 물어야 하기 때문에 지금 이러지도 저러지도 못하고 있습니다. 그러나 연말까지는 아직 1년이라는 시간이 남았으니까 어떠한 해결책이 있다고 믿어요. 나는 낙천적인 인간인데다가 무엇이고 쉽게 포기하지 않습니다."

둘은 늦은 아침 겸 점심을 먹고, 오후에 무엇을 할까 의논하였다.

"오늘 시내에 새로 나온 아우토모빌 전시가 있는데, 자동차 구경하러 갈래요?"

수미는 자동차에 관심이 많지 않았지만, 제이가 가고 싶어 하는 것을 알고, "그래요, 제이 씨 차가 좀 오래되어 새 차에 관심 갖고 있는 것 같으니, 같이 가서 보면 좋겠네요" 하고 쾌히 따라나섰다.

제이가 관심을 갖고 있는 자동차를 둘러보았다. 그는 늙으니까 스포츠 차에서 타고 내리는 것이 좀 불편한데 이 타입은 앉는 자리가 높아서 편히 타고 내릴 수 있고, 짐 넣는 자리가 넓어서 골프 가방 싣고 다니기가 편할 것 같아 관심이 간다고 하였다.

"지금은 가방 하나만 실으니까 그런대로 넉넉하지만, 둘이서 같이 여행하려면 차가 좀 커야 하지요?" 하며 수미를 보고 빙긋이 웃었다.

한 시간 이상 자동차 전시장을 돌아다니다가 나오니 이미 밖은 어둑어둑하고 몹시 추웠다. 제이가 카페에 들어가자고 하자 수미가 한 마디 하였다.

"굳이 돈 쓰려고 하지 마세요. 집에 가서 카카오 하고 룸 조금 넣고 맛있게 칵테일 만들어줄게요."

"너무 짜게 굴지 맙시다. 물론 빚이 많지만, 그렇다고 이런 잔돈까지 절약해서 유산 많이 남겨주면, 그들은 수고 없이 얻는 돈을 물 쓰듯 할 겁니다. 그것이 좋다고 생각해요? 루프트한자가 몇 년 전에 기가 막힌 좋은 광고를 했어요. 아들이 나한테 섭섭하게 대할 때마다 그 광고가 머릿속을 스쳐 갑니다. '왜 당신은 일등석을 즐기지 않습니까? 당신의 상속자는 틀림없이 일등석을 즐길 것입니다.' 참으로 늙은이들의 심장을 두드리는 광고였지요."

"그래요, 당신 말이 맞아요. 그렇지만 오늘은 내가 끓여주는 카카오 마시고, 텔레비전 프로그램에서 방송해 주는 좋은 영화 보아놓았으니까, 같이 보며 쉬는 것이 좋을 것 같아요."

아파트에 도착하니 저녁나절이 다 되었다. 수미는 우유를 데워서 카카오를 넉넉히 넣고 룸을 섞어 뜨거운 칵테일을 XXL 컵에 넣어 우유 거품을 소복이 얹고 계피가루를 조금 뿌려주었다.

그는 수미의 뜨거운 칵테일을 마시더니 "이 칵테일 이름이 뭐죠? 기가 막히게 맛이 있고 금방 가슴을 따듯하게 데워주네요."

"글쎄요, 사랑의 카카오 정도로 해둘까요. 추운 날씨에 밖에 돌아다니다가 집에 들어오면 만들어 마시는 카카오이지요."

두 사람은 소파에 앉아 이불을 덮고 '보리스 캄프'라는 영화를 보며, 빵에 치즈를 얹어 따듯한 우유와 함께 먹었다.

"수미, 갑자기 나의 아파트가 사막의 오아시스 같은 느낌이 들어요. 나는 집에 있다는 것이 이렇게 행복한지 몰랐어요. 모든 것을 편하게 해놓았지만 이렇게 아늑한 줄은 몰랐어요. 마치 피곤할 때 따듯한 목욕물 속에 들어앉은 느낌이라고나 할까요?"

"그래요, 집이라는 것은 잠자고, 먹고, 편하게 다리 펴고 쉬고, 책상에 앉아 사무도 보고, 텔레비전도 보고, 음악도 듣고 하는 휴식의 장소이지요. 그러나 아늑한 사랑과 혼이 가득하지 않으면 아무리 좋은 가구도, 아무리 좋은 오디오도 그 기능을 발휘할 뿐이지, 당신에게 정열과 사랑을 전달하지 못합니다."

벌로 받은 아홉째 날

아홉째 날은 날씨가 거의 영하로 내려갔지만, 회색 베일을 벗고 햇볕이 방글거리고, 바람도 차지 않아서 둘은 골프를 치기로 했다. 수미는 골프채가 없었지만, 겨울 골프는 두세 개만 갖고 가면 되므로 제이 채 우드 3과 아이론 8과 샌드를 들고 나갔다. 겨울 부츠를 신고, 제이 잠바를 얻어 입고 필드에 나갔다.

드라이브를 하니 땅이 얼어서 한없이 굴러가므로 두 사람은 좋아라 웃으며 즐겼다. 겨울 골프는 신선한 공기와 스윙을 잊지 않으려고 연습하는 것이지, 진정한 의미의 골프는 아니다. 우리는 한 시간 반에 9홀을 돌고 손이 꽁꽁 얼어서 바지춤에 집어넣고 녹였다. 차에 들어 앉아 히터를 켜니 그렇게 좋을 수가 없다. 집에 와 따끈한 커피에 비스킷을 몇 개 먹고 나니 살 것 같았다.

수미는 웃으며 "인간이 얼마나 간단히 행복해질 수 있는지 봤지요. 모든 것은 상대적이에요. 보통 때 당연히 마시던 커피 한 잔, 비스킷 하나가 우리를 행복하게 하지 않아요?"

두 사람은 서로 껴안고 아파트의 따듯함을 의식적으로 즐겼다.

"수미, 날씨가 따듯해져서 같이 골프를 칠 수 있으면 얼마나 행복할까? 우리 지금이라도 스페인이나 터키에서 싸게 파는 골프 여행 가면 어때요. 한 1주일만이라도… 우리 둘이서 싸구려 터키 골프 여행 한 주 부킹하면 각자 골프, 먹는 것, 호텔비 다 합쳐봐야 1천 유로 정도면 충분해요."

"제이, 돈이 문제가 아니라 장래에 대한 어떤 계획도 없이 주변을 조금도 정리하지 않고 마치 젊은이들처럼 기분 내키는 대로, 기분파 행동을 할 수는 없어요. 내일 10일을 마치고, 집에 돌아가서 정리할 것 좀 정리하고, 옆집에 이런 저런 부탁도 하고, 그런 다음에 같이 결정하면 어때요?

여행 가려면 골프 클럽과 가방, 옷들을 가지고 와야 해요. 모든 것을 새로 사거나 빌려 쓸 만큼 나는 손이 크지 않습니다. 있는 것 잘 관리해서 쓰고, 낭비하지 않고 사는 것이 나의 생활방식입니다. 나의 여행비는 내가 물론 부담하지만, 제이 씨는 구좌를 마지막 센트까지 초월한 모양인데, 지금 꼭 여행을 가야 합니까? 날씨가 조금 풀리면 여기 골프장에서 연습하다가 경제 사정이 좋아지면 그때 골프 여행을 하는 것이 좋다고 생각해요."

제이는 한숨을 쉬고, "내가 싸구려 여행도 할까 말까 생각하는 가련한 꼴이 굉장히 화가 납니다. 이럴 때마다 이혼한 아내가 밉살스럽고 무슨 수를 써서라도 일부라도 갚아야지, 집세는 그녀가 요구하는 이자와 변호사 비로 나가고 있습니다."

"그래요, 우선 내가 집에 가서 정리 좀 하고, 제이 씨 구좌를 같이 보고, 정확한 경제 사정을 체크한 다음, 우리가 장기간 같이 머무르는 것이 좋을지, 아니면 왔다 갔다 하는 것이 좋을지를 먼저 결정하고, 여행은 그 다음에 결정해요. 모든 것의 전제 조건은 우리가 서로 사랑하고, 생각의 깊이가 맞고, 인생관이 맞는다는 것이지요. 며칠 동안 같이 지내면서 많은 면에서 공통

점이 있다는 것을 알게 되었어요. 그렇지만 나는 집에 가서 머리를 식혀야 해요. 나중에 다시 의논해요."

제이는 실망한 얼굴색을 보였다.

"나는 수미가 나하고 같이 수미 아파트에 가서 짐 싸 가지고 돌아올 것이라 기대했는데… 얼마나 가 있을 거예요? 하루, 이틀?"

"아마 일주일은 하노버에 가 있어야 할 것 같아요."

"그렇게나 오래? 그동안 나는 사랑에 굶주려 죽을지도 몰라요. 3일 만 휴가를 줄게요."

"맛있는 음식 많이 해놓고 갈 테니 일주일간 기다리면서 내가 내주는 숙제를 하세요. 첫째, 작년 1년 동안의 수입과 지출을 정확히 적어보고, 구좌 외에 다른 빚이 있으면 모조리 적어 보세요. 사업으로 쓰는 구좌와 사생활 구좌를 따로 적어보고, 크레디트 카드에 있는 빚, 자동차에 남은 빚, 아직 갚아야 할 계산서 등등 하나도 빼지 말고 적으세요. 내가 당신과 살며 빚을 정리하고, 안정된 생활을 할 수 있나 없나를 판결할 재료가 있어야 합니다. 당신 전 부인에게 주어야 할 빚이 반 밀리언이라는 것은 알고 있지만, 집문서는 아직 보지 않았습니다. 내 추측에 그 외의 빚이 적지 않은 것 같아요. 제이 씨가 나에게 구좌를 잠깐 열어 보여주었지만, 그것으로 어떤 전체적인 판단을 하기 힘들어요. 재작년에 세금 신청한 문서를 보여주면 좋지만, 작년 1년 사이에 많은 빚이 부과된 것 같습니다. 이 모든 것을 열어주면, 딸과 사위와 같이 앉아 해결책이 있는지 없는지를 의논할 수 있다고 생각합니다."

"나는 나의 경제 사정에 대한 모든 자료를 열어줄 수 있습니다. 전반적으로 봐서 아주 나쁜 상태는 아니지만, 이런 상태로 한 1년 끌면 전처가 원하는 대로 집을 싼 값에 팔거나 강제 매매할 위험성이 큽니다."

제이의 경제 사정은 대충 보아서 다음과 같다.

제이가 소유하고 있는 건물은 약 2천qm(약 600평) 건평에 2층으로 지은 꽤 큰 건물이다.

집세가 잘 들어오고 사업이 잘 돌아가므로 은행과 아내에게 이자를 주고 편안한 생활을 하다, 두 번째 결혼이 깨지고 이혼함으로써 문제가 생기기 시작하였다. 부인이 투자한 반 밀리언을 이자를 주고 건물을 팔면 돌려주기로 한 것이 이혼과 동시에 대부를 돌려달라는 요구가 왔다. 은행이 그 대부를 인계받지 않는 이유는 그의 나이가 70이 넘었다는 것과 하나 있는 상속자가 사인을 안 해 주기 때문이다.

그가 소유하고 있는 건물은 세 부분으로 이루어졌다. 약 1천qm의 가게와 300qm의 주차장, 그 옆에 붙은 약 200qm의 사체와 약 500qm의 창고로 건평이 약 2천qm, 세를 준 건물과 파주차장 약 1500qm, 창고가 500qm이다. 은행이 전처의 빚을 인계해 주기를 여러 번 신청했지만, 그의 나이가 이미 70을 넘었고, 큰 건물은 빨리 매매되지 않기 때문에 은행은 단 하나 있는 아들이 인계받지 않으면 줄 수 없다고 하였다. 전처는 변호사를 선임하여 당장 자기의 몫을 내놓으라고 재판과 강제 매매를 협박하기 시작하였다. 모든 서류로 보아 제이가 갖고 있는 빚은 약 1밀리언, 이 건물의 가치를 보면 반밖에 안 되는 빚이지만 당장 전처의 돈을 갚아줄 길이 없는데, 연말까지 갚아주지 않으면 강제 매매한다는 편지를 변호사를 통해 보냈다.

약 12개월간에 해결을 못하면 강제 매매하거나 싸구려로 팔지 않으면 안 될 딱한 처지에 놓였다. 더구나 은행 자체가 그 건물에 눈독을 들이고 있기 때문에 빚을 갚아줄 아무런 의향도 없고, 은근히 강제 매매되기를 기다리고 있었다. 지금 건물에 세 들어 있는 대리석 상점(제이가 하던 상점을 물려받은) 경영자도 강제 매매를 기다리고 있다는 정보가 들어왔다고 한다.

국가에서 나오는 연금은 겨우 사립 의료비 보험과 약값 정도이고, 홀아비 연금을 받기에는 그의 수입이 너무 많다. 이런 삭박한 상태에서 새로운 파트너를 찾으며 어떤 해결책을 찾는 것은 당연하다고 생각된다. 그는 어떤 문제도 숨기지 않고 모든 상황을 이야기해 주었다.

수미의 경제 사정은 대충 다음과 같다.

그녀는 제이에 비해 토대가 단단하다. 국가의 양로 보험을 들어 연금이 좋을뿐더러 의료보험이 자동으로 들어 있고, 남편과 살던 집을 팔아 빚을 좀 지고 지금 살고 있는 아파트를 사서 빚을 다 갚은 상태이다. 노인들이나 핸디캡 자가 살 수 있는 하노버 중심가에 있는 방 3개짜리 아파트는 약 40만 유로의 가치를 갖고 있다.

수미가 제이와 같이 살겠다고 결정한다면 이 아파트를 팔지 않으면 안 된다.

모든 조건이 잘 맞지만, 10여 년 동안 저축하며 검소하게 살아서 빚이 없는 아파트를 판다는 것은 생각만 해도 마음이 아팠다. 수미는 그녀의 아파트를 무척 사랑하였다. 시내에서 가까워 시내 중앙의 모든 쇼핑센터나 병원 등 일상에 필요한 곳은 걸어서 갈 수 있다. 특히 집에서 5분만 걸어가면 유명한 장이 토요일마다 열려 신선한 채소와 생선을 살 수 있고 없는 물건이 없어, 살기에, 특히 늙어가면서 살기에 편하였다. 아파트는 집 자체가 크지 않아 8가구가 살며 엘리베이터가 있다. 핸디캡이 있는 사람도 살 수 있도록 지은 집이라 몇 년 사이에 집값이 많이 올랐다.

수미는 이 아파트를 살 때, 이곳에서 오래 살며 늙을 것을 생각하였다. 사랑도 좋지만 이런 아파트를 판다는 것은 생각만 해도 가슴 아픈 일이다.

제이의 집을 팔고, 수미 집에 와서 같이 살면 어떨까 하는 생각도 해보았지만, 함부르크는 아름답고 많은 독일인들이 살고 싶어 하는 도시일뿐더러 함부르크에서 출생하여 73살이 된 제이는 도저히 함부르크를 떠날 수 없을 것 같았다.

벌로 받은 열째 날

 산부인과 의사와 10시에 미팅이 있어서 아침 먹고 시내에 있는 의료 센터에 갔다. 제이가 차로 데려다주며 자기는 좀 돌아다니며 윈도쇼핑도 하고, 은행에 가서 돈도 찾고 할 테니 검사가 끝나면 전화하기로 하고 헤어졌다.
 비교적 젊은 의사는 일반적인 검사와 암 검사를 하고 문제점이 있느냐고 물었다. 수미는 좀 창피했지만 자신의 문제를 말하였다.
 10년간 성생활을 하지 않다가 갑자기 남자를 만나 성교를 하게 된 상황과 통증이 있고, 방광염으로 3일간 항생제를 복용하였다는 보고를 하였다.
 많은 나이에 오래 성교를 안 하다 다시 성교를 하면 질이 수축되고, 피부의 신축성이 적어져서 오는 당연한 일이라며 약간의 여성 호르몬이 들은 연고를 주고, 많은 도움이 되기를 바란다고 친절히 응대해 주었다. 그리고 노년기의 섹스에 대한 연구 논문을 쓰고 있는 의사가 있는데 잠깐 만나서 얘기해 줄 수 있는지 물어보았다.
 수미가 쾌히 승낙하고 옆방에서 기다리니 한 젊은 의사가 얼굴에 미소를 지으며 들어왔다.

"이렇게 시간을 내주셔서 감사합니다. 저는 당신과 같은 경우를 찾고 있습니다. 첫 성교를 하게 된 동기와 젊은 시절의 성교와 다른 점을 간단히 서술해 주실 수 있으신지요?"

"가장 겁이 났던 것은 나의 여성이 전과 같이 많은 수분이 없어서 아픔을 느낀 것입니다. 그러나 관계를 가졌을 때 이상하게 통증과 쾌감을 동시에 느끼고, 바셀린을 썼음에도 불구하고, 마치 젊어서 첫 성교를 한 것 같이 여성이 좁게 느껴진 것이 특징이라고 말할 수 있습니다. 성감은 좋았고, 절정에 오를 수 있다는 것에 스스로 놀랐습니다."

그는 수미에게 감사하고, 질문이 많이 적힌 2장의 질문서를 주며, 이것이 자기에게 많은 도움이 되고, 나이 많은 분들의 성생활에 도움이 되리라고 믿는다고 말하였다.

수미는 묻기를 "70대의 여인이 성교를 한다는 것이 정상적인 상태는 아니지요?"

"천만에요. 전에는 70이면 완전히 노인 취급을 했는데, 당신을 한번 보십시오. 당신은 건강하고 아마 오랫동안 성생활을 즐기리라고 생각됩니다. 그렇기 때문에 이 질문서에 있는 건강 상태 체크가 큰 역할을 할 것입니다. 2주 후에 다시 미팅을 하고 검사를 받으면 그때는 아마 많은 것이, 특히 여성의 신축성과 수분의 양이 양호하리라고 믿습니다. 마지막 피 검사한 것이 있으면 갖고 오시면 감사하겠습니다. 이 질문서나 우리의 미팅은 절대적인 의학적 비밀이며 밖에 새어 나가지 않습니다. 당신의 보고는 아마 많은 70대 이상의 '젊은 노인'들에게 용기와 행복감을 줄 것입니다."

　수미는 제이에게 전화를 걸고 쇼핑몰 앞에서 만났다. 제이는 장미 한 송이를 안겨주며, 의사가 마음에 드느냐고 묻고, 밖에서 점심을 먹기를 원하느냐고 물었다.
　"집에 가서 먹었으면 좋겠어요. 하지만 제이 씨가 밖에서 꼭 먹고 싶은 것이 있으면 밖에서 먹어도 좋고요."
　점심을 먹기에는 너무 이른 시간이었다.
　"점심때까지 시간이 있으니까, 먹고 싶은 것 있으면 해줄 테니 말해 봐요. 집에 가는 길에 장 봐서 요리해 줄게요. 무엇이 먹고 싶어요?"
　"수미가 일을 너무 많이 하는 것 같아 미안해요. 나도 집에서 먹었으면 좋겠는데… 닭고기가 먹고 싶어요."
　"구워서 감자 튀긴 것과 먹는 것이 좋아요, 아니면 채소와 같이 요리해서 밥과 같이 먹고 싶어요?"
　"나는 구운 것과 감자 튀긴 것밖에는 모르는데, 채소와 같이 요리해서 밥과 먹는 것은 말만 들어도 건강해질 것 같아요."
　제이와 수미는 정육점에 들러 닭다리를 4개 사고, 채소를 사고, 2개는 내일 먹을 수 있도록 준비해 둘 계획이었다.
　집에 도착하여 닭과 채소를 넣고 한국식으로 볶고, 밥을 짓고, 오이 무침을 매콤하게 곁들였다.
　"구운 닭과는 물론 맛이 다르지만 소화를 위해서 훨씬 좋을 것 같아요."

그는 닭다리 한 개 반, 수미는 한 개를 먹었다.
"나머지는 내일 내가 없을 때 마이크로 오븐에 5분만 데워서 먹으면 돼요. 내일 다른 것이 먹고 싶으면 모레 먹어도 되고요. 스파게티를 해놓을 테니 둘 중에 하나 골라 먹어요. 그렇지만 너무 오래 냉장고에 넣어두면 안 됩니다."
"정말 내일 나를 혼자 떼어놓고 갈 작정이에요? 어떻게 그리 무정할 수가 있어요?"
"내가 준 숙제 잘해서 메일로 보내주세요. 그리고 기다리는 것도, 하나의 즐거움일 수 있습니다. 끝이 어디인지 모르고 한없이 기다리는 기다림이 아니라 단 며칠이니까 다시 만나는 즐거움을 생각하면 행복하지 않아요?"
그는 한숨을 내쉬었다.
"그렇기는 한데, 그래도 수미가 가지 않고 내 옆에 있으면 더 좋을 것 같아요. 아니면 나를 데리고 가든지요."
"어린아이처럼 그러지 말아요. 우리는 다 자란 너무 자라서 꼬부라지는 할머니 할아버지란 말이에요."
"그래요, 늙으면 어린아이 된다고 하더니 바로 이런 경우를 두고 하는 말인가 봐요.""
제이는 늘 하듯이 상을 치워주었다.
"낮잠 잘까? 내일 집에 가려면 피곤할 테니까 미리 쉬는 것이 좋아요."
잠자리에 들어 서로 가볍게 애무하며 산부인과에 갔던 이야기를 했다.
"나 그 의사 아는데 창피하게…."

"괜찮아요. 의학적인 면에만 쓸뿐더러, 나를 더 잘 검사해 줄 테니까 나에게는 이익이에요. 더구나 내가 자기와 같이 있다는 것을 어떻게 알아요? 그뿐 아니라 그 의사에게 도움이 된다는데 거절해야 할 이유가 없지요. 내가 원하지 않으면 답을 안 해도 상관없다고 했어요."

그들은 가볍게 껴안고 잠깐 잠이 들었다. 그는 수미가 내일 하노버로 돌아간다는 사실을 달가워하지 않았다.

"수미, 집에 돌아갔다가 딸과 사위와 얘기하고 마음이 변해서 돌아오지 않으면 나는 어떻게 해요?"

"돌아온다고 약속했지요. 나는 약속을 꼭 지킵니다. 일단 돌아와서 모든 이야기를 하기로 하지 않았어요?"

낮잠에서 깨어나 커피를 한 잔씩 마셨다.

"일주일 금세 갑니다. 한 달도 금세 가고, 1년도 금세 가고. 늙으면서 왜 그렇게 시간이 빨리 가는지 이해가 안 갈 때가 많아요."

"글쎄, 나도 그런 생각을 자주하는데, 여러 가지 이유가 있을 겁니다. 우리가 예전보다 모든 것을 천천히 하기 때문에 많은 시간을 요구하고, 남은 시간이 얼마 안 되니까 아까운 생각에 시간이 너무 빨리 간다는 느낌이 드는 건지도 모르지요. 여하간 세월이 너무 빨리 간다는 느낌은 모든 나이 많은 사람들의 공통된 의견이지요. 어쩌다 보니 70이 넘었는데, 솔직히 70이 넘었다는 게 실감이 가요?"

"몸 상태가 좋지 않으면 늙었다는 생각이 들고 만사가 귀찮게 느껴지지만, 지나고 나면 아직 희망이 있고, 꿈도 있고, 포기하지 않고 살았더니 제이 씨를 만났지요."

제이는 좋아서 벙긋이 웃으며 수미를 끌어안았다.

"나는 왜 수미가 너무 좋은 줄 알아요? 나는 여자를 존경하고 사랑합니다. 그러나 여자가 나를 깔아뭉개려 들면 어느 정도는 받아줄 수 있지만, 오랜 시간은 견디지 못해요. 그러나 수미는 자신의 의견을 관철하면서도, 나에게 자유와 결정할 시간과 여유를 줄 뿐 아니라, 남자로서의 자연적인 리드감을 주기 때문에, 사랑을 받는 느낌뿐 아니라 남자로서의 프라이드를 살려줍니다."

저녁나절, 두 사람은 텔레비전을 보며 아늑한 시간을 가졌다. 헤어진다는 스트레스 때문인지 제이는 잠들기 전에 부드러운 애무를 하고 직접적으로 성적인 요구는 없었지만 수미가 전혀 경험이 없는 제의를 해왔다.

"수미, 내가 수미의 수모를 잘 다듬어줄게요."

"어머나, 나는 그것이 흉하다고 생각해요. 헬스클럽에서 젊은 여자들이 샤워할 때 보면 수모를 면도한 것을 보고, 샤워장에서도 면도를 해요. 성기에 털이 없다는 것도 하나의 유행인가 본데 나는 징그럽다는 느낌이 들어요(독일의 공동 샤워장은 칸을 막지 않는다)."

"면도를 하라는 것이 아니고 1~2cm쯤 남겨두고, 긴 털을 자르면 아주 예쁘고 위생상 좋아요."

수미는 승낙하였다.

그는 손톱을 정리하는 조그만 가위를 가지고 와서 수미의 성기 위의 털을 조심스럽게 자르기 시작하였다. 수모가 많지 않아 단 몇 분밖에 걸리지 않았지만 야릇한 흥분감이 일었다.

그는 수미의 손을 그녀의 성기에 대주었다.

"만져봐요, 얼마나 좋은 감촉인지…."

"나는 여자가 자위하는 것을 보면 성적인 흥분을 느끼는데, 그 이유는 젊어서 핍 쇼를 보고 싶어도 아는 사람들이 하도 많아서 누구를 만날까 겁이 나서 차마 들어가지 못하고, 억제한 이유인지, 사랑하는 여인이 자위하는 것을 보면 흥분되고 기분이 좋아요."

"아니, 그 흔한 섹스 영화나 필름을 보면 얼마든지 볼 수 있는데, 무슨 문제지요. 남자들은 섹스 필름 보는 것 정도는 대수롭지 않은 일일 텐데요."

"그렇지 않아요. 나는 섹스 영화 같은 것 보면 아무런 흥분도 느낌도 없어요. 오로지 사랑하는 여인만이 나를 흥분시키는데 나도 그것이 이상하다고 생각해요."

수미는 제이 앞에서 자위를 하고, 제이는 그녀의 성기를 입으로 애무해 주었다. 그는 수미를 애무하면서 흥분하고, 수미가 조금 만져주니까 바로 사정을 하였다. 그가 옆으로 누운 상태에서 사정하여 수미의 몫이 없었다.

"내 평생 이렇게 아름다운 섹스를 한 기억이 없어요. 배 속에서 치미는 압박감을 해소하기 위해 빨리 절정에 오르고, 미리 여자를 잘 흥분시켜 빨리 끝나기를 바랐지만, 우리의 섹스는 아무런 압박감도 강제성도, 시간의 제약도 없이 밤새도록이라도 즐길 수 있을 것 같아요. 아마 시간이 지나면 모든 것이 좀 약해지겠지만 지금 우리의 상황을 즐기고 다시 오지 않을 행복감을 마음껏 즐겨요."

그는 수미를 안고 깊은 잠 속으로 빠져들었다.

아침 8시경에 일어나 같이 커피를 마시고, 10시 차를 탈 수 있도록 정류장에 데리다 주었다. 주차장을 찾기 힘들어 길가에 차를 세웠다. 수미는 혼자 갈 테니까 집으로 돌아가라고 했으나 제이는 부득이 플랫폼까지 따라 나왔다. 기차가 오니까 눈에 눈물이 글썽한 것이 천진난만한 아기 같아 수미는 그를 안아 주었다.

"기다린다는 것은 아름다운 일이에요. 우리가 건강하고 사랑하기 때문에 이런 감정을 느낄 수 있다는 것을 의식적으로 즐기세요."

기차가 도착하자 그는 수미를 기차 안까지 데려다주고, 기차가 떠날 때까지 그곳에 서서 떠날 줄을 몰랐다.

하노버에 돌아와서

수미는 하노버 역에 도착하여, 수미가 좋아하는 스시 바에 가서 점심으로 김밥을 몇 개 사먹고 제이에게 잘 도착했다는 전화를 했다.

하노버 정거장은 독일에서도 쇼핑 마일로 유명하고 다양한 종류의 먹거리를 팔아 항상 복작거린다. 수미는 가끔 한식당에 들러 저렴한 가격으로 라면과 김치를 사먹는 재미를 누리기도 하였다.

수미는 하노버의 가장 번화한 길을 지나, 늘 다니던 헬스클럽을 지나 집으로 걸어가며 많은 생각을 하였다. 매일 다니던 길이 낯설게 느껴지고 지금 내가 어디에 와 있나 하는 의문이 들기 시작하였다.

10여 분 더 걸어서 집 앞에 도착하여 문을 열고 들어가려는데 갑자기 무서운 생각이 들었다. 예전에는 여행이나 잠시 집을 비웠다가 돌아오면 '역시 내 집이 최고야'라는 안도감과 아늑함을 느끼고, 이 세상에 내가 안식할 수 있다는 공간이 있다는 것에 감사하곤 했었는데 말이다.

수미는 엘리베이터를 타고 3층에 올라가 아파트 문을 열었다. 나갈 때 히터를 줄여놓았기 때문에 집안은 썰렁하고 추웠다.

'왜 이렇게 남의 집 같을까?'

그렇게 아끼고 닦고, 쓸고 좋아하던 아파트였는데 마치 다른 사람의 공간에 들어온 기분이 들다니… 수미는 자신의 감정을 이해할 수 없었다. 창문을 열어 환기를 하고 히터의 온도를 높였더니 집안이 금방 따스해져 마음이 조금 가라앉았다.

그녀는 옆집에서 받아놓은 우편물 등을 찾아와 커피를 마시며 정리를 하였다. 그런데 갑자기 혼자 커피를 마신다는 것이 쓸쓸하게 느껴졌다.

'단 10일간의 시간이 내 인생을 변하게 할 줄이야. 모든 것이 낯설고 달라 보여. 이대로 가다가는 지금까지 내가 쌓아온 모든 것이 사라지는 것은 아닐까?'

많은 생각이 오갔다.

'제이와 나는 많은 면에서 일치한다. 성향도 비슷하고 성격도 비슷하고 취향도 비슷하다. 의심할 바 없다. 그런데 한 가지 그의 경제 사정이 문제다. 혹시 내게 온 정성을 들이는 것이 돈 때문에 그러는 것은 아닐까? 경제적인 면 때문에 제약을 받는 부분이 있지만 전체적으로 볼 때 그의 조건은 나쁜 편이 아니다. 장래가 아주 비관적이지는 않다. 누군가 그에게 투자를 하면 그의 경제 사정은 금세 좋아질 것이다. 그렇다고 상류사회 생활을 할 수 있는 것은 아니겠지만 내가 원하는 평범하고 수수한 생활 정도는 유지할 수 있을 것이다. 골프클럽에 들어서 친구들과 골프를 치고 가끔 골프 여행도 다닐 정도만 되면 된다.

둘의 재산을 합치면 모든 문제를 해결할 수 있지만, 수미 입장에서는 자신이 손해를 보는 것 같은 느낌이 들었다.

수미는 우선 딸과 사위를 만나 의논하기로 했다. 딸이 사는 슈투트가르트는 거리가 멀어서(500km) 비행기를 타거나 급행열차를 타고 4시간 이상 가야하므로 생각만으로도 스트레스가 밀려들었다.

저녁나절, 딸에게 전화를 하여 상황을 대충 설명하였다. 40이 넘은 나이라 엄마의 처지를 이해해 주리라 기대했건만 딸은 의외의 방향으로 이야기를 풀어나갔다.

"우리가 아파트 팔고, 이 근처 시내 가까운 곳에 셋방을 구해 살면서 손녀 좀 돌봐 달라고 누누이 이야기해도 안 듣더니 결국 어떤 늙은 건달한테 걸려들어 아파트 팔고 함부르크에 가서 살고 싶다니, 도저히 이해할 수 없어요. 엄마 나이 70이에요. 그 나이에도 남자가 필요해요? 딸아이는 왜 할머니 안 오느냐고 묻고 할머니한테 가자고 졸라대요."

수미는 딸이 무엇을 원하는지 잘 알고 있다. 어차피 자신에게 줄 유산을 미리 주면 자기들 사업이나 집에 투자할 수 있는데 수미가 전혀 마음을 움직이지 않으니 딸은 답답해했다. 아파트를 팔아 조그마한 아파트에 세 들어 살고 손녀나 봐주며 노후를 걱정 없이 즐기면 될 텐데 외로움을 참고 혼자서 하노버에 사는 것을 딸은 꽤나 마음에 안 들어 했다. 딸은 자기 생각대로 하는 것이 늙어가는 엄마에게 있어 최상의 안전하고 행복한 삶이라고 믿었다. 할머니를 필요로 하는 손녀가 있고 딸은 대학교수에 사위는 의사, 그들의 보호를 받으며 사는 삶, 얼마나 복된 노후란 말인가.

그러나 수미의 생각은 전혀 달랐다. 독일에 와서 사는 동안 첫 남편이 한국으로 돌아간 후 혼자서 20여 년 동안 먹을 것,

입을 것 줄여가며 딸은 상류사회 어린이 부럽지 않게 좋은 학교와 피아노, 바이올린, 테니스, 스키 타기, 수영 등등을 가르쳤다. 딸이 좋은 대학 가고 박사 학위를 받고 대학교수 발령이 나도록 밤낮으로 뒷받침하여 성공시켜 놓으니 어미의 고생을 알아주기는커녕 어미 알기를 제 하인 정도로 우습게 여기는 폼이 아니꼬워 수미는 외로움과 고독함을 이를 악물고 참아가며 한자서 지내왔다.

"그래, 네가 어미 생각해서 너의 보호를 받으며 외롭지 않게 살기를 바라는 마음 고맙게 생각한다. 그러나 나의 생각은 다르다. 나는 할 수 있는 한, 오랫동안 자립적이고, 스스로의 결정권을 포기하지 않고, 누구에게도 폐를 끼치지 않고 짐이 되기 싫다. 너와 네 친척들의 상류생활을 따라가고 싶어 하는 마음도, 흉내 내고 싶은 마음도 전혀 없다. 나는 나대로 내가 할 수 있는 한에서 살다가 더 이상 살 가치가 없다고 느낄 때 나의 죽음을 결정할 생각이다. 지금까지 살아온 경험으로 볼 때, 네가 나를 위해 단 한 시간도 희생할 마음도 가능성도 없다는 것을 인지한 지 오래됐다. 너와의 오늘 대화가 나의 결정에 큰 도움이 되었다. 고맙다."

전화를 끊었다. 평상시 수미는 딸에게 자주 전화하지 않았다. 저녁나절, 가끔 외로워 딸의 목소리라도 들을 겸 전화를 하면 귀찮아하는 느낌이 역력해 전화를 끊고 눈물을 글썽이던 때가 한두 번이 아니었다.

저녁나절 제이로부터 전화가 와서 한 시간 이상을 대화하였다.

"수미, 당신이 준 과제 반은 끝났어요. 2012년은 인컴 세금서가 있으니까 보면 되고, 2013년은 지금 6월까지, 2기분까지 끝났어요. 그러지 않아도 정리를 하려고 벼르고 있었는데 수미가 원하니까 빨리 되는군요."

첫날 집에 와서 자려는데 10여 년을 혼자 쓰던 침대가 낯설었다. '내가 이렇게 쉽게 변하다니, 머리가 어떻게 된 거 아닐까?'

피곤이 갑자기 밀려와 수미는 따듯한 물에 목욕하고 바로 잠자리에 들었다.

다음 날, 헬스클럽에 가서 운동을 좀 하고, 사우나를 한 뒤 사무실에 들러 해약 건에 대해 알아보았다. 여름까지 계약되어 있는데 3개월 전에 해약 신청을 해야 되므로 아직 시간이 남았지만 해약 신청을 해놓았다.

수미는 집에서 멀지 않은 곳에 있는 양로원에서 1주일에 한 번씩 할머니와 할아버지의 말동무가 되어주는 봉사를 하고 있었다. 수미는 그들과 많은 이야기를 나누며 그들의 외로움을 덜어주려고 노력하였다. 수미는 한 할머니에게 지난주에 찾아오지 못한 것을 사과하고, 어떻게 지내셨느냐고 물으니, 쪼글거리는 앙상한 손으로 수미를 잡고, 항상 비슷한 대답을 하였다.

"자식이 손자 데리고 혹시 찾아오나 기다렸지만 헛일이었어요. 갑자기 일이 생겨서 못 온다고 사무실에 메시지를 남겨놓았더군요. 양로원에 오기 전에 집을 판 돈을 두 자식에게 나누어 준 것을 후회합니다. 어차피 나는 가야 할 몸, 나 죽은 다음에 몇 푼 안 되는 유산을 갖고 싸울 것 같아, 미리 나주어 주었는데, 그 당시에는 고마워하고, 혼자 사는 동안 번갈아가며 잘 돌보아주더니, 내가 병이 나고 자주 병원에 들락거려야 하니까 귀찮아하는 눈치가 보여서 이 늙은이의 집에 들어왔어요."

전 재산을 자식에게 주어 국가에서 나오는 양로 보험금밖에 없어 국가로부터 보조를 받고 있는데, 노령인구가 늘어 국가가 더 많은 보조를 해야 하므로 자식들이 같이 보조를 하도록 통지가 왔다. 작은 금액이지만 의무적으로 보조를 해야 하기 때문에 자식들로서는 부담이 아닐 수 없다.

"내가 유산으로 나눠준 금액에 비해 매달 몇 푼 보조하는 것은 얼마 안 되는데 그걸 아깝게 생각하고 이래저래 핑계를 대고 방문도 안 하는 것이 밉살스럽고 한없이 슬프고 후회되지만, 양로원 한 구석에 쳐 박혀 있으니 무슨 도리가 있겠어요?"

그녀는 한숨을 깊이 쉬었다.

"처음에 들어왔을 때는 그래도 방 둘에 조그만 부엌이 붙은 아파트라 가끔 기운이 있는 날은 먹고 싶은 것을 사다 요리해 먹는 것도 기쁨이었지요. 그나마도 병이 깊어지니까, 방 하나에 넣어주고 의사가 정기적으로 와서 돌보아주니까 안심되고 자식들 눈치 보지 않아도 되어서 좋지만, 왜 그런지 슬프고 빨리 죽고 싶은 생각밖에 없습니다."

수미는 조용한 음성으로 그녀를 위로하였다. 자주 들은 이야기지만 그 이야기 자주 들었다는 말은 금물이다. 같은 말을 10번을 해도 그 노인에게는 누군가 옆에서 들어주고, 말을 한다는 것이 중요하지 내용이 중요한 것은 아니다. 수미는 양로원을 방문하여 노인들을 위로한다는 것은 결국, 그들의 한탄을 들어주는 것이 가장 좋은 위로라는 것을 배운 지 오래되었다.

"잘 알아들었습니다. 즐거웠습니다. 그런데 제가 함부르크로 이사를 가야 할 것 같아 할머니를 다시 못 뵙게 될지도 모르겠어요."
"정말 섭섭한 일입니다. 수미가 찾아와 이야기를 나누는 동안 많은 위로를 받았습니다."
그녀는 수미를 슬픈 얼굴로 쳐다보았다.
"좋은 일이 있어서 간다면 축하해요. 언제 이사할 계획이지요?"
수미는 왜 함부르크로 이사를 가는지 설명하지 않았다. 노인들과 많은 이야기를 나눈 경험상, 노인들은 자신의 이야기를 하느라 남의 이야기를 들어줄 조그만 구석도 남아 있지 않다.
"글쎄요, 일단 다음 주에 옷가지만 옮기고 봄이나 여름에 아주 이사할 것 같아요."
수미는 자기가 돌보던 할머니와 헤어지면서 아마 이 만남이 마지막일지도 모른다는 생각이 들었다. 수미는 사무실에 가서 앞으로 정기적으로 방문하는 명단에서 빼 달라고 부탁하였다. 수미의 정기적인 방문을 좋아하던 사무원은 무척 섭섭해 하였다.
"좋은 일로 이사 간다면 축하합니다. 함부르크는 내가 가장 좋아하는 도시이며 꿈입니다. 모든 일이 잘 진전되고 행복하시기를 바랍니다."
수미는 자신의 생활을 하나씩 정리하는 기분이 들었다. 아직 구체적인 결정을 한 것이 아무것도 없는데 말이다. 집에 돌아와 잠시 낮잠을 자고 나니 몸이 가뿐하고 그제야 내 집에 온 실감이 들었다.
이 메일을 열어보니, 제이가 2013년의 수입 지출 보고서를 보내왔다. 매달 평균적으로 2천 유로 정도 적자가 나고, 전처의 변호사 선임비 등을 합쳐 약 3만 유로 적자가 났다. 2012년에도 이미 2만 유로 정도 적자가 났으리라는 결론으로 보아, 전처에게 갚아주어야 할 반 밀리언 유로 외에도 5만 유로가 더 있어야 어느 정도 빚이 정리된다는 것이었다.

수미는 그의 지출을 자세히 분석하기 시작하였다. 많은 것을 절약할 수 있는 가능성이 보였다.

그날 저녁, 제이와 수미는 오랫동안 통화를 하였다.

"생각보다 너무 빚이 많습니다. 어느 한구석도 빚을 줄이고, 검소하게 살려는 노력이 보이지 않아 유감스럽습니다. 그러나 앞으로의 생활에 많은 것을 커트하고, 소비를 줄일 수 있는 가능성이 보이는데 그것은 당신이 한동안 진정으로 허리끈을 졸라 맬 의지가 있어야만 가능합니다. 적어도 2년은 검소한 생활을 하지 않으면 전처에게 갚아줄 빚 외에 적자가 누적되어 집을 강제 매매하게 될 것입니다."

"수미, 솔직히 말해서 한 2년 동안은 자포자기한 상태에서 될대로 되라고, 절약하지도 않고, 초과 이자를 10%씩 내면서도 구좌를 잘 들여다보지 않고, 고지서가 오면 몇 번씩 미루다가 벌금을 내고, 엉망이 된 것을 알면서도 모래 속에 머리를 박고 살았습니다. 그런 내게 누군가 정신적으로나 경제적으로 도움을 준다면, 왜 허리끈을 졸라매지 않았겠어요. 절망에 가까운 상태로 살다가 수미를 만나게 되어 얼마나 하느님께 감사드리는지 모릅니다. 나는 가난이 무엇인지 아는 사람입니다."

"구체적인 것은 만나서 이야기해요. 고민할 것과 생각할 것이 많아요. 그뿐 아니라 아직까지 어떤 구체적인 결정을 하기가 힘듭니다. 서로를 안 시간이 너무 짧고, 모든 사정이 사랑을 위해서 나의 모든 것을 뒤엎어야 한다는 것이 우리가 30대도 아니고 참으로 힘듭니다."

"수미, 왜 당장 결정을 해야 한다고 생각해요? 올 여름까지 시간적으로 충분합니다. 그뿐 아니라 수미가 내 빚을 갚아준다면 그건 수미의 돈이 없어지는 것이 아니라 이 건물 집문서에 속해 있기 때문에 결국 이 집의 일부가 수미의 소유가 됩니다. 이 건물의 가치가 얼마인지는 반년 전에 은행에 대부를 신청했을 때(전처의 빚을 갚아주려고) 은행에서 가치 판단한 것이 있으니까 다음 주에 오면 보여줄게요. 내 생각은 다음과 같아요.

우선 수미의 아파트를 세를 주거나 팔 생각도 하지 말고, 한 반년 비워둡니다. 수미가 여기 와서 살면 나의 경제면이나 모든 것을 정확히 파악할 수 있고, 생활비도 거의 안 들고, 나는 혼자 사나 둘이 사나 같은 비용입니다. 한 달에 한 번 가서 우편물 등을 정리하고, 가구는 옮기지 말고, 필요한 옷과 중요한 서류들만 들고 오면 되지요. 반년 정도가 지나면 다시 이 문제에 대해 이야기하고 결정을 합시다. 그뿐 아니라 수미 씨가 나와의 관계를 청산하고 싶다거나 계속할 가치가 없다고 생각하면 언제든지 하노버로 돌아갈 자유가 보장됩니다."

"알았어요. 당신의 제의는 정말 양심적입니다. 고마워요."

그날 밤 자리에 누워 수미는 많은 생각을 했다.

그의 제의는 양심적이고 신사적이다. 6개월간 나에게 결정할 시간을 주는 것은 많은 것을 고려해서 생각한 일이다. 그가 찾는 파트너는 서로 모든 것이 맞을 뿐 아니라, 그의 경제적인 문제를 해결해 주지 않으면 안 된다.

수미는 지금 살고 있는 아파트 외에도 저축해 놓은 돈이 꽤 있다. 한 푼을 아껴서 쓰고, 검소하게 살기도 했지만 실상 쓸 데가 없었다. 집값도 안 내고, 유행을 좇을 나이가 지나서 옷도 좋은 것으로 한번 사면 오래 입고, 먹는 것도 소화 잘되고 건강에 좋은 소박한 것을 즐겨 먹었다.

한때 혼자 여행을 다녔었다. 그런데 혼자 다니자니 물 위에 뜬 한 방울의 기름 같았다. 짝을 이룬 사람들 사이에서 오는 외로움이 날이 갈수록 짙어져 혼자 여행 다니는 것을 그만두었다.

그렇게 몇 년을 살다 보니 꽤 많은 돈이 저축되었다. 그런데 딸은 무슨 수를 써서라도 수미가 유산을 미리, 어차피 자기밖에 유산자가 없는데 주기를 바라고 때에 따라 협박까지 하는 느낌이 들었다. 무슨 일이 있을 때마다 예를 들면, 결혼식 때, 아기 출생 때, 생일 때마다 한 줌씩 집어주었지만 항상 적다고 불만이다.

"늙은이가 다 쓰고 죽지도 못할 돈, 무엇 때문에 움켜쥐고 쓰지도 않으냐 말이야. 한꺼번에 유산을 상속하면 엄청난 세금을 물어야 되는데…"라며 수미의 모든 행동을 못마땅하게 바라보았다.

수미는 열심히 계산을 해보았다. 저축한 모든 돈과 아파트를 밀어 넣고 대부를 받으면, 우선 당장 급한 전처의 돈을 갚아줄 수 있고, 나머지는 이자를 좀 내더라도 절약해서 살면 약 2~3년 내에 갚을 수 있다. 문제는 저축해 놓은 돈을 2년에서 5년간 묶어놓았기 때문에 당장 쓸 수 없다는 것이다.

6개월간 시간이 있다고는 하지만 그동안 제이가 전처에게 주어야 하는 이자를 따져 보면 많은 금액을 소모할 뿐 아니라 그 이자를 물기 위해 구좌를 초월하는 금액이 점점 높아질 것은 당연하다.

다음 날 수미는 은행에 가서 자신의 아파트에 어느 정도의 대부를 해줄 수 있는가를 묻고, 얼마나 빠른 시간에 가능한가를 알려달라고 신청해 두었다.

만약 이 계획이 실현성이 있으면 아파트를 팔지 않고 세를 주고 대부를 셋돈으로 갚아 나가면 된다.

수미는 당분간 제이에게 이 계획에 대해서는 이야기하지 않을 생각이었다. 왜냐하면, 남의 돈으로 문제를 쉽게 해결한다는 심리적 안도감에 절약하려는 마음보다 오히려 소비성을 더 늘일 것 같은 예감이 들었기 때문이다. 그는 사업을 하면서 빚 무서운 줄 모르고 대부를 받아 흥청망청 쓴 흔적이 여기저기 보였다. 옷장에 고급 옷들이 가득하다는 것은 보통 소비성이 아니다. 헛간에 쌓아놓은 물건들을 보면 두세 개씩 중복되어 있고, 일상생활에 필요한 물건뿐 아니라 인테리어를 위한 비싼 물건들도 너무 많다. 저축한 흔적은 보이지 않고, 있는 대로 다 써버리는 습관이 역력하고, 특히 대부를 받거나 전처의 돈을 인계받았을 때 지출 상황을 보면, 정신이 바로 된 인간이 하는 행동이 아니라는 결론이 나온다. 물론 수미처럼 월급과 퇴직금을 아껴가며 사는 타입과는 비교할 수 없지만, 왜 이 인간은 자기 분수에 넘는 생활을 하며 빚을 늘려가고, 또 남의 돈으로 빚 정리를 하려는 마음을 갖고 있는 것일까?

  이런저런 생각을 하다 늦게 잠이 들었다. 인간의 습관성이란 상당한 힘을 갖고 있는 것 같다. 첫날보다 혼자 자는 것이 오래 길들인 습관으로 다시 아늑하고 편하게 느껴졌다.

  일찍 일어나 커피를 마시고 지하실에서 오랫동안 사용하지 않은 큰 가방을 꺼내 겨울옷을 싸기 시작하였다. 수미는 옷이 많지 않았다. 옷가지를 정리하며 수미는 생각하였다. 이렇게 혼자서 외롭게 '생존하다' 돈은 자식에게 뜯기고, 결국 양로원에 들어가 살다가 쓸쓸하게 죽을지도 모른다고 생각하니, 소름이 끼쳤다. 일단 제이와 같이 한동안 살면서 결정할 일이지만, 조심하지 않으면 안 된다는 결론에 이르렀다. 그의 제안대로 하면 수미는 손해 볼 것이 없다. 그가 많은 이자를 뺏기는 것이 안타깝지만 그렇다고 덥썩 사랑한다는 이유로 알뜰살뜰 모은 돈을 안겨주기에는 수미는 이성적인 타입이었다.

  다음 날 은행에서 만나자는 연락이 왔다.

  수미는 자주 입지 않는 감색 브래지어와 흰 블라우스를 단정히 입고 시간에 맞추어 갔다. 은행은 아파트를 세줄 것인가 아니면 팔기를 원하는가, 얼마의 금액이 필요한가에 대해 물었다. 당시 그 근처의 집값이 오르고, 전반적으로 시내 가까운 장소가 인기가 높아 은행은 흥미를 보였다.

  수미는 25만 유로를 필요로 하지만 가능하면 30만 유로를 받기를 원하며, 아파트는 세를 주고 싶고, 5년간의 대부를 바란다고 했다. 그뿐 아니라 장기 저축해 놓은 20만 유로를 담보로, 합쳐서 반 밀리언을 원한다고 했다. 수미는 저축한 돈을 쓰지 않도록 조금의 여유를 두고 금액과 컨디숀(이자 몇 프로, 모게지, 몇 년 기한 등을 합친 것) 신청에 대해 물어보았다. 그 외에 아파트를 팔 경우, 얼마의 면적을 내줄 것인가도 동시에 물었다. 수미가 걱정을 하는 이유는, 70이 넘은 노인에게는 쉽게 대부를 해주기 않기 때문이다.

은행은 3일 안에 대답을 해주겠다고 하였다.

집에 돌아와 인터넷을 통해 대부해 주는 은행들을 샅샅이 찾아 컨디숀과 대부 받을 수 있는 한계를 알아보았으나 나이 70이라는 한계 때문에 모두 부정적인 대답이 나왔다.

다음 날 은행의 부동산 중개인이 메일을 보내 아파트를 한 번 볼 수 있느냐고 물어왔다. 그들은 그 근처에 아파트를 찾는 사람은 많은데 파는 사람이 적은 상태이므로 바짝 다가들었다. 수미가 OK를 보내자 오후에 집에서 미팅을 하자는 대답이 왔다. 수미는 매매에 필요한 모든 서류를 구비하고 커피를 끓여 놓고 중개인을 기다렸다. 오후 3시에 비교적 젊은 여자가 친절한 미소를 띠우며 수미를 방문하였다. 그녀는 모든 서류를 보더니, 자기에게 오더를 주겠느냐고 물었다. 수미는 우선 당신이 팔 수 있는 아파트의 평가를 서류상으로 해주기 바란다고 주문한 후 헤어졌다.

수미는 물론 다른 중개소를 연락하여 같은 질문을 하고, 팔 것인가 아닌가를 3개월 이내에 결정하기로 했다.

아직 어떠한 것도 결정한 상태가 아니지만 어떤 확신을 가졌을 때 진행할 생각으로 준비를 하는 것이다. 수미는 나이 70에 후회할 잘못을 저지르기 말아야 하고, 앞으로 남은 생을 약 20

년이라고 볼 때, 그 시간을 경제적 곤란 없이 살 보장이 되어야 한다.

물론 오랜만에 사랑에 빠져 마음이 들떴지만 이성을 잃은 정도는 아니다. 감정이 사랑에 가장 중요한 요소이지만 수미는 지금 정신 바짝 차려야 한다고 다짐하였다.

'딸이 원하는 것은 해줄 생각이 추호도 없다. 이젠 남은 생을 자식을 위해 희생하고 싶은 의지가 없다. 이미 반평생을 딸을 위해 바쳤다. 딸이 엄마의 행복을 결정해 주려는 심사가 고약하게 느껴졌다. 엄마를 생각도 못하고 판단력도 없는 어린아이로 생각하는 것일까, 아니면 얼마 남지 않은 생 아무런 가치가 없으니까 자기네 가족을 위해 희생하라는 것인가… 딸의 행동 중 가장 마음에 안 드는 것은 평생 동안 아끼고 절약하면서 저축한 돈을 미리 유산으로 달라는 것이다. 그리고 마치 내가 딸에게 빚을 지고 있다는 듯한 말투가 너무 고약하고 야속하다.

그뿐 아니라 자기에게 남은 힘과 정력을 좀 더 빨아먹으려고 흡혈귀같이 달라붙는 상상은 수미를 소름 끼치게 하였다. 피를 다 빨아먹고 나면 빈껍데기를 여지없이 뱉어버린다는 것은 몇 년 동안 양로원에서 봉사를 하면서 배웠다.

많은 노인들이 자식을 돌보고, 손자들을 돌보고, 그들을 경제적으로 돌보며, 자신이 힘없고 도움이 필요할 때 자식들이 자기를 위로하고 도와주리라고 생각했지만 결국은 자식들과 같이 살지 못하고 양로원에 밀려 나온다. 양로원에서 죽는 날을 기다리는 90%의 늙은이들이 외로움과 실망과 서러움 속에서 나날을 지나며, 혹시 자식이 오나 하는 기다림으로 시간을 보내는 것을 너무 자주 본 수미는 딸이 하는 행동이 유리관을 들여다보 듯이 명백하게 보였다.

지금 수미는 자신이 처해 있는 경우를 행운의 연결이라고 본다. 단지 경제적인 모험을 하지 않을 수 없는 것이 완전한 결정을 주춤거리게 할 뿐이다. 저축한 돈을 집문서에 넣어줄 의향은 있으나, 아파트를 판다는 것은 아무래도 마음이 불편하였다. 다른 면에서 생각해 보면, 끝까지 아파트를 잡고 있다가 죽으면 딸이 가차 없이 팔아서 쓸 것인데 무엇 때문에 붙잡고 벌벌 떠는 것인지. 지금 아파트를 팔면 뜻있게 쓸 수 있고, 많은 이자를 절약하여 아마 제이의 건물을 팔지 않고도 집세로 둘이서 풍성히 잘살 수가 있을 것이다.

그뿐 아니라 일단 세를 주면 집이 쉽게 망가지고 '세든 사람을 강제로 내보내기는 이혼하기보다 힘들다'는 말이 있듯이, 내가 원할 때 집을 비운다는 것이 독일 법으로는 힘들다.

이런저런 생각을 하며 짐을 제이 차에 들어갈 만큼 쌌다. 옆집에 편지함을 비워줄 것을 부탁하며, 꽃다발과 열쇠와 고급 프라린(초콜릿)을 한아름 안겨주고 혹시 중요한 편지(세금청이나 도시, 행정사무실)가 오거나 하면 전화 연락을 해달라며 전화비로 얼마의 돈을 맡기며 부탁하였다. 옆집 여인이 친절하지만 무엇도 공짜로 해주는 것이 없고 바라는 것이 많다는 것을 알기에 여행 갈 때보다도 더 풍성히 선물하였다.

수미는 은행과 보험 회사에 주소를 당분간 함부르크 주소로 바꾸고 본 주소는 바꾸지 않았다.

하루 더 시간을 갖고 이것저것 정리를 하였다. 세금 신청에 필요한 서류와 의료보험에 필요한 서류들을 싸고, 약 3개월간 필요한 것들을 다시 검색하였다. 물론 골프에 필요한 모든 물건과 신과 옷들을 빠짐없이 한 가방에 쌌다.

그날 저녁, 수미는 제이와 전화하면서 대충 준비가 끝났으니 내일 시간이 되면 데리러 오라고 하였다.

제이는 기뻐하며, "지금 가면 안 돼요? 지금 7시이니 9시 안에 도착할 수 있어요. 도착해서 짐 싸고 12시 안에 함부르크에 도착할 수 있는데… 그러면 우리는 하루를 더 같이 지낼 뿐 아니라 내일 수미하고 골프 전시회에도 갈 수 있어요"라며 흥분된 어조로 말하였다.

"제이, 너무 어린애 같이 서두르지 말아요. 밤에 운전하는 것 위험해요. 그리고 피곤해서 일찍 자고 싶어요. 아파트도 잘 정리 해놓고 싶으니까, 내일 아침 하노버에서 떠나서 함부르크에 도착한 다음, 집으로 들어가지 말고 전시장에 들러요. 전시를 이틀만 하는 게 아니까 내일 가도 돼요."

수미는 따뜻하게 목욕을 하면서 제이와 같이 목욕하던 상상을 하며 샴파냐를 한잔 마시며 자위를 즐겼다. 수미는 성적인 즐거움이 다시 살아난 것이 신기하기만 하였다. 목욕을 하고 나니 젊은 시절로 돌아간 듯한 생각이 들었다. 거울 앞에 서서 알몸을 관찰하니 아직 젊다는 생각이 들었다. 정성스럽게 몸에 로션을 바르고, 수미가 좋아하는 샤넬 향수를 좀 뿌리고, 알몸으로 침대에 들어가 따뜻한 이불을 목까지 끌어다 덮고 잠을 청했다.

수미는 목욕하면서 자위를 하고 절정을 즐겼건만, 또다시 성기와 젖가슴을 애무하고 있는 자신을 발견하고 스스로 놀랐다.

수미는 잔에 조금 남은 샴파냐를 마시며 바다 물결이 잔잔히 파도 치는 메디타치오(명상) 음악을 틀어놓고 또다시 자위를 즐겼다. 온몸에 피가 잘 통해 따뜻한 것을 느끼며 땀을 좀 흘리고 잠이 들었다.

다음 날 전화벨 소리에 깨니 8시였다. 제이는 벌써 집을 떠나 수미에게 오고 있었다.

"이렇게 일찍? 아침은 먹었어요? 아침 안 먹었으면 오다가 카페에서 커피 마시고 와요. 어제 냉장고를 다 비웠기 때문에 집에 아무것도 없어요. 나는 커피 한잔 마시고 바나나 하나 먹고 떠날 준비를 할게요."

"그래 알았어요. 가다 아침 먹고 갈게요. 빈속으로 돌아다니는 것은 좋지 않으니까요."

제이는 10시경에 도착하였다.

제이는 수미의 아파트를 둘러보았다. 아주 고급은 아니지만 서민들이 찾는 아파트로 적당하였다. 재료도 아주 고급은 아니지만 모두 평균적인 좋은 것을 쓰고, 노부부가 살거나 핸디캡 있는 부부, 일하는 젊은 부부가 살기에 알맞은 것 같았다.

모든 짐을 제이 차에 싣고 거침없이 차에 올랐다. 그런데 수미는 집 앞에서 커브를 돌 때 섭섭한 마음에 다시 한 번 더 집을 돌아보았다.

"섭섭해요?"

"조금."

"집에 가서 하루면 다 잊을 거예요. 오래 쓰던 물건도 버리려면 섭섭한데, 오래 살던 집을 떠나는 것이 섭섭한 것은 당연하지요. 한 달에 한 번 같이 와서 정리할 것 있으면 같이하고, 모든 것을 천천히 처리해요. '때가 오면 스스로 어떤 해결책'이 생긴다는 것을 살면서 자주 경험하지요?"

제이의 음성은 부드럽고 마음을 진정시키는 힘이 있다.

"그래요. 모든 것이 너무 갑자기 찾아와 새롭기 때문에 정신이 없을 정도예요. 마치 화산이 터지고 난 자리같이, 홍수 뒤의 강물 같이 무언가 뒤죽박죽이 된 기분이지만 빨리 가라앉고 나의 길을 찾고 결정하리라 믿어요. 제이나 나나 이제 결정하는 하나하나가 마지막 결정이라는 것을 의식적으로 알아야 하겠지요?"

"맞는 말입니다. 우리는 이제 어떤 실수를 할 수가 없습니다. 그러나 나는 하나의 믿음이 있어요. 내 자신의 배 속에서 나오는 소리와 신념에 대한 자신감이 있어요, 우리는 다시 시작하고, 아직도 많은 것을 이룰 수 있어요. 나는 지금 넘어지고 짓밟힌 기분이지만 수미의 조그만 부축이 있으면 다시 일어나서 수미를 한없이 행복하게 해주고 싶어요."

함부르크에 다시 오다

 12시경 함부르크에 도착하여 해마다 열리는 골프 전시장에 들렀다. 큰 도시답게 전시장도 크고, 많은 새로운 골프 용품과 옷, 신발들을 전시하였다. 동시에 지난 물건들을 세일하였는데, 특히 골프 여행에 대한 많은 재료를 모을 수 있었다. 그중에 가장 흥미를 끈 여행은 터키 베랙이라는 도시에 이름난 골프장 옆에 최고급 골프 호텔을 지어놓고 아주 저렴한 가격으로 1주일 올 인클루시브(All Inclusive, 가격에 일체의 경비가 포함)를 제공한다는 정보였다. 이 정도의 호텔은 웬만큼 돈을 쓰는 사람이 아니면 엄두도 못 내는 호텔이다. 1주일에 비행 값, 호텔 값, 먹고 마시는 것, 골프 2번, 그린 휘를 합쳐서 999유로라는 것이 거의 믿어지지 않는 값이었고, 제한된 숫자를 받고 마감한다고 하였다. 제이는 재빨리 자리가 남았는지 물어보았다. 2주 안에 여행할 수 있는 사람에게 아직 몇 자리가 남아 있다고 한다. 제이는 신용카드로 지불하고 여행을 부킹하였다.
 "여행할 만큼 여윳돈이…."
 "이런 세일은 행운으로 생각하고 잡아야 해요. 내가 수미를 잡았듯이."
 "내가 반 내고, 여행 가서 쓰는 비용도 나중에 반 돌려줄게요."

"수미에게 선물하고 싶지만 이미 구좌를 넘어서… 수미가 그렇게 해준다면 고맙게 받겠어요. 여유가 생기면 몇 배로 갚아 줄 수 있어요. 이해해 줘서 고마워요."

우리는 전시장에서 점심을 간단히 먹고 2주 후에 골프 여행을 간다는 즐거움을 만끽하였다.

집에 도착하니 오후 3시경, 수미와 제이가 즐겨 낮잠을 자는 시간이었다. 수미는 처음 만났을 때 낯설던 감정이 많이 사라지고 오랫동안 같이 지내온 것 같은 친밀감을 느꼈다.

"수미, 며칠 떨어져 있는 시간이 지옥 같았어요. 밥맛도 없고, 골프 치기도 싫고… 수미에게 잘 보이려고 수미가 쓸 옷장도 비워놓고, 서랍도 많이 비워놓고, 수미가 서류를 정리할 수 있도록 책장 한 칸도 비워놓았어요. 그리고 거실 카펫이 너무 더러워서 세탁해서 말리고 있는 중이지요."

"정말 많은 일을 했네요. 한잠 자고 물건들을 정리하고 나면 한 달은 별일이 없는 한, 하노버에 가지 않아도 될 것 같아요."

제이는 마냥 좋아서 벙글거리며 수미를 정열적으로 끌어안고 쓰다듬었다. 그의 손길은 정열적이면서 부드럽고 따사로웠다. 그는 유연한 몸짓으로 옆에서 수미를 끌어안고 오랫동안 섹스를 즐겼다. 그는 일을 마친 후면 수미의 귀를 애무하고 하품하는 습관이 있다. 왜 하품을 하느냐는 수미의 질문에 "섹스가 인간의 머릿속에서 이루어진다는 것 알지요? 진정으로 클라이맥스에 오른 다음, 뇌의 산소 부족으로 하품을 하게 돼요. 진정으로 모든 것을 여인에게 바쳤다는 증거이지요. 남자가 육체적인 쾌감만을 느끼는 것이 아니라 정신적인 절정감을 느끼는 것이지요"라고 대답해 주었다.

제이는 다시 수미의 귓밥을 간지럽혔다.

"간지러워요, 그러지 말아요."

"간지럽다는 것은 아직도 수미의 성감이 예민하다는 증거예요."

"그래요? 처음보다 성감이 좋긴 해요. 젊어서 같은 폭발하는 기분은 덜하지만 다른 종류의 쾌감이, 가슴속 만족감과 행복감은 더 깊은 것 같아요."

제이는 수미의 손을 잡고 가볍게 쓰다듬으며, 손가락과 손가락 사이를 부드럽게 매만졌다.

"여성의 성감이 성기나 다리, 가슴에 있다고 생각하지만 사랑하면 온몸에 성감이 퍼져요. 눈 감고 느껴 봐요. 얼마나 손가락 사이에 감정이 많은지…."

제이는 자신의 네 손가락을 수미의 손가락 사이에 가볍게 넣고 손등과 손바닥을 하나의 새털같이 쓰다듬었다. 수미는 손가락 사이와 손등, 손바닥에 이렇게 많은 신경이 사랑스러운 마음을 깨운다는 것을 평생 처음으로 느끼고 배웠다.

한 시간 이상 낮잠을 자고 어둑해지기 시작할 무렵, 차고로 내려가 짐을 끌어올렸다. 빈 옷장에 옷을 정리하고, 중요한 서류를 책장에 넣고, 골프 용품 등을 정리하고 나니 저녁나절이 되었다.

수미가 무엇이 먹고 싶으냐고 물어보았다.

"아무것이나 좋아요. 빵하고 치즈하고 와인 한잔도 좋고, 수미가 먹고 싶은 것 있으면 그것도 좋고, 수미 좋은 대로 해요.

밖에 나가 먹고 싶으면 가까운 음식점에 가도 좋고….”
　냉장고를 열어보니 싱싱한 채소가 잔뜩 있어서 놀랐다. 싱싱한 풋고추에 호박, 오이, 양파, 홍당무, 버섯이 조금씩 골고루 있어서 밥을 하고 된장찌개를 끓였다.
　“어떻게 내가 좋아하는 채소를 골라 샀어요?”
　“터키 상점에 가서 수미가 좋아할 것 같은 채소를 조금씩 샀을 뿐이지요. 나는 조금 눈썰미가 있거든요.”
　제이는 밥과 찌개를 맛있게 먹었다.
　“이렇게 먹으니까 수미는 건강하지. 기름기 적고, 단백하고, 채소를 많이 사용하니까. 김치가 없어 좀 유감이지요.”
　제이는 식사를 끝내고 헛간으로 수미를 데리고 나가 한국 배추 큼직한 것 3개, 파와 생강을 사다놓은 것을 보여주었다.
　“한식당에 가서 김치 담그는 데 무엇이 필요한지 물어보았더니 배추, 파, 생강, 마늘, 생선 즙 등이 필요하다고 해서 살 수 있는 한 모든 것을 사다놓았어요.”
　“김치 좋아하는 것 어떻게 알았어요?”
　“한국인들에게는 김치가 필수적으로 있어야 하는 음식물이라는 것을 알고 인터넷에서 김치 담그는 법도 읽어보았어요.”
　두 사람은 소파에 누워 텔레비전을 보았다.
　“수미, 나는 이런 순간이 새롭게 느껴지지 않고 오랜 세월 항상 이렇게 살아온 것 같아요. 지금까지 살아온 시간은 내 기억에 없어요. 수미, 내일 날씨 좋으면 골프장에 가서 연습하거나 아니면 나하고 김치 담아요. 김치 데이(day)해요.”
　“좋아요.”

그리고 2주 후에 갈 터키 기후에 대해 알아보고, 세계적 토너먼트를 하는 골프장이 어떤지, 같이 인터넷을 찾아보고 호텔도 찾아보며 웃음이 그치지 않았다.

"제이, 이렇게 많이 웃어본 적이 언제였던지 생각나지 않아요."

밖에는 눈이 내리기 시작하였다. 어둠은 창 앞에 어깨를 잡고, 허리를 잡고 서 있는 두 연인을 들여다보고 있었다. 함박눈은 그들의 마음을 차분히 가라앉혔다.

"터키는 지금 낮 기온이 18도 정도네요. 골프 치기에 딱 좋아요. 날씨만 좋으면 골프 치고도 좀 돌아다닐 수 있는데, 우리가 가는 베렉이라는 도시는 골프장만 잔뜩 지어놓았지, 스페인 같이 문화적인 것과 옛 도시 같은 아름다움이 없어 유감이에요. 어쨌든 이 기회에 최고급 호텔을 한번 이용해 봅시다."

수미는 낮잠을 잤음에도 불구하고 피곤함이 사라지지 않아 따듯한 물로 샤워를 하고 일찍 잠자리에 들기를 원했다. 그는 권투 중계를 보고 싶어 했다.

"먼저 잠자리에 들 테니 보고 싶은 것 다 보고 오세요. 그리고 앞으로 항상 같이 잠자리에 들지 않아도 되지 않아요? 우리는 진정한 의미의 허니문은 아니니까요."

"아니 왜 허니문이 아니라고 생각해요? 나는 100% 허니문 기분인데."

그는 텔레비전을 끄고 잠자리에 들었다.

"왜 권투 보지 그래요? 나는 책 좀 읽다가 금방 잘 텐데요."

"수미 옆에서 스도쿠 하다가 잘게요. 늦도록 스포츠 중계를 보면 솔직히 다음 날 피곤해요. 외로울 때 시간 보내던 습관이라….”

그는 스도쿠 책자를 들고 잠자리에 들어와 문제를 푸느라고 애를 썼다.

“내일은 김치도 담그지만, 제이 구좌를 열어서 무엇을 끊고, 무엇을 줄여야 하는지 이야기해야 해요.”

그는 한숨을 쉬었다.

“그래요. 하고 싶지 않은 일이지만 꼭 해야 할 일이니까, 우리 아침 먹고 배추 절여놓고 시작하도록 해요.”

제이는 수미를 등 뒤에서 껴안고 잠이 들었다.

다음 날은 일찍 7시에 일어났다. 제이가 아침나절 수미를 원하자 수미는 그를 가로막으며 말하였다.

“오늘은 할 일이 많으니까 빨리 일어나서 샤워하고 아침 먹어요. 오늘 베이컨 넣고 계란 부침 해줄게요. 선업이 좋아요, 선다운이 좋아요?”

“선업이 좋아요.”

제이는 샤워를 하러 가고 수미는 부엌에서 아침 준비를 하였다.

결혼하여 새 살림 차리고 주방 일을 즐기던 기억을 떠올리며, 지금도 살림을 좋아하고 즐긴다는 것이 마음에 들었다. 현대 여성들은 대부분 주방 일을 별로 좋아하지 않는다고 하는데 수미가 생각하기에는 재료 풍부하겠다, 기구들 좋겠다, 전에 가난하던 시절을 생각하면 마치 파라다이스에 사는 기분이었다.

집에서 해먹으면 값싸고 건강에도 좋은데 요즘 사람들은 너무 외식을 좋아하는 경향이 있는 것 같다. 외식을 해도 어쩌다 하면 괜찮은데 집에서 해먹는 것보다 외식을 더 많이 하는 것 같아 이것이 과연 옳은 일인가 하는 생각을 하곤 했다.

물론 제이같이 홀아비 생활을 하는 사람이 자주 외식을 하는 것은 이해가 간다. 통계적으로 혼자 사는 남자들이 건강 상태가 좋지 않고, 빨리 사망하는 데는 이런 이유도 있다고 믿는다.

아침을 먹고, 제이가 보낸 2013년의 수입 지출을 검토하며 제이가 절약할 수 있는 지출 건에 대해 이야기하였다. 수미 생각에는 다음의 지출을 줄일 수 있다고 믿었다.

청소부를 쓰지 말 것. 테라스의 꽃들을 손질하고, 가을에 가랑잎을 쓸어버리기 위해 정원사를 쓰지 말 것. 필요 없는 보험은 계약이 끝나는 대로 해약하고, 꼭 필요한 보험도 저렴한 것이 있나 찾아볼 것. 의료 보험이 상당히 높은데, 줄이는 방법이 있다는 것을 읽은 기억이 있으므로 알아보기로 하였다. 외식을 한 달에 한 번으로 줄일 것. 테아터나 콘체르트 방문을 쿼터에 한번 정도로 줄이고, 번번이 골프 치러 가면 레스토랑에 들러서 먹거나 마시는 것을 1주일에 한 번 정도로 줄일 것.

1주일에 한 번씩 하던 차 세탁을 2주에 한 번으로 줄일 것. 꽃이나 기타 장식품을 줄이고, 꼭 필요한 물건들도 우선 집에 있는 물건을 사용할 수 있나 검사한 다음에 살 것, 관청이나 세무서에 낼 돈은 반드시 기일 내에 지불하여 과태료를 내지 않도록 하고, 은행의 높은 초과 이자를 줄일 것.

이런 모든 사항을 합쳐보니 한 달에 400유로를 저축할 수 있고, 6개월 후에 600유로, 1년 후면 1천 유로의 지출을 막을 수 있다.
 당장 청소부와 정원사를 내보내기로 결정하고 한 달에 300유로를 절약하기로 결정하였다. 세탁기는 사용하되, 건조기는 약 10분만 돌려 세탁물을 부드럽게 한 다음 널어서 말릴 것(엄청난 전기세가 나가고 있다).
 와인의 경우, 평상시는 비싼 것을 마시지 말고, 중간 정도의 품질로 줄일 것. 그리고 차와 소다수를 자주 마실 것. 음식물은 계획을 잘 짜서 할인마트에서 1주일에 한 번 장을 보고, 중간에 한 번 정도 채소와 과일을 보충할 것.
 그는 사업이 잘될 때 많을 돈을 펑펑 써대서 이렇게 사소한 것을 절약해야 된다는 것이 숨 막힐 것 같다고 하였다.
 "마음대로 해요. 만일 제이가 허리띠를 졸라맬 의향이 없다면, 나는 제이를 도와줄 수 없어요."
 수미는 계속하여 말하였다.
 "내가 저축한 돈과 아파트는 제이나 전 부인이 모은 돈과 질이 다르지요. 티끌 모아 만든 조그만 언덕입니다. 의지할 곳이 없던 나는 스스로가 기댈 조그만 언덕을 반평생 동안 검소하게 살며 알뜰살뜰 모았습니다. 아무리 사랑이 좋아도, 나의 언덕을 무너뜨리면서까지 당신의 소비성을 뒷받침하고 싶지는 않아요. 쓰고 남은 돈을 저축한 것이 아니라 쓰고 싶은 것을 참아가며 저축한 돈입니다. 제이가 씀씀이를 바꾸지 않고 여전히 자신의 한계 내에서 살지 않으면, 나는 6개월 후에 가차 없이 돌아설 것입니다. 6월 말까지 테스트 기간입니다. 그 기간에 자신의 절약성과 의지를 증거하면 나는 당신의 빚을 지금 내는 이자에 반을 받고 청산해 줄 자신이 있습니다. 물론 빚은 제이의 부동산 서류에 넣어야 합니다."

수미는 조용한 음성으로 친절하게 그러나 단호하게 그에게 의사를 전했다.

"6개월간 내 식비와 전기 값, 히터 값, 물 값은 낼 게요. 물론 그것이 큰 도움이 되지는 않겠지만 제이에게 부과적인 지출이 없기를 바라는 마음에서 하는 것입니다. 그리고 1년간은 여행이나 휴가를 계획하지 않는 것이 좋다고 생각됩니다."

"알았어요. 내가 돈 쓰기 좋아해서 분수에 넘게 산 것이 후회되지만, 내가 부잣집 아들로 태어난 것도 아니고 좀 힘들겠지만 사랑의 힘을 도움 받아, 다시 층계 밑으로 내려가 검소하게 생활하겠습니다."

그는 상당히 빠른 속도로 자신을 변화시켰다. 매일 아침 일찍 일어나 서류를 정리하고, 이곳저곳 보험회사에 전화를 하고, 꼭 필요하지 않은 잡지들을 끊고, 지불해야 하는 영수증을 모아 명단을 만들었다.

"오늘부터 내가 해주는 밥 먹고, 골프 치는 것은 일단 1년 회비를 지불했으니까 1주일에 두세 번씩 치고, 저녁에 텔레비전 보고, 음악 듣고, 산책하는 것을 3개월만 하면 조금 숨구멍이 트일 거예요."

"수미 씨가 나 때문에 아무것도 즐기지 못하는 것이 안타깝고 유감스러울 뿐이에요."

제이는 다음 날부터 와인도 주말에만 마시고, 정말 한 푼도 안 쓰는 날들이 있었다.

"오늘 한 푼도 안 썼어요. 주차장 비가 비싼데, 내 차는 새 차가 아니니까 한 반년 세를 주면 어떨까요? 한 폴란드 사람이 물건 저장을 위해 차고를 6개월에서 1년간 빌려줄 수 있느냐고 제안해 왔는데 콧방귀도 뀌지 않았어요. 겨울에 히터가 나오는 차고를 남에게 빌려주고 내 차를 밖에 세워놓는다는 것이 자존심이 허락하지 않았거든요. 지금 생각하니 어리석었다고 느껴지는군요. 지금 겨울이라 히터가 나오는 XXL 더블 차고는 아마 200유로 정도 받을 수 있을 것 같아요. 빨리 빚에서 벗어나기 위해선 이제 무슨 일이라도 할 자신이 생겼습니다."

다음 날 골프장에 가서 연습을 하는데 잘 아는 부부를 만났다. 우연히 터키 여행 이야기를 하니, 자기들도 가기를 원했는데 이미 다 팔려서 예약을 못했다고 아쉬워하였다.
수미는 제이를 한쪽 구석으로 끌고 가서, 우리 여행 티켓을 그들에게 팔면 어떻겠느냐고 조심스럽게 물었다. 그리고 지금 여행을 포기하면 제이의 구좌가 급속도로 양호해질 뿐 아니라, 자신의 71세 생일인 4월에 1주간 좋은 골프 여행에 초대하겠다고 약속하였다. 제이는 처음에 펄쩍 뛰었지만, 4월이 얼마 남지 않고, 수미 생일에 쓸 돈도 없어 생각 끝에 그렇게 하겠노라 하였다. 부킹을 다른 사람 이름으로 바꿀 때 30%의 벌금을 물어야 하기 때문에 벌금을 반씩 물어야 한다.
제이는 집으로 돌아오는 내내 기분이 별로 좋지 않았다. 제이는 수미가 원하면 그 정도의 돈을 내줄 수 있다. 자신이 빚을 많이 지어서 구좌가 추월선을 넘어 더 이상 돈을 쓸 수 없으면,

꼭 필요한 것 외에는 포기하고 줄이면 된다. 물론 이 예약은 제이와 수미가 구좌를 열어보기 전에 한 것이었다. 그러나 15% 벌금을 물고 취소할 것까지는 없었다.

"제이, 이것 보세요. 당신은 지금 구좌가 무너질 마지막 단계에 와 있고, 지금 손을 쓰지 않으면 은행에서 단 한 푼도 꺼내지 못하도록 막거나 더 높은 이자를 요구할 것입니다. 신용카드도 하나는 한계가 넘었고 다른 카드도 마지막 한계에 거의 도달했습니다. 당신은 내가 당신을 사랑하기 때문에 나의 모든 돈을 긁어서 당신의 빚을 갚아줄 것이라고 믿는지 모르지만, 그것은 큰 오산입니다. 당신의 큰 빚 덩어리는 집문서에 넣고 부담을 덜어줄 가능성이 있지만, 아직 시기가 이르고 일상에 쓰는 구좌는 당신의 수입 가능성 한도에서 처리해야지 절대로 당신이 내 돈을 쓰도록 할 수 없다는 것을 명백히 아시고, 지금이라도 자신의 결정을 취소해도 늦지 않습니다."

그는 수미의 말을 묵묵히 들으며 생각하였다.

'이상하다. 지금까지 안 여자들은 사랑에 빠지면 지갑을 열어 자신의 쾌락과 즐거움을 위해 많은 돈을 썼는데, 이 여인은 보통 구두쇠가 아니구나. 자신의 즐거움까지도 포기하고, 자신의 몸을 희생하여 청소와 마당일을 하려는 것은 정말 이해할 수가 없다.'

"제이 씨, 우리가 지금 터키 여행을 가면, 여행 가서 아무리 돈을 안 쓴다 하더라도 당신의 신용카드는 마지막 한계선을 넘어 집에 돌아오면 생활할 돈이 한 푼도 없습니다. 무엇을 먹고 살 작정입니까? 세무서에 내야 하는 지불서도 이미 2개가 밀려 있어요. 집수리 지불서, 자동차 크레디트도 이미 한 달을 못 내서 벌금이 붙었고, 구좌는 허용한 한계를 넘어서 14%라는 엄청난 이자를 물고 있습니다. 이런 상태에서 여행을 생각 없이 예약하고, 비싼 청소부를 쓰고, 별로 크지도 않은 테라스에 꽃을 가꾸기 위해 정원사를 쓰고… 이런 행동이 성인으로, 책임감이 조금이라도 있는 사람이 할 행동이라고 생각합니까?"

수미는 낮고 단호한 음성으로 계속하였다.

"어떤 여자가 사랑에 미치면 갚아주려니 하는 생각을 하고 살았는지 모르겠지만, 당신은 수미에게 잘못 걸렸어요."

제이는 수미가 가차 없이 노골적으로 현실을 까발리고, 자신의 약점을 드러내는 것에 겁이 났다. 그는 바로 여행사에 전화를 해서 30%의 행정 벌금을 물고 여행자를 대치하기로 합의하였다.

수미는 물론 그가 반 밀리언의 빚을 전처에게 갚아야 한다는 것을 알았지만, 파산 거의 직전에 와 있다는 것은 상상조차 못했었다. 집세는 들어오자마자 은행에서 이자와 모게지(이자와 원금 상환을 합쳐, 매달 은행에서 정기적으로 빼 가는 돈)로 빼 나가고, 밀렸던 계산서와 세무청의 빚은 자동으로 빠져나가 더 이상 은행에서 사적인 지출을 위한 금액을 꺼내지 못할 정도까지 내려갔다. 제이가 별로 기분이 좋지 않음을 느꼈지만 모른 척하고 커피를 끓여서 비스킷을 먹으며 대화를 계속하였다.

"지금까지의 나의 판단으로는 반 밀리언의 부채가 사업으로만 생긴 것이 아니라 적어도 10%는 생각 없이 마구 써버린 것으로 짐작 됩니다. 집을 팔면 이런저런 금액이 남으리라는 계산은 늙으신 할머니께서 돌아가시면 많은 유산이 자기에게 돌아올 것이라고 믿고 마구 써버리는 것과 거의 유사하지요. 집을 팔아도 손에 돈이 들어올 때까지는 아무런 보장이 없어요. 지금 당장 처해 있는 사정에 맞게 살아야 합니다. 제이는 빚이 얼마나 무서운가를 배워야 해요. 아내가 대주는 돈을 흥청망청 쓸 때는 하늘에서 떨어진 선물 같고, 공짜로 생긴 돈은 쓰기 쉬워요. 이제 갚아야 할 처지가 되니까, 얼마나 힘든지 뼈저리게 느낄 것입니다. 내 돈은 한 푼씩 모아쌓은 조그만 담입니다. 늙고 병들면 기댈 수 있는 조그만 자갈들, 시멘트, 진흙을 섞어 만든 조그만 담이며 벽입니다. 70에 누군가를 만나리라는 희망은 사실 버린 지 오래지만, 하느님의 배려이신지, 하느님의 노여움이신지, 하여간 당신을 만났습니다. 당신의 전처가 도망간 가장 큰 원인도 돈 때문이었다고 짐작합니다. 그녀는 날이 갈수록 아무리 제이가 잘해 주고, 사랑한다는 말을 중이 염불 외우 듯해도 결국은 자신의 돈을 갉아먹고 있다는 것을 인지하기 시작하고, 미래에 희망보다는 실망이 크다는 결론을 내렸을 것입니다. 덤 붙여 갚아주겠다는 말이 현실성이 희박하다는 판단을 내리고, 자신의 돈을 빼내어 다른 남자와 남은 인생을 실현하려고 마음먹은 것입니다. 나와의 관계도 똑같은 길을 가기 쉽습니다. 모든 것이 건물에 들어 있으니까, 집을 팔 때까지 경제적 부담을 내 어깨에 얹으려는 의도가 역력히 보입니다. 우리가 6개월간 같이 살면서 저축하고 경제 문제를 정리하기로 했지만, 이 계획이 실현되지 않으면 아무리 힘들어도 나는 돌아서 갈 것입니다."

수미는 잠깐 침묵하다가 다시 입을 열었다.

"나는 감정과 정서와 사랑의 가치를 알고 외로움이 무엇인지 아는 70먹은 여인입니다. 그러나 사랑과 물질을 구별할 줄 아는 나이입니다. 인간관계 중 90%가 돈 문제로 깨진다는 것을 믿으세요? 지금이라도 늦지 않았으니 한편으로는 허리띠를 졸라매고, 한편으로는 조그만 일이라도 마다하지 말고 맡아서 다시 돈을 벌어보세요. 욕실을 고치고 싶은데 맡아서 해주겠느냐는 질문을 우습게 생각하는 기술장이들이 있는데, 왜 그런 것을 맡아서 자신의 노하우를 팔지 않는지 이해할 수 없어요. 전에 쓰던 큰 그릇을 이제 작은 그릇으로 바꾸지 않으면 안 될 시기가 되었어요. 힘들여 번 돈은 쉽게 소비하지 못하는 법이지요."

"수미, 나도 왜 그런 생각을 안 했겠어요? 오랜 세월을 손 하나 까닥 하지 않고 풍성히 쓰다가 몇 푼 안 되는 돈을 벌기 위해 많은 시간을 뺏기고 일을 해야 한다는 것이 생각만큼 간단하지 않았어요. 그리고 앞으로 그렇게 하면 수미와 즐기는 시간이 줄어들 텐데…."

"나와 지내는 시간에 대해서는 걱정하지 말아요. 나는 오랜 시간 혼자 살아서 시간을 보내는 데 익숙해요. 그리고 제이가 일을 맡으면, 주로 집에서 설계하고 물건을 주문하고, 일하는 사람을 찾고, 어쩌다 현장에 나갈 텐데 무슨 문제가 있겠어요. 하루 24시간 같이 붙어 있어야 사랑이 더 깊어지는 것은 아니잖아요. 제이가 책상 앞에 앉아 설계하고, 전화하고, 컴퓨터를 들여다보는 동안, 커피나 차를 끓여주며 나는 행복할 거예요. 물론 가끔 외식하는 것도, 골프 여행하고 싶은 것도 다 참고 포기할 수 있어요. 제이가 일 때문에 나가는 날은 집안일 보고, 혼자 골프장에 가서 연습하거나 친구들과 같이 골프도 칠 수 있고, 컴퓨터에 앉아서 할 일도 많아요. 나는 많은 사소한 사무 일을 도와줄 수도 있어요. 예를 들어 카피, 스캔 등을 도와줄 수도 있고, 우편물을 정리하고, 수신하는 일 등 자질구레한 일들을 도와줄 수 있어요."

수미는 자신의 의견을 관철하기 위해 이야기를 계속하였다. "파트너의 좋은 형성은 에로스만이 중요한 건 아닙니다. 첫 단계에서는 에로스가 많은 자리를 차지하지만, 다른 모든 조건이 맞아야 하고 서로의 자유로운 결정권과 헤어지지 않고 같이 살겠다는 의지가 중요하다고 믿어요."

"수미는 생각보다 더 지적이고 이성적인 사람이군요. 수미와 이야기를 하다 보니 지금까지 내가 살아온 생활이 부끄럽게 느껴져요. 수미, 최선을 다해서 구좌를 정리하고 모든 지불서를 청산하도록 노력할게요. 6개월 안에 모든 것을 쓰레기통에 넣고 완전히 정리할 자신은 없지만, 내가 할 수 있는 한에서 전심을 다 바치겠어요."

제이와 수미는 처음으로 진지한 대화를 나누었다. 제이는 수미의 마음을 사서 쉽게 경제적 문제를 해결하려던 희망이 멀리 사라져 감을 느꼈다.

제이는 지금까지 돈 많은 사람들이 자기 마음에 꼭 들게 일을 잘해 주면 큰 손으로 듬뿍 집어주는 돈을 아까운지 모르고 써댔고, 둘째 부인도 남편에게 받은 유산을 제이에게 아낌없이 주어 물 쓰듯 생활하다가 갑자기 수미가 목을 조르는 듯한 기분이 들었다.

"절약하고 저축하고 살아야 한다는 생각을 자주했지만 수미가 제의하는 것은 숨통이 막힐 것 같아요."

"그래요? 단 6개월만 참아보세요. 그럴 의지가 없으면 우리는 희망이 없습니다. 나는 당신의 빚을 청산하고 돈 걱정 없이 살도록 매니저 역할을 할 수 있지만, 당신이 자신의 인생관과 행동을 바꾸지 않는다면 도와 줄 의미가 없습니다. 잘 생각해 봐요. 아니면 지금이라도 돈 많은 외로운 과부를 찾아보든가요."

"수미, 나는 당신을 잃지 않겠다는 의지는 조금도 변함이 없어요. 단지 6개월간 내가 얼마나 나의 문제를 해결하고, 수미를 실망시키지 않을까 하는 두려움을 갖고 있을 뿐이에요."

수미와 제이는 따듯하게 옷을 입고, 첫날 만나서 걸었던 길을 거닐기로 했다.

"너무 당신의 약점을 까발려서 미안해요. 그러나 지금 같은 상태로는 도저히 당신과 같이 살 수가 없어요. 앞으로 진전도 발전도 보이지 않는 상태에서 빚만 자꾸 늘리며 살 수는 없잖아요. 나는 단 한 번도 구좌를 단 하루도 초과한 일이 없습니다. 그런데 제이 구좌를 보면 매달 수수료와 이자를 합해 200유로 이상 나가고 있는데, 아깝지 않아요?"

"그렇기는 한데, 어디 쓴 셈치고 아깝다는 생각도 구체적으로 하지 않았어요."

"구좌가 항상 마지막 센트까지 초월하고, 빨간 글씨가 몇 년씩 계속되고 있는데, 그동안 낸 이자와 수수료를 생각해 보세요."

그는 아무 말 없이 수미의 말을 듣다가 한마디 하였다.
"이제 제발 빚 이야기는 그만합시다. 잘 알아들었으며 최선을 다할 것을 약속합니다."
두 사람은 첫날 만났을 때를 생각하며 서로 껴안고 위로하였다.
수미는 왜 이 남자가 이다지 각박한 상황에 처했으면서도 스트레스를 받는 기미가 없는지 의문이 들었다. 그는 사업하면서 항상 은행 빚을 썼고, 두 번째 부인과 살면서도 주로 빚을 쓰고 살았기 때문에 빚에 대한 면역성이 대단한 모양이라고 생각했다. 수미의 생활방법이나 사고방식으로는 단 하루도 살 수 없을 것 같았다.
아파트로 돌아와 붉은 와인에 오렌지와 계피를 넣고 덥혀서 한 잔씩 따라 마시며 음악을 들었다. 와인 병을 보니 프랑스 사람들이 식사 때마다 마시는 중간층의 와인보다 평균적으로 질이 높은 와인이었다.
'이렇게 매일 고급품을 소비하고 사니 아무리 집세가 많이 들어와도 항상 적자가 나는 것이 당연하다. 소비가 수입보다 많으면 아무리 수입이 좋아도 결국 적자가 나게 마련이다. 그의 구좌를 잘 살펴보니 생활비와 사적인 용돈이 너무 많다. 갚아야 하는 지불서는 한쪽으로 밀어놓고, 마치 자기와는 상관이 없다는 듯 좋은 와인과 샴파냐와 꽃을 한 아름씩 사서 들고 들어오는 생활방식이 잘못 된 것 같다. 나를 새로 알았기 때문이라고 생각했는데 항상 그런 식으로 산 것 같다.'
처음 만났을 때는 그가 인생을 즐길 줄 알고, 쩨쩨하지 않고 손이 크다고 생각했는데 그의 구좌를 열어보고, 이 사람의 사고 방식이 무언가 크게 잘못되었다는 결론에 이르렀다. 그가 풍기는 향기는 결국 자신의 악취를 덮고 감추려는 행동이라는 육감이 들었다.

음악을 계속 듣다가 춤곡이 나오자 제이는 수미에게 춤을 청하였다. 젊은이들에게 많이 보급된 디스코 폭스를 몇 곡 추며 저녁을 즐겼다.

"수미, 나하고 첫날처럼 목욕 같이해요. 이제는 부끄럽지 않을 겁니다. 마시던 와인 들고 와서 목욕을 즐깁시다."

두 사람은 욕실에 촛불을 켜고, 음악을 틀고, 향기로운 거품 비누를 넣은 뒤 목욕물에 들어갔다. 수미는 참으로 아름다운 순간이라고 느끼며 부정적인 생각들을 모두 지우고, 이런 순간을 마음껏 즐기려고 하였다. 자신의 생에 이런 순간이 있다는 것이 아직까지 믿기지 않았다. 따듯한 향기로운 목욕물과 음악과 서로의 부드러운 손길은 수미와 제이를 금방 달아오르게 하기에 충분했다.

수미는 그의 남성이 완전히 흥분한 것을 느낄 수 있었다. 수미는 갑자기 상체를 구부려 그의 남성을 입으로 애무하기 시작하였다. 그가 원해서가 아니라 수미 자신의 욕구에서 나온 행동이었다. 그는 오랫동안 수미의 애무를 즐기더니 수미가 자기 위에 앉아주기를 원했다. 수미는 그가 원하는 대로 무릎을 꿇고 제이 위에 앉아 자신을 그의 성기에 주입시켰다. 그는 빨리 흥분하더니 별다른 움직임이 없이 바로 사정하였다.

"나는 수미에게 나의 사랑의 액을 넣어주고 싶어 참았어요.

조금만 늦었으면 모두 목욕물에 흘려버릴 뻔했어요. 수미 묻고 싶은 게 있는데, 수미는 정말 나의 사랑의 액을 건강을 위해 삼켰어요, 아니면 나를 사랑하기 때문에…?"

"둘 다예요."

"실망이네. 나는 사랑이라고 듣고 싶은데…."

"사랑 때문이라고 하면, 제이가 건방진 생각을 할 위험이 많거든요."

수미는 욕탕에서 나와 빨간 목욕 가운만을 입고, 제이가 좋아하는 샤넬 9번을 살며시 뿌리고, 제의의 몸을 타월로 닦아준 다음 자리에 들었다.

제이는 수미를 가볍게 쓰다듬어주었다.

"수미, 내일은 김치 담가요. 내가 많이 도와줄게요. 김치를 어떻게 담그는지 궁금해요."

그들은 쉽게 깊은 잠의 바다 밑으로 가라앉아 휴식을 즐겼다.

김치 데이(Day)

아침에 일찍 일어나 배추를 절일까 하다 제이가 김치 담그는 것을 보고 싶다고 해서 아침상을 치운 다음에 시작하기로 하였다. 제이가 아침상에 앉아 신문을 보다가 "오늘 수미 재운이 아주 좋아요" 하며 운수 란을 읽어주었다. 독일식으로 수미는 '뿔이 난 양띠'이고, 제이는 '저울'로 서로 궁합이 잘 맞는다. 한국식으로 수미는 양띠이고, 재이는 용띠가 되어 인터넷을 찾아보니 역시 궁합이 잘 맞는다.

"봐요, 우리는 얼마나 천생연분인가."

아침상을 치운 제이에게 배추를 두세 겹쯤 벗겨서 3~4cm로 썰라고 하니 마치 자로 잰 듯이 깨끗이 썰어주었다. 큰 그릇에 담아 한 켜마다 소금을 뿌리는데, 얼마를 뿌려야 하는지 독일식으로 소금의 양을 재고 싶은 모양이다.

'적당히'라는 말이 독일인에게 통하지 않는다는 것을 아는 수미는 배추 세 장 벗겨서 썰어서 한 켜 놓고 소금을 차 순가락으로 하나 솔솔 골고루 뿌리라고 했다. 소금기가 잘 맞아야 김치가 잘되는데, 좀 적은 듯한 것이 너무 많은 것보다 안전하다는 생각에서였다. 배추를 벗길수록 잎이 적어지므로 나중에는 네 장씩마다 소금을 뿌렸다. 제이는 신나게 배추 세 통을 다 썰어 절여놓았다.

"몇 시간이나 절여야 하지?"

"서너 시간, 중간에 배추를 잘 뒤집어서 소금기가 골고루 배도록 해야 좋아요. 점심 먹고 다른 첨가물을 넣고 버무리면 맞을 것 같아요."

배추가 절여지면 모든 첨가물을 넣고, 김치를 버무려 1리터쯤 되는 유리병에 담아 냉장고에 넣고 먹는 것이 수미가 독일에서 김치를 담가 먹는 방법이다. 중간에 간을 보니 소금기가 좀 적은 것 같아 소금을 조금 더 뿌렸다. 오후에 점심을 간단히 먹고 홍당무, 양파, 생강, 생선액, 설탕 한 숟가락, 멸치 다시다, 한국 고춧가루, 시리오 한 숟가락을 넣고 소다수를 2잔 정도 넣고 믹서에 갈고, 파는 옆으로 길쭉하게 가늘게 썰어서 절인 배추와 함께 버무렸다. 중간 중간 맛을 보며 고춧가루, 소금을 조금씩 첨가하였다. 마늘은 질색을 하기에 생강을 넉넉히 넣고, 파를 충분히 넣었다. 제이는 중간에 맛을 보며 금방 무친 김치가 아주 맛있다고 했다. 버무린 김치를 조금 꺼내서 참기름과 샐러드기름, 통깨를 조금 넣어 무쳐주니 너무 맛있다며 한 접시를 빵 한쪽과 함께 다 먹어치웠다.

"첨가물에 왜 시리오를 넣지?"

"원래는 찹쌀죽을 조금 넣는데, 귀찮기도 하고 시리오도 녹말이라 넣어보니까 아주 편하더라고요. 이 모든 첨가물들이 김치 맛을 내고 맛있는 유산균을 발효하고 자라게 하지요."

김치가 유산균을 많이 저장하여 장의 암을 방지하는 좋은 역할을 한다는 것을 읽은 적이 있는 제이는 아버지가 장암으로 돌아가셨기 때문에 특별히 많은 관심을 보였다. 약 4kg의 배추를 담그니, 무친 김치를 빼고도 다섯 병이나 나와 냉장고 맨 위 칸에 저장하였다.
"빨리 먹어야 되겠네, 상하지 않아요?"
"그렇지 않아요. 한 달이 되면 점점 맛이 들어요. 한국에서는 겨울에 김치를 많이 해놓고 3~4개월까지 먹어요."
"독일의 사우어크라우트와 원칙은 같지만 훨씬 더 좋은 음식이라고 생각돼요."
제이는 오늘 회계사와 약속이 있으므로 시내에 나가 돌아다니다가 저녁은 그 근처의 생선 가게에 붙은 식당에서 먹고 생선 사가지고 오자고 했다.
"그래요, 제이가 좋아하는 생선 사가지고 와요. 그렇지만 저녁은 집에 와서 먹어요. 우리 절약하기로 약속했지요?"
"참 그랬나? 나는 오늘부터 시작인지 몰랐지, 하하하…."
수미는 제이를 따라 시내에 나가 제이가 회계사와 만나는 동안 혼자 돌아다니며 골프 상점을 돌아보고 겨울에 신을 수 있는 골프 신을 한 켤레 샀다. 겨울 신은 어차피 커야 하는데 이것저것 신어보니 사이즈가 전보다 하나 반이나 늘었다. 왜 발이 편하지 않았는지 이해가 갔다. 발의 사이즈만 커진 것이 아니고 발이 넓어지고 퍼졌다. 늙으면 옷도 크게 입고, 몸에 끼는 것이 불편하다며 큰 내복과 헐렁한 옷과 편한 신을 찾으시던 엄마 생각이 났다.
'나도 꽤나 늙었구나. 엄마는 이미 내 나이에 돌아가셨는데…'
안 늙은 척하느라고 애를 쓰는 자신이 조금 우습게 느껴졌다. 수미의 어머니는 수미 나이도 못된 68살에 돌아가셨다. 돌아가시기 전에 많이 아프셨던 생각을 하며, 71살이 내일모레인 자신은 제이와 시내를 돌아다니고, 새 골프 신을 사러 다니며 늙었다는 기분이 전혀 들지 않는 것에 감사하는 마음을 가졌다. 젊었을 때보다 빨리 피곤하고, 쉬는 시간이 길어지고, 모든 것을 전같이 빨리 못하는 것을 느끼지만, 아직도 모든 것이 재미있고 하고 싶은 것이 많다. 오래 걸어 다니면 발바닥도 아프고 허리도 아파서 가다가 벤치를 보면 쉬고 싶다. 그러나 이런 정도의 불편함은 늙으면서 불평을 할 아무런 이유도 없고, 그저 행복하기만 하다.

한 시간 후에 제이를 만나 생선 집에 들러 제이가 좋아하는 도미와 넙치 한 마리와 왕새우 몇 마리를 사들고 집으로 돌아오니 저녁 6시였다. 왕새우를 구워 밥과 김치 무친 것에 맥주 한잔을 곁들여 마시니, 식당에서 먹는 것보다 훨씬 맛있고 좋았다.

"식당에서 먹었으면 아무리 요리를 잘해도 김치는 없으므로 이런 맛은 경험할 수가 없지요?"

"그래요, 수미는 이런 건강식을 하니 건강하고 늙지 않는 거예요."

늘 하던 대로 8시 뉴스를 보고, 수미는 지금까지는 빨래를 널고 손님방으로 쓰던 조그만 방에 책상을 들여놓고 자신의 랩톱과 자신에게 필요한 필기용구들을 모아 일할 수 있는 자리를 만들었다. 제이가 도와주려고 하자 "혼자 하게 두세요. 혼자 해야 찾기도 쉽고, 정리가 빨라요"라며 거절하였다.

제이는 텔레비전을 보면서 왔다 갔다 하며 전화도 받고, 컴퓨터도 들여다보며 조용한 저녁 시간을 가졌다.

"수미, 이렇게 마음 편하게 저녁 시간을 즐긴 것이 언제인지 모르겠어요. 무엇인가 항상 불안하고, 쫓기는 기분과 들끓는 마음이 떠나지 않아 마구 돌아다니고, 사람들을 만나고서 술을 마시고, 돌아다니며 쓸데없는 물건들을 사고… 그랬던 내 마음이 차분히 가라앉는 것을 느낍니다."

수미는 조용한 눈빛으로 그를 바라보고 아무 말 없이 만족한 미소를 보냈다.

수미는 정기적으로 나가는 지출 외에 생활비, 전기 값, 물 값, 그의 사적인 용돈 등을 가계부에 적기 시작하였다. 날씨에 달렸지만, 골프 치러 가는 날을 정하고, 장보는 날, 청소하는 날을 정해 나머지 시간은 집안과 테라스를 정리하고, 세탁도 잘 모아서 계획적으로 하고, 많지 않은 설거지는 곧바로 손으로 씻는 습관을 들여 매일 돌리던 기계를 2~3일에 한 번 쓰도록 하였다. 사우나도 1주일에 한 번 하던 것을 2주에 한 번, 아침저녁으로 하는 샤워도 하루에 한 번으로 줄이고, 아침에는 물수건으로 닦는 방법이 피부에 건강하다는 것을 알려 습관화되도록 하였다.

세월은 물같이 흘러 2월이 지나고 3월이 되었다.

수미는 제이와 3월의 계획에 대해 이야기하며 저축한 결과가 나타나기 시작했지만, 아마 4월은 되어야 완전히 나타날 것 같다고 하였다. 제이는 서슴없이 자기 구좌와 비밀번호를 수미에게 주어 항상 열어서 볼 수 있고 검사해 볼 수 있도록 해주었다.

제이는 수미와의 사랑이 오랜 세월 함께 살아온 정다운 부부 같으면서도, 하루하루가 즐거웠으며, 경제적인 면에서도 하루하루 조금씩 좋아지는 것을 느끼며 감사하게 생각하였다.

70대 섹스의 아름다움과 한계점

20대에는 30먹은 여인들이 꽤나 늙어 보였고, 40먹은 여인을 보면 임신하기도 늦었고, 아주 좋은 인생의 시절이 지나갔다고 생각하였다.

그러나 수미가 40이 되자, 생각보다 섹스가 무르익어 아마 지금이 성을 최대한으로 즐길 수 있는 인생의 단계인 것 같다고 생각하며, 50대된 여인을 보면 시들어 가는 꽃 같고, 갱년기가 되면 성에 대한 흥미도 적어져 여성으로서 별 볼일 없을 것이라고 믿었다.

갱년기에 들었으나 여전히 성에 대한 욕망과 욕구가 있었다. 성감은 덜한 듯한데 성에 대한 관심과 흥미는 여전하여 자주 자위를 하였다.

60에 남편이 갑자기 세상을 떠나자 하늘이 무너지고 땅이 꺼진 지옥의 진공 속에 깔려 죽고 싶기만 하던 3년간의 시간이 흘렀는데도 여전히 남자에 대한 그리움과 성에 대한 꿈이 남아 있는 것을 느끼며, 이것이 자연스러운 일인지 아니면 성적인 욕구가 병적으로 강한 여자인가 하는 생각을 하며 잠들기 전에 목욕할 때 자위를 하며 좀 힘들어도 절정에 오를 수 있었다.

70이 되어 제이를 만나 성적인 욕구와 꿈을 실현하면서, 아마 조금 지나면 성과는 이별하는 때가 오고 마음이 편안하리라는 추측을 하였다.

수미가 지금 제이와 즐기고 있는 성생활이 나이 든 사람들의 평균적인 것인지 궁금하지만, 수미에게는 인생의 어느 시기보다 아름답고 새로운 것을 경험하고 즐기는 시기이다. 성감은 시간이 갈수록 자연스럽고 깊어지며 정신적 만족감이 따르는 젊어서 경험하지 못한 다른 경지에 도달하고 있다.

70의 성생활은 성호르몬에 의해서만 이루어지는 것이 아니다. 어떤 인간에 대한 절대적인 애정과 사랑에 굶주린 긴 겨울잠에서 깨어나야 하고, 고독이라는 장기간의 병을 앓은 경험이 있고, 한 인간을 가슴에 안고, 쓰다듬고, 몸의 향기를 즐긴다는 것이 얼마나 귀한 축복인가를 인식할 줄 알아야 한다.

손끝과 손끝이 닿는 순간 신경의 전기 충전이 되는 것, 그의 미소에 답하며 미소 짓는 순간의 짜릿한 행복감, 백발이 된 그의 머리를 쓰다듬으며, 코를 간지럽히는 머리 냄새, 처음 아침상에 마주 앉아서 혼자 먹던 그 외롭던 날들의 아침상을 생각하며 울던 순간… 이런 순간들의 복합이 없었다면 성교를 할 자신도, 즐거움도 경험하지 못했을 것이라는 생각이 들었다.

신경의 예민함과 정신적인 감수성을 잃지 말아야 한다. 한마디로 70과 그 이상의 성생활은 육체적인 조건과 정신직인 인간의 유대와 친밀감의 복합이다. 그렇기 때문에 70 이상의 성생활은 배워야 하고, 배울 수 있는 인생의 과제이다. 성호르몬의 부족을 정신적인 성호르몬으로 보충하지 않으면 안 된다. 또한 어느 인간이나 '스스로 육체를 회복하고 치료하는 능력'이 있음을 절대적으로 믿어야 한다.

젊어서는 누구나 풍부한 자연이 관대하게 선물하는 성호르몬으로 쉽게 성을 즐길 수 있다. 정신적인 뒷받침이 없어도 성을 즐기기 쉽다.

건강이 70대의 성을 즐기는 받침돌이다. 책상다리 같은 역할을 한다. 튼튼한 다리가 없으면 튼튼한 상을 만들 수 없다. 70의 성과 건강은 인생의 과제이며 수많은 핸디캡을 마스터해야 한다. 만일 허리가 아프면 어떤 포즈가 좋은가에 대해 서로 이야기 나누어야 하고, 어떠한 터부나, 비단 같은 얇은 막도, 삶은 계란의 속껍질 같은 막도 없어야 한다.

서로 성감에 대해 이야기하고, 어떤 제품이 성교에 도움이 되는지 연구하고, 의사의 도움을 받고, 약방의 조언을 빌어 좋은 세품을 시도해 보고, 자신에게 잘 맞는 방법을 찾는 것이 가장 기본적인 준비라고 믿는다.

수미가 지금까지 써본, 의사가 준 연고도 약간의 여성 호르몬이 들어 있어 좋지만, 베이비오일이 향기도 자연스럽고, 오랫동안 부드러운 감을 유지하고, 수분을 주재료로 한 제품보다 빨리 마르지 않고 부작용 없이 좋은 효과를 보았다.

바셀린을 써도 좋지만 베이비오일 같은 유연감이 적고, 특히 남자가 손으로 마사지해 주기를 원할 때 바르기가 힘들다. 기름은 양 손바닥에 발라 성기를 애무해 주면 기가 막힌 효과를 볼 수 있다.

남자가 허리가 아프거나 무릎이 아플 때, 특히 콜레스테롤 수치를 내리는 약을 복용하면 다리에 경련이 잘 나기 때문에 여자가 위에서 사랑하는 것이 아름다울 수 있다. 성기를 삽입한 후 거의 몸의 움직임 없이 얼굴과 가슴을 서로 애무하며 오랜 시간을 즐길 수 있다. 노년기의 성은 꼭 사정할 것을 바라지 않아도 되고, 여자도 꼭 절정에 오르지 않아도 충분히 행복감을 맛볼 수 있다.

여자가 남자의 성기를 손으로 애무해서 사정을 하고 절정에 오르듯, 여자도 남자가 성기와 가슴을 애무해 주고 스스로가 자위하면서 또는 남자가 손가락으로 잘 애무해 줌으로써 절정에 오를 수 있다. 어떤 때는 손에 끼우는 작은 실리콘 성기도 여성에게 쾌감을 줄 수 있다.

사람들마다 다른 성적인 환상과 자극되는 정도와 몸의 부분이 다르므로 서로에게 가장 잘 맞는 방법을 찾고, 성에 대한 부끄러움이나 추잡한 인식을 버리도록 하자. 성은 하느님이 인간에게 주신 '최상의 선물' 중에 하나라는 것을 인식하면, 70대에도 아마 80대에도 성을 즐기고 행복감을 맛볼 수 있으리라고 수미는 믿는다.

성이 종족 보전을 위해서만 주워졌다면, 여자는 50경에 남자는 60경에 완전히 성에 대한 흥미와 즐거움이 사라져야 한다. 늘그막의 성의 즐거움은 그런 의미에서 하느님께서 특별히 '덤으로' 주신 선물이라는 것을 의식적으로 깨닫고 감사하고 부끄러워하지 말아야 한다.

남자가 프랑스식 섹스를 원하면 해줄 아량이 있어야 하고, 아름다운 속옷 입기를 바라면 입어줄 아량과 관대함이 있어야 한다. 어떤 남자는 여자가 야한 하이힐을 신기를 바란다는데, 위험하지 않은 한 어느 정도 받아줄 마음의 넓음을 보일 수 있으면 많은 도움이 될 것이다. 사디-마조 등의 비정상적인 성생활은 자신이 그런 것을 받아들일 수 있는가 아닌가를 미리 결정하고 파트너를 찾아야 한다.

제이는 전혀 이상한 성적 요구가 없다. 빨간 목욕 가운을 입고 저녁나절 집안을 돌아다니거나 옆에서 텔레비전 보는 것을 즐기며, 가운 속에 손을 넣어 나의 가슴을 애무하는 것을 즐기고, 가끔 프랑스식을 바라고, 자위해 주기를 바라는 것이 고작이다.

제이는 수미가 목욕 후 빨간 가운만을 입고 약간의 향수를 뿌리고 돌아다니면 항상 짜릿한 성적 흥분을 느끼는 모양이다. 혼자 외로울 때면 사랑하는 여인이 빨간 목욕 가운을 입고 왔다 갔다 하는 환상을 했다고 한다.

수미는 제이가 이상한 성적 요구를 하지 않아 다행이라고 생각하였다. 만일 그가 사디-마조를 원하거나 성적 도착 증세가 있으면 파트너 형성이 이루어지지 않았을 것이다.

그는 수미의 피부를 원하고 수미의 정신적인 사랑을 갈구한다. 70의 섹스는 하나의 과제이고 노력과 의지력의 복합이다. 자신의 즐거움과 쾌감과 행복감을 느끼면 파트너에게 피드백과 칭찬을 해주는 것이 중요하다는 것을 배웠다. 예를 들면, "오늘은 유난히 좋았어요, 당신 오늘 십팔 번을 참으로 잘하네요." 등등… 제이가 특히 좋아하는 칭찬은 "젊은 애인이 필요 없어서 좋아요"이다.

70의 성생활을 '애정'이라는 소프트웨어 버튼을 찾아 누를 줄 알아야 한다. 인간의 몸이 컴퓨터의 하드웨어라면 그 속에 많은 소프트웨어가 들어 있다. 오랫동안 사용하지 않았던 애정이라는 소프트웨어를 찾아야 한다. 그 속에 들은 정스러움, 피부의 감촉, 말초 신경, 성적인 환상… 등을 찾아 다시 재생시켜야 한다.

인간의 뇌는 하느님께서 주신 신비의 선물이다.

몇 년 전 여름, 수미는 미국에 사는 막내 여동생을 방문하였다. 하루는 테라스에 앉아 이런저런 옛날이야기를 하는데, 쓰르라미가 쓰르르 쓰르르 하며 울었다. 독일의 여름 날씨는 별로 덥지 않아 쓰르라미나 매미 소리를 들을 수가 없다.

"미국에는 쓰르라미가 있구나. 신기하다. 어렸을 적 시골 할머니한테 갔던 생각이 난다."

"언니, 쓰르라미가 뭐야? 한국말에 그런 말 없어. 언니가 외국에 오래 살아서 이상한 말들이 머릿속에 생긴 것 아니야? 내가 사전 찾아볼게. 1불 내기할래?"

"O.K."

막내는 두툼한 한영사전을 꺼내서 '쓰르라미'라는 단어를 찾았다.

"정말 있네. 언니는 어떻게 몇 십 년을 쓰지 않던 한국말을 기억하고 있어?"

"하느님께서 인간에게 주신 많은 선물 중에서 인간의 뇌는 가장 신비롭고 고귀한 선물인 것 같아. 나는 한국말을 잊지 않기 위해 자주 일기를 썼는데, 한 단어가 생각나지 않으면 독일어나 영어로 써놓고, 몇 시간이고 생각을 하면 어느 구석에서 갑자기 튀어나와. 그럴 때마다 두뇌의 신기함을 인식하며 기뻐하지. 물론 인터넷이나 사전을 찾아보면 좀 빠를지 몰라도 대부분의 경우, 머리에서 혼자 찾도록 시간을 주지. 특히 잠들기 전에 그런 생각을 하고, 그 단어와 연결되는 상황이나 언제 사용했나를 생각하면 다음 날 갑자기 그 단어가 재생하거든."

70의 사랑은 '쓰르라미'라는 단어 같다. 60여 년을 쓰지 않은 단어가, 그것도 자주 쓰지 않은 단어가 재생하듯, 낡은 컴퓨터가 망가지지 않은 한 신비의 단어 애정, 사랑, 연민, 성감의 재발견, 에로틱한 추억 등등이 어느 소프트웨어에 살아남아 있다.

인간은 죽는 순간까지도 사랑받고 싶어 하는, 가장 깊은 곳에 숨어 있는 사랑의 욕구와 능력을 재생시킨다는 것은 의지와 노력의 결과라고 믿는다.

젊어서는 많은 성적 요구와 사랑이 성호르몬에 의해 발동하지만 70의 섹스는 가슴과 머리와 영혼의 깊은 샘에서 나오는 정신적 호르몬이 없이 작용하지 않는다. 성적 요구가 성호르몬에 의해 많이 좌우된다면 성호르몬을 잡고 흔드는 것이 인간의 영혼과 얼과 머릿속에 들은 사고와 인생관이다.

수미는 평생 살면서 70에 처음으로 성의 아름다움과 진정한 즐거움과 지하실에 오래 묵혀 있던 곰팡이 냄새 나는 생각 즉, '성은 비윤리적이고, 추잡하고, 동물적이고, 부끄럽다'는 생각에서 벗어났음을 깨달았다. 이 모든 것이 소프트웨어에 잠재 되어 있다.

사막 속의 조그만 우물을 생각해 보자. 메마른 우물에 한두 방울의 빗물이 떨어지자, 깊이 숨어 있던 깊은 땅 속의 물이 조금씩 고이기 시작한다. 이 고이는 고귀한 물을 조금씩 조심스럽게 퍼내면 또 고인다.

수미는 가끔 왜 인간에게 성이 중요하고, 핵심적인 테마가 되는지 생각하곤 한다. 성은 인종 보전을 위한 근원이다. 70대는 그 기능을 잃은 지 오래지만 인간의 본능에 잠재되어 있어 빼낼 수가 없다.

70대가 잊으면 안 되는 절대적인 진실이 있다. 우리는 제한된 삶의 시간을 선물 받았다. 언젠가 죽는다는 것은 자연의 철칙이다. 70은 이 철칙을 마음 깊이 안고 살아야 하는 인생의 단계이다. 80대나 90대를 생각하면, 70대는 아직 가능성과 힘이 있다. 70은 망가지지 않은 하드웨어 같다. 컴퓨터를 전화에 연결해 놓고 설거지를 하다 와야 연결이 되던 시절을 생각하면, 70대는 그 당시의 견고한 망가지지 않은 컴퓨터 같다. 그러나 아직 망가지지 않고 새로운 테크닉의 도움으로 아직도 오래 쓰지 않던 소프트웨어가 살아 있고, 그의 기능을 아주 잃지 않았다.

70의 몸을 윈도우 10의 초속도 컴퓨터로 바꿀 수는 없다. 그러나 현대적 부속물의 도움으로 아직도 쓸 수 있고, 화면이 침침하면 새로운 스크린으로 바꾸면 된다.

'애정'이라는 버튼을 찾아 누르면 그 밑에 아직도 많은 가능성이 보인다. 정신적 사랑, 사랑의 능력, 사랑의 추억, 피부의 접촉과 애무, 성의 신경, 호르몬의 파워 등등 많은 것이 살아 있다.

사람은 제각각 마음에 깊이 숨어 있는 성적인 비밀과 환상이 있다. 이 환상은 죽을 때 무덤에 갖고 갈 만큼 비밀스럽고 때로는 추하고 부끄럽고 비윤리적일 수 있다. 그러나 그것이 성적인 자극에 도움이 된다면 누구를 해치지 않는 한 섹스를 즐길 때 성적인 윤활유로 쓴다면 누가 우리를 책망할 수 있겠는가? 수미는 제이와 모든 성적 환상을 나누지만 아무도 모르는 단 하나의 비밀과 성적인 판타지가 있다. 이 비밀은 무덤에 가지고 갈 것이다.

많은 사람들이 스마트 폰을 들고 다니지만, 수미는 필요성을 못 느껴 오래된 윈도우 7을 쓰며 컴퓨터가 있는 세상에 산다는 것이 얼마나 고맙고, 또 60이 되기 전에 컴퓨터 사용하는 법을 배워 이제는 어느 정도 사용할 수 있다는 것을 감사히 생각하며 살았다.

어느 날, 3살 먹은 손녀가 고사리 같은 손가락으로 ○○패드를 빌어 가며 동물 이름과 소리를 찾는 것을 보고 부끄러운 생각이 들었다. 필요성을 느끼지는 못했지만 현대적인 감각으로부터 뒤떨어지는 느낌이 들어 그날로 ○○패드를 사서 조금씩 익히고, 자사에서 운영하는 강습을 들으면서 기본적인 것을 이해하려고 노력하였다.

독일에서 거의 50년을 살아온 수미는 많은 고난과 씨름하며, 어떤 괴로운 상황에서도 단 1cm라도 진전하려고 안간힘을 쓰며 살았던 젊은 날을 생각하며, 이제 늙었으니까 그런 것 필요 없다고 포기하고 싶지 않았다. 포기와 정지는 수미에게 자살하려고 마음먹는 것이나 다름이 없다.

제이와 늙은 고양이

제이를 처음 만났을 때, 그에게는 '데이지'라는 20년이 넘은 고양이가 있었다.

너무 늙어서 스스로 털도 다듬지 못하고, 목욕실에 만들어놓은 화장실을 찾지 못해 바닥에 자주 오줌을 싸고, 히터 옆에 깔아준 양털 위에 누워 하루 종일 자고, 하루에 두 번씩 주는 먹이와 물을 받아먹으며 볼일을 보러 갈 때만 일어나서 찾느라고 이리저리 돌아다녔다. 눈이 먼 지 몇 년 되었다고 한다.

먹이도 일정한 양을 주지 않으면 설사를 한다고 한다. 적어도 5년 전에 안락사했어야 하는데 제이는 차마 사랑하는 고양이를 죽이지 못하고 매일 털을 솔질해 주고, 저녁에 안고 쓰다듬어 주면 데이지는 아직도 그의 사랑을 느끼고 즐기는 것을 볼 수 있다. 무릎에 앉아 있는 것도 제자리만 못한지, 5분 후면 무릎에서 내려가 제자리에 눕기를 원해 조심히 들어서 자리에 눕혀 주고, 밤에 데이지가 화장실을 못 찾아 올면 일어나서 안고 데려다주었다. 고양이의 볼일은 청소부가 했지만 청소부를 내보낸 뒤에는 스스로 해야 했다. 수미도 가끔 도와주었지만 어떤 병균이라도 전염될까 겁도 나고 평생 동안 어떤 동물도 키워보지 않아 부담스럽게 느껴졌지만 차마 안락사 시키자는 말은 할 수 없었다.

3개월 지나고 나니, 수미에게 알레르기 현상이 나타나기 시작하였다. 아마 데이지 털에서 오는 것 같았다. 수미는 아무 말도 안 하고 한동안 견디었다.
 어느 날, 제이는 애완용 동물을 안락사 시키는 의사에게 연락하여 방문하기를 신청하였다. 다음 날 오후 6시에 의사가 방문하도록 미팅이 이루어졌다.
 수미는 깨끗한 큰 목욕 수건을 준비하였다. 상자가 필요하냐고 물으니 필요 없다고 한다. 제이는 말없이 데이지를 가슴에 안고 털을 깨끗이 빗질하고 먹이를 조금 주었다. 의사가 먹이를 주지 말라고 했지만, 차마 데이지가 배고픈 상태에서 세상을 떠나게 하고 싶지 않은 모양이었다. 수미는 침묵하고 그의 행동을 따르며 무엇을 도와주어야 하는지 관찰하였다.
 6시 정각에 여의사가 제이를 방문하였다. 부드럽고 조용한 인상에 그녀의 목소리는 제이를 안정시키는 힘이 있었다. 수미는 데이지가 주사를 맞으면 토할 것을 고려하여 그릇과 수건을 준비하였는데, 의사는 모든 것을 완벽히 준비해 가지고 왔다. 의사는 데이지의 출생 책자를 보고 데이지를 진찰하였다.
 "조금도 생각할 여지가 없습니다. 당신의 고양이는 4~5년 전에 이별했어야 했는데 정말 오래 사랑을 받고 살았으니까 저 세상에 가서도 고맙게 생각할 것입니다. 데이지는 조금도 고통을 받지 않고 갑니다. 처음 주사는 마취 주사이고, 둘째 주사는 마취에서 깨어나지 않는 주사입니다."
 여의사는 데이지를 쓰다듬으며 다리에 주사를 주었다. 데이지는 조금 토하고 바로 잠이 들었다. 약 10분 후에 또 하나의 주사를 주었다.

"당신이 원하면 데이지를 지금 안아주어도 됩니다."

제이는 데이지를 품에 안고 책상 앞에 앉아서 소리 없이 흐느꼈다. 그는 가슴을 파헤치는 듯한 아픔을 참기 위해 안간힘을 썼지만 눈물을 그치지 않았다. 그의 슬픔을 보는 것이 너무 가슴 아파 수미는 그의 어깨를 잡고 같이 울었다.

의사는 15분을 기다려 제이의 사인을 받고 계산서를 넘겨주었다. 제이가 언제 땅에 묻어야 좋은지 물으니, 약 30분이면 몸이 굳기 시작하니 좀 더 기다렸다 장사를 지내는 것이 좋다고 하였다. 의사는 자기가 가지고 가서 처리하는 방법도 있다고 했으나 제이는 데이지를 자기 집 앞 땅에 묻기를 원했다.

여의사가 간 다음 둘은 한없이 울었다. 제이는 한참 후에 일어나 수미가 준비한 깨끗한 목욕 타월에 데이지를 동그랗게 몸을 구부려 싼 다음 가슴에 안고, 몸이 굳기를 기다리며 아래층으로 내려가 미리 준비해 놓은 삽으로 땅을 파기 시작하였다. 며칠간 비가 오고, 날씨가 따듯해 땅을 파기가 힘들지 않았다. 제이는 땅을 파는 동안 계속 눈물을 흘렸는데 비가 오기 시작하여 한없이 흐르는 눈물을 씻어주었다. 수미는 눈물과 빗물로 젖은 제이의 얼굴을 마른 수건으로 닦아주었다. 제이도, 수미도 마치 시곗바늘이 정지한 듯 세상이 돌아가기를 잠깐 멈춘 듯 침묵하였다.

수미는 자기 옷에 꽂혔던 조그만 천사 브로치를 데이지 위에 얹어주며 기도하였다.

"데이지, 나 때문에 빨리 죽었다고 원망하지 마. 하느님께서

너와 이별하도록 도와주신 거야. 제이가 너를 놓아주지 못하는 것을 도와주신 거야."

수미는 '데이지는 정말 행복한 고양이야. 나도 살 가치가 없다고 믿을 때, 데이지같이 간단히 죽을 수 있으면 얼마나 좋을까? 아마 제이는 첫 번째 아내가 세상을 떠날 때를 생각하며 마음껏 울었을 거야'라고 생각하였다.

수미는 남편이 세상을 떠날 때의 슬픔을 생각하며 또다시 복받치는 눈물을 참지 않고 빗물에 섞어 흘렸다.

제이는 흙을 덮어 땅을 다독거리고 아파트로 올라와 와인 한 잔을 마시며 아무 말 없이 서로를 위로하는 눈길로 쳐다보았다.

"수미, 고마워. 나와 슬픔을 나누고 위로해 줘서 고미워. 수미가 없었으면 나는 데이지를 놓아주지 못하고 괴롭혔을 거야. 이제 나는 데이지를 보내준 것을 행복하게 생각해. 죽은 아내는 데이지를 너무 사랑했지. 데이지를 가도록 이별함과 동시에 죽은 아내에 대한 미련도 가도록 놓아주었어요."

제이는 연한 미소를 띠우며 수미를 가볍게 끌어안았다.

"하느님은 당신이나 나나, 동물이나 식물이나 존재하는 한계를 주셨어. 데이지도 죽고, 당신도, 나도 죽고, 또다시 새로운 생명이 태어나고, 우리는 자연의 한 티끌로 영원한 사이클 속에서 살고 있어요."

두 사람은 하루 종일 잃었던 미소를 되찾았다. 수미는 봄바람이 살짝 지나가듯이 제이의 얼굴을 쓰다듬으며 볼에 입을 맞추었다.

70대 건강관리

단 것을 피하고, 고기·소금·술·담배 등이 몸에 좋지 않다는 것을 대부분의 사람들은 안다. 신선한 공기와 운동이 좋다는 것도 안다.

이런 일반적인 건강 유지 방법 외에 수미에게는 또 다른 건강관리법이 있다. 수미는 몸과 마음, 몸과 정신이 하나라는 것을 철칙으로 삼는다. 누구나 아는 건강한 정신에 건강한 육체를 절대적으로 믿는다. 그리고 가슴속의 열정과 얼을 믿는다.

수미의 남편은 수미가 60이 되기 열흘 전에 아침식사를 하고 뉴스를 시청하다가 잠이 들었다. 아침식사하고 뉴스를 보는 것이 습관이므로 잠깐 잠이 든 줄 알았다. 약 먹을 시간이 되어 깨우니 옆으로 힘없이 쓰러지는 것이었다. 맥을 짚어보니 맥이 뛰지 않았다. 구급차를 부르고 할 수 있는 한에서 구급처치를 하였다. 10분 후에 구급대원들이 와서 모든 구급처치를 하였지만 주치의가 와서 진단한 결과, 심장의 급작스런 정지로 이미 20분 전에 돌아가셨다고 하였다. 수미는 1층에 있었으면 구급차를 빨리 불러 소생시켰을지도 모른다는 후회를 두고두고 했다.

그때 받은 쇼크는 지금도 생생하다. 한없이 검은 구멍으로 소용돌이치며 밑으로 밑으로 한없이 끌려가던 느낌, 울다 울다 지쳐 온몸의 물기가 다 빠진 허탈한 상태, 하늘이 무너지고 땅이 꺼진 진공 상태에서, 아침나절 수미를 깨우던 새소리는 수미의 상처를 깨우고 열린 상처에 소금을 뿌리듯 아픔을 더해 주었다.

나이 60에 비교적 건강이 좋던 수미는 골프도 그만두고 조그만 쥐구멍을 찾아 숨어버렸다.

'기다리자, 시간을 기다리자. 하느님의 손바닥에 떨어질 때까지 기다리자.'

화장을 하고 그의 유서대로 그의 첫 번째 부인이 수장된 곳을 찾아 수장하고 재를 뿌렸다. 수미가 즐기던 파도 소리는 수미의 마음을 위로하기는커녕 그녀의 가슴을 뒤흔들었다. 깊은 바다 밑으로 그녀의 영혼을 끌어내렸다.

건강하던 수미는 갑자기 심장에 문제가 생겨 검사를 받아보았으나 별다른 것이 발견되지 않았다. 그런데 가슴이 불규칙하게 뛰고, 맥박이 고르지 않고, 가슴이 조이듯 아프기도 하고, 기운이 없어 음식을 조금 억지로 먹는 것 외에는 누워서 시간을 보냈다. 마지막 진단이 'broken heart'였다.

수미의 첫 남편, 그러니까 딸의 아버지는 한국인이었다. 10년간 독일의 유명한 화학 회사에 와 있던 남편은 한국에 공장을 차리라는 과제를 받고 한국으로 돌아간 후, 수미가 바로 딸과 같이 한국으로 따라 나오기를 바랐다. 유럽 여성의 자유로움과 아내는 남편의 소유물이 아니고, 한 독립된 인간이라는 것을 배운 수미는 이리저리 핑계를 대고 한국으로 돌아가는 것을 미루었다. 가장 중요한 이유는 딸이 한국의 지옥 같은 교육을 받으며 전쟁할 생각을 하면 돌아갈 용기가 나지 않았다. 딸이 독일에서 좋은 교육을 받고 잘 성장하기를 바랐다. 그러는 동안 남편은 한국에서 다른 여자를 만났다.
　두 사람은 협의이혼을 하였다. 1년 이상 별거를 하였기 때문에 간단히 이혼이 이루어졌다. 딸에 대한 교육권과 수미와의 거주가 인정되고, 살던 조그만 집은 수미가 빚을 인계받기로 하였다. 수미의 월급으로는 빚을 갚기에 힘이 들어 집을 팔고 딸과 오붓이 살기에 적당한 작은 아파트를 하나 사 빚을 갚았다. 그때부터 딸과 둘이 살면서 검소한 생활을 하였다. 딸은 고등학교를 졸업하고 대학교를 나와 박사 학위를 받고 35세에 독일에서 그 당시 대학교에서 가장 나이 어린 정 교수로 국가에서 발령이 났다. 그동안 먹고 싶은 것, 하고 싶은 것을 줄여가며, 자신을 희생하면서 상류사회의 아이들 못지않게 모든 것을 뒷받침하며 키웠다.
　수미 나이 55세에 두 번째 남편을 만나 생에 가장 뜻있는 시절을 보냈다. 남편은 미국계 독일인으로 조그만 약국을 아내와 경영하다 5년 전 아내가 유방암으로 세상을 떠나고, 그 당시의 슬픔과 괴로움에서 벗어나지 못하고 심장 약화증에 걸린, 별로 건강이 좋지 않은 상태였다. 수미를 만나 다시 행복과 마음의 안정을 찾고 의사의 치료를 받으며 조금씩 회복되고 있어 어느 정도 안심하며 지냈다.
　수미는 남편과 여행도 많이 하고, 고급 골프장도 많이 돌아다니며 골프를 좋아하기 시작하였다. 남편이 세상을 떠나자 집을 정리하여 세를 주고 3개월 후에 딸이 교수로 일하고 있는 괴팅겐으로 아파트를 세 들어 이사했다. Gottingen은 아름다운 고풍스러운 대학 도시이다.

남편을 잃은 아픔과 모든 것이 낯설어 신음하던 수미는 딸이 자신을 위로해 주고 도와주리라고 기대했지만, 딸의 흥미는 왜 집을 팔아 돈을 자기에게 미리 유산으로 주지 않는가에 있었다.

딸의 얼음같이 차가운 이기적인 마음은 수미의 마음을 얼어붙게 하고 아픔을 주었다. 스포츠카를 사달라고 졸라서 사주었는데도 달라지는 것이 없었다. 매일 수미가 사는 아파트를 지나가면서도 잠깐 들러 밥을 먹거나 어떠한 위로의 말도 없었다. 단지 자신의 유산을 왜 미리 주지 않느냐에만 관심이 있었다. 어미를 구석으로 밀어붙이고 쥐어짜려는 것이 아니꼽고 아팠다. 그때부터 수미는 늙어서 혼자 살 수 있는 아파트를 찾기 시작하였다. 처음으로 자식과의 탯줄을 끊을 결심을 하였다. 약 1년을 찾다가 구한 아파트가 하노버의 아파트이다.

수미는 이때 마음이 행복하고 만족하지 않으면 절대로 육체가 건강할 수 없다는 것을 절실히 느꼈다. 아무리 운동하고, 영양 관리를 잘해도 별 효과가 없었다. 딸 옆에 살며 받은 마음의 고통과 실망은 수미의 몸을 더욱 힘없고 약하게 만들었다. 체중이 줄고, 먹고 싶은 것도 없고, 매사가 귀찮고, 사는 데 즐거움이 완전히 사라진 것 같았다.

졸졸 흐르던 냇물이 말라 자갈과 흙이 보이고, 잔물고기도 가제도 모두 도망간, 마음의 조그만 황무지가 이루어졌다. 어떻게 하면 건강을 다시 찾을까 하는 것이 그 당시 수미의 큰 과제였다.

헬스클럽에 신청을 하고, 의사에게 심장 검사를 받고, 아무런 몸의 이상이 없음에도 불구하고 죽지 못해 사는 나날이 계속되었다. 그때 수미는 한 의사를 만났다. 그 여의사는 피 검사를 해본 다음, 수미의 증세를 듣고 약을 처방해 주고 2주 후에 다시 오라고 하였다. 평생 약을 거의 복용하지 않았던 수미는 반 알을 먹고도 기분이 훨씬 밝아지는 것을 느꼈다.

2주 후에 다시 의사한테 가니 당이 좀 높고, 콜레스테롤과 피 속의 지방질이 좀 높고, 간수치가 좀 높고, 혈압도 좀 높으나, 아직 위험한 한계는 아니라고 하며, 당을 내리는 약을 써주었다. 수미는 건강하던 자신이 왜 당이 높아지고, 혈압이 오르고, 피 검사 결과가 나빴는지 곰곰 생각해 보았다. 모든 것이 남편이 먼저 세상을 떠나고, 믿었던 딸에게 실망하고 스트레스를 받으면서 생긴 일이라고 믿었다.

정기적으로 헬스클럽에 가서 가벼운 운동을 하고, 사우나를 하고 운동량을 조금씩 늘렸다. 동시에 수미는 하루에 한 번씩 명상하는 시간을 가졌다. 약도 중요하고, 운동도 중요하지만 마음의 평화와 만족감이 없으면, 건강을 회복할 수 없다는 결론을 내려 명상 중에 마음의 평화를 찾으려고 노력하였다.

인간에게 행복감을 강제할 수 없다. 그러나 만족감과 평화로운 마음은 배울 수 있다. 만족감과 행복감은 한 발 차이다. 불만족과 우울함은 행복감과 많은 거리가 있다.

어떻게 마음의 만족감과 평화를 찾을 수 있을까? 수미는 만족감이 감사하는 마음과 다리를 걸치고 있음을 명상 속에서 찾았다.

감사해야 한다. 그런데 누구에게 무엇을 감사해야 하나? 종교적인 정신을 갖고 살지 않던 수미는 명상 속에서 기도하기 시작하였다.

"하느님 감사합니다. 제가 살아 있음을 감사합니다. 사랑하던 남편이 갑자기 세상을 떠나 저는 불만이 가득하고 불안하고, 하느님을 원망하고, 마음이 한없이 우울하고 슬픕니다. 하느님은 그 착한 남편을 고통 없이 곱게 데려가셨습니다. 감사합니다. 혼자 남은 저는 슬픔이 뼛속까지 스며들고 괴롭지만 당신의 뜻이 어디에 있는지 배우겠습니다."

수미는 기도하기 전에 명상 속에서 조그만 빨간, 따뜻한 주먹만 한 말랑거리는 공을 상상하며, 가슴 속에서 심장을 중심으로 원을 그리며 마사지하기 시작하였다. 가슴에 뚫린 구멍, 맞바람이 항상 지나가며 수미를 괴롭히는 구멍을 그 따뜻한 공으로 막아보고 싶었다.

"하느님, 오늘 헬스클럽에서 집으로 걸어오다 공원 옆 벤치에 앉아 햇볕을 쬐면서 5월의 햇볕이 이다지 따사롭고, 조그만 아기 손같이 나의 얼굴을 쓰다듬어주는지 몰랐습니다. 제가 다시 5월의 햇살을 즐길 수 있다는 것을 감사합니다."

수미는 시내를 돌아다닐 때나 공원을 산책할 때나 길가의 한 송이 꽃, 고목들의 아름다움을 의식적으로 받아들이려고 노력하였다. 길가의 꽃들이 꽃가게에서 산 장미꽃보다 향기롭다는 것을 그제야 배웠다.

집에서 10분만 걸어가면 하노버의 유명한 공원(Herrenhaeser Gaerten)이 있다. 수미는 매일 8시경 일어나 30분간 공원을 한 바퀴 도는 것이 빼놓을 수 없는 하나의 일과가 되었다. 하루는 공원 한 귀퉁이에 3개의 고목이 삼각형을 이루며 서 있는 것을 발견하여 그쪽으로 가보니 피라미드 형태를 이루고 있었다. 수미는 그 밑에 서서 명상하기 시작하였다.

'나무야, 나보다 훨씬 많은 세월을 산 나무야. 나에게 기운과 기쁨을 조금 나누어주기 바란다. 나에게 지혜를 조금 나누어 주어라. 수녀들도, 신부들도, 불교의 스님들도, 여승들도 파트너 없이 만족하고 행복하게 사는데 나는 사랑하는 사람이 없다고 이다지 힘이 없고, 가슴에 뚫린 구멍을 메우지 못하고 있으니 나무야, 나무야, 제발 나를 도와주어라.'

잠자기 전의 명상에는 구노의 아베 마리아를 조그맣게 틀어 놓고 기도하였다.

'아베 마리아,
이 조그만 평범한 한 여인의 간절한 기도를 들어주옵소서.
나는 한 인간, 나를 잡아주는 따뜻한 손이 필요합니다.
나의 외로움은 나의 육체와 영혼을 갉아먹고
나를 힘없는 허수아비로 만들고 있습니다.
이 평범한 여인은 세상을 떠난 남편 같은
다사로운 한 인간이 필요합니다.
딸을 찾아가도 따뜻한 말 한마디 들을 수 없고,
형제들을 찾아가도 그들은 고독이라는 병을 모르기 때문에,
나의 아픔이 무엇인지 모릅니다.
인간이 그리워 관중 속에 끼어 음악을 들으면
외로움이 이렇게 시끄러운가 하는 생각을 합니다.
아베 마리아, 나의 간절한 애원을 들으십니까?
나는 엎드려 빕니다.

이 아픔에서 나를 구원하소서.
나의 배고픔과 목마름과 쓰디쓴 슬픔을 거두어주소서.
아베 마리아, 아베 마리아…'

음악을 들으며 기원을 노래하고 나면 마음이 한결 부드러웠다. 그 당시 수미는 명상 중에 세상을 떠난 남편과 많은 대화를 나누었다.
꾸준한 명상은 도움이 되었다. 마음이 가라앉고, 화나는 일도, 슬픈 일도, 즐거운 일도 없이, 희로애락이 한 겹의 베일을 씌운 듯, 안개 속에 숨은 듯, 시간은 물 흐르듯, 바람이 스쳐가듯 수미를 인생의 길가 한구석에 세워놓고 지나갔다. 냇물은 흐르고 흐르건만, 수미는 한숨의 뿌리 뽑힌 풀잎같이 돌더미에 걸려 잡혀 있었다. 죄 없이 감옥에 갇혀 울다 울다 쓰러져 잠이 들은 불행한 여인은 소리 지를 기운도 없었다.
한없이 긴 반 무감각의, 반 마취된 세월이 시작되었다. '고독'이라는 만성병을 고쳐야만 자신이 다시 건강해지고 살아나갈 힘이 생긴다는 것을 명상을 통해 터득하였다. 혼자된 엄마를 도와주거나 위로해 주기는커녕 흡혈귀같이 빨아먹지 못해 안달이 난 딸로부터 도망친 것이 그나마 위안이라면 위안이었다.
집에서 걸어갈 수 있는 거리의 양로원에 토요일마다 노인들을 방문하고, 그들의 하소연을 들어주거나 휠체어를 밀어주고 산책시켜 주는 봉사를 하게 되었다.
'건강한 육체에 건강한 정신이 깃든다'라는 것쯤은 누구나 알고 있는 사실이다. 육체와 정신이 하나라는 것도 들어 알고 있다. 그러나 아무리 몸을 단련하고 바른 정신으로 살려고 해도 모자라는 것이 있었다. 가슴속 정(情)이다. 가슴속 피의 따듯함을 유지해 주는 '정과 얼과 사랑'이다. 이것이 식은 상태에서는 건강이 회복되지도 건강이 유지되지도 않는다. 인간은 냉혈 동물이 아니다. 피가 식으면 아무리 잘 먹고, 육체를 단련하여도 건강을 유지하기 어렵다. 몸과 마음이 따듯할 때 진정으로 평화로움과 만족감을 느낀다.

수미의 또 한 가지 건강에 대한 믿음이 있다.

종교에서 말하는 성자는 머리 위에 성스러운 빛의 관을 쓰고 있듯이, 인간도 남녀노소 지위고하를 막론하고 보이지 않는 왕관을 쓰고 다닌다.

인간이 말하는 것, 생각하는 것, 느끼는 것 모든 것이 연기같이, 안개같이 올라가 보이지 않는 왕관 속에 저장된다. 마치 호흡이 불편한 환자가 산소 호흡기의 도움을 받듯이 스스로 만든 호흡기에서 공기를 빨아 마신다. 이 호흡기에 깨끗하고, 맑은 산소가 많이 저장되려면 항상 긍정적인 생각을 하도록 노력하고, 타인에 대한 감사함과 사랑을 잊지 말아야 한다. 그리고 자신의 몸과 마음과 항상 긍정적인 대화를 하고 위로하고 달래고 감사하여야 한다.

고독이라는 병

　많은 노인들이 혼자 산다. 많은 젊은이들도 혼자 산다.
　자식과 함께 살기도 하고 친척과 가까이 살기도 하며 각자 자기 나름대로 혼자 사는 삶을 영위해 나가고 있다. 젊은이들은 친구와 어울리고, 사회활동을 하고, 예술을 즐기기도 한다. 그런 반면 어떤 사람은 자유가 좋아서 혼자 살기를 원하기도 한다. 그러나 어느 누구를 막론하고 그들 나름대로 고독이라는 병을 안고 산다.
　현대의 많은 가정은 핵가족이 보편화되었다. 자기 자신, 자기 파트너, 자기 자식만을 생각하여 나이 많은 노부모는 자기들에게 어떤 도움도 어떤 이익도 되지 않으며 귀찮고 짐스러운 존재로 치부해 버린다.
　어떤 인간이든 스스로 택한 아니면 운명에 의해 혼자 살게 된 노인들은 사는 목적과 과제를 찾기가 힘들다. 젊어서는 자식 키우고, 재산 늘리고, 남편 뒷바라지하며 늘 가족을 위해 사느라 자신은 돌보지 않았다. 그래서 세월이 흘러 그들이 떠나 혼자가 되었을 때 수미같이 평범한 인간은 고독이라는 병을 심하게 앓는다.
　인간은 누군가를 사랑하고, 사랑받을 때 삶의 즐거움과 의미를 찾는다. 고아원이나 양로원에서 사는 사람들은 아무리 시설이 좋고 잘 먹어도 사랑의 결핍으로 행복할 수 없다.

고독은 암같이 처음엔 아무런 증상도 없다가 세월이 갈수록 독이란 뿌리를 내려 인간의 몸과 영혼을 망가트린다.

고독한 인간이 동물을 사랑하는 이유는 무엇일까? 그들은 무엇인가 사랑하고 싶고 사랑받고 싶기 때문이다. 예술인은 예술을 방패로 쓰고, 종교인은 신에 대한 사랑을 방패로 쓴다. 그러나 평범한 인간은 사회적인 양 떼가 필요하고, 한편으로는 옆에 붙어 다니는 한 마리의 양이 필요하다. 다른 반쪽이 필요하다.

하나의 새 둥우리가 필요하다. 새 둥우리에서 떨어지면 인간은 고독을 느낀다. 밖에 나갔다 빈 집에 들어올 때, 많은 인간이 모였을 때, 여행을 하거나 아무리 좋은 것을 보아도 서로 즐거움을 나눌 수 없을 때, 괴로움과 슬픔을 호소할 수 없을 때 인간은 고독하고 불행하다.

아무리 친구가 좋아도, 사회적 활동을 하여도, 단 하나의 인간, 사랑하고 사랑받을 수 있는 인간을 찾지 못하면 인간은 육체적으로 정신 적으로 병이 든다.

수미는 자신의 고독감을 심장에 뚫린 구멍을 막지 않으면 건강해질 수 없다는 확신을 하였다. 아무리 좋은 것을 먹고, 좋은 옷을 입고, 신나는 음악을 들어도 세포 자체가 웃고, 방긋이 미소 지으며 문을 열어 양분과 즐거움을 받아들여 힘으로 불태워 주지 않으면 아무런 소용이 없다.

인간은 살아남기 위해 적응하는 힘이 있다. 수미는 세월이 상처를 아물려 주기를 기다리며 적응하고, 혼자서 고독과 싸우며 한국에 있는 옛 친구도 방문하고, 미국에 사는 형제들도 방문하고, 유럽의 여러 나라를 여행도 다녀 봤지만 고독이란 병은 가슴속에 깊이 들어앉아 위로가 아닌 아픔을 주었다.

이런 상황에서 수미는 육체적 정신적 건강을 위해 모든 정력을 쏟으려고 노력하였다. 많이 걸어 다녔다. 외로움을 잊기 위해 어딘가 있을지도 모르는, 희망 같은 것, 조그만 무지개 같은 것을 찾아 걸어 다녔다. 어떤 날은 지치고 발이 아플 때까지 걸어 다녔다. 기진맥진 집에 돌아와 잠을 청하고 깨어나면 좀 행복하리라 생각했지만 마음속 구멍은 조금도 작아진 느낌이 없었다.

수미는 건강을 그런대로 유지하는 편이었는데 이렇다 할 병이 없는데도 심장의 활동이 약하고, 기운이 없고, 무엇에도 오래 집중할 수가 없고, 차를 운전하는 것이 점점 힘들어 걸어 다니거나 전철을 타고 다니는 것이 3년이나 되었다. 책을 읽으면서도 무엇에 대해 읽는지 모르겠고 5분도 못 되어 잠이 들곤 했다. 한마디로 가수면 상태인 것 같았다. 날이 갈수록 몸과 마음의 에너지가 조금씩 줄어가는 기분이었다. 고독이라는 병은 수미의 육신과 영혼을 조금씩 갉아먹고 있었다. 모든 것을 나이 탓으로 돌리기에는 수미는 자기 관찰력이 너무 예민했다.

수미는 막연히 어떤 구원이 찾아와 자기에게 손을 내밀기를 기다렸다. 그러던 어느 날, 한 줄기 햇살이 비치고 누군가 수미를 흔들어 깨우며, "일어나, 일어나! 네 생이 끝나려면 아직도 멀었어." 수없이 반복되는 이 노래 가락은 세상을 떠난 남편의 목소리 같기도 하고 수미 내면에서 들려오는 목소리 같기도 하였다.

남편이 세상을 떠난 지 7년이 다 되어가던 어느 날, 침침한 헛간에 갇혀 살던 수미는 온몸과 정신의 힘을 모아 문을 박차고 나와 한 인간을 찾지 않으면 안 된다는 알 수 없는, 저항할 수 없는 힘에 떠밀렸다.

문을 박차고 나오는 순간, 눈부신 햇살과 무지개 같은 거품이 땅 위에, 그녀의 발밑에 깔리고 수미는 그 위를 사뿐히 걷는 기분이 들었다.

"나를 실은 쪽배의 노를 잡고 노 저어 가자. 나의 생을 이끌어주는 인간은 나 자신이다. 운명이 나를 고독에서 구해 주기를 기다리지 말자. 지나가는 버스를 손들어 세우던 시절은 오래전에 지나갔다. 나는 적어도 버스 정거장에 가서 기다릴 용기가 있어야 한다. 나의 쪽배가 구원받기를 바라지 말고 적극적으로 구원의 배를 찾자."

그때부터 수미는 신문과 인터넷을 통해 파트너를 찾기 시작하였다. 2010년 가을이었다.

2014년 봄

　시간은 조그만 냇물같이 즐거운 소리를 졸졸거리며 흘러 제이를 만난 지 3개월이 지났다.
　제이와 수미의 성생활은 평균적인 남녀 관계가 그러하듯이 처음같이 강열한 욕구는 적어졌지만, 1주일에 2번 정도 자연스런 접촉을 가졌다. 둘 사이에는 아무런 장벽도 없이 친밀하고, 정신적 유대와 애정은 무르익어 갔으며 옆에서 보는 사람들까지 행복하게 해주었다.
　골프 클럽의 친구들이, "언제 결혼할 거예요. 요즘 너무 신나는 일이 없는데 결혼식 한번 크게 합시다" 하며 농담을 하곤 하였다.
　"때가 되면 저절로 답이 생기지요. 우리는 지금 허니문이라 그런 귀찮은 일들을 생각할 시간이 없어요."
　화산이 터지고 난 후 재 속에 숨은 열은 항상 기분 좋고 따뜻한 힘을 잃지 않았다.
　제이와 수미를 짓누르는 것은 오직 경제적인 문제였다. 아직도 전처에게 나가는 엄청난 이자로 매달 적자가 나고, 이 적자나는 초월 금액에 14%라는 높은 이자와 수수료로 은행은 부자가 되지만 수미가 아무리 절약하느라고 안간힘을 써도 월말이면 최소한의 생활비도 남지 않았다.

그사이 은행에서 소식이 왔다. 수미의 아파트를 세 주면 30만 유로까지 좋은 컨디션으로 대부해 줄 수 있는데 딸이 사인을 해주어야 한다는 조건이다. 자기 은행에 판매하는 오더를 주면 미리 30만 유로를 대부해 주고, 나머지는 판매와 동시에 지불해 준다고 한다. 계산을 해보니 만일 30만 유로를 대부받고 세를 준다면 이자와 모게지를 내고도 남았다. 그런데 문제는 딸이 사인을 해주느냐에 달렸다.

제이에게는 은행과의 대화도, 거래도 알리지 않았다. 그에게 잘못된 희망을 주기도 싫고, 남의 돈을 쓸 수 있다는 것은 안이한 생각을 주기 때문에 제이가 할 수 있는 한에서 자기의 문제를 해결하도록 6월까지 기다리기로 마음먹었다. 수미는 제이의 경제 문제를 해결할 자신이 있었으나 계속 그에게 검소한 생활을 권하고, 자신의 문제를 스스로 해결하려는 의지를 보여줄 것을 요구했다.

생일에는 친구들을 초대해 파티를 하는 것이 상례이지만 수미는 파티를 가는 것도 하는 것도 좋아하지 않았다.

"제이, 약속대로 내 생일에 파티 하는 대신 좋은 골프 호텔에 1주일 초대할게요. 터키 여행 안 간 대신 내가 1주일 선물한다고 했으니까 약속을 지켜야지요."

"친구들이 파티를 안 한다고 짜다고 하겠지만 아무도 수미 생일을 모르니 파티는 다음 기회로 미루고 수미 좋은 대로 해요."

제이와 단둘이 지낸 71번째 생일

제이는 집에서 약 50Km 떨어진 옛날 성을 수리하여 만든 호텔에 2개의 18홀 골프장이 있는 곳을 찾아서 보여주었다. 두 골프장이 바로 호텔 옆에 붙어 있고, 그중에 한 골프장은 잭 니클라우스가 설계한 독일에 셋밖에 없는 유명한 골프장이다.

수미는 너무 멀지 않아 좋고, 생일 파티를 하는 번거로움을 피하는 것이 좋아서 얼른 아침저녁과 골프까지 끼워 신청하였다.

4월 날씨는 너무 춥지 않아 골프치기에 좋고, 처음으로 제이와 18홀짜리 골프장에서 1주일간 휴가를 보낸다는 것이 한없이 행복하고 흐뭇하였다.

첫날 호텔에 도착하니 아직 방이 준비되어 있지 않아 차를 주차장에 세워놓고, 티타임을 받아 바로 골프장으로 들어갔다. 고풍스러운 성의 운치를 그대로 살린 골프장은 물과 벙커의 장해물과 고목들이 많아 만만치 않을 것 같았다.

4월 중순의 독일 날씨는 쌀쌀한 편이지만 유난히 봄이 빨리 찾아와서 고목들의 연초록 잎들을 피우려는 봉오리는 아픔을 참아가며 터져 나오려 하고 있었다. 호숫가의 버드나무는 이미 연초록 잎들로 단장하고 한들거리며 지나가는 골프인들의 눈을 식혀주고 마음을 안정시켜 주었다. 연습장에 들어가지 않고 바로 1홀로 올라간 제이와 수미는 둘 다 첫 공을 호수에 빠뜨렸지만 화가 나지 않고 마냥 즐겁기만 하였다. 제이는 스타터에게 사랑하는 여인의 생일이니 오늘만은 둘이서 오붓하게 치게 해 달라고 부탁하여 단 둘이서 스트레스 없이 즐겼다.

18홀을 마치고 카페에 들어오니 딸기가 잔뜩 얹힌 케이크에 촛불 하나가 켜져 있었으며 꽃다발이 테이블에 놓여 있었다. 수미는 생각지도 않았던 제이의 섬세한 배려에 감동받으며 왜 촛불이 하나냐고 물었다. 이것이 우리의 첫 생일잔치이고, 70을 뺏기 때문에 매년 하나씩 늘어날 것이라고 했다.

10형제의 넷째 딘 수미는 생일날 사과나 삶은 계란 하나만 얻어먹어도 행복했던 어린 시절을 생각하며 마음이 뻐근하였다.

"수미, 많은 선물을 하고 싶지만 알다시피 별로 사정이 좋지 않아서 약소하지만 받아줘요. 머지않아 좋은 시절이 올 거라 생각해요."

제이는 수미에게 예쁜 골프백을 선물하였다. 제이는 수미가 오래된 구식 가방을 끌고 다니는 것이 항상 마음에 걸렸었다.

방은 아담하고 고풍스러운 분위기로 마음에 들었다.

"수미, 아픈 데 없어요?"

"말 마세요. 처음으로 18홀을 돌았더니 허리도 아프고 뼈마디마다 아프지 않은 곳이 없어요. 돌아다닐 때는 치는 재미에 몰랐는데, 방에 들어오니 기어 다니고 싶고, 뼈마디를 모두 새로 뜯어 맞추어야 할 것 같아요. 제이는 어때요?"

"그 정도는 아니지만 나도 나이의 한계를 느끼지요. 우리 저녁 먹기 전에 사우나 할까, 목욕할까?"

"사우나가 좋겠지만 지하실에 내려가기도 귀찮고, 목욕하면 좋을 것 같아요. 내가 좋은 박하기름과 근육통에 좋은 비누를 갖고 왔어요."

요즈음 꽤 좋은 호텔도 샤워실만 있는데 이 방에는 욕탕이 붙어 있었다.

"수미가 목욕하기를 즐겨서 방 신청할 때, 욕탕이 있는 방을 원했어요."

수미는 그의 섬세한 배려에 감동하였다. 목욕물에 근육통에 좋은 비누를 풀고, 박하기름을 몇 방울 떨어뜨렸다. 그 속에서 두 사람은 새로운 힘을 얻었다. 두 사람은 침대에 누워 잠깐 잠을 잤다. 잠에서 깨어난 제이가 수미를 매만지며 원했지만 수미는 "일어나서 머리도 만져야 되고, 한 시간 안에 저녁 먹으러 가야 돼요" 하고 제이를 달랬다.

"수미, 우리 내일은 골프를 쉬던지, 전기 카트를 타고 쳐야 할 것 같아요. 골프를 한 후에 이렇게 피곤하면 골프 외에는 아무것도 할 수가 없겠어요."

"이제 늙은 기분 나요?"

"글쎄, 늙은 기분이 도대체 무엇인지 잘 모르겠는데, 하하하…."

저녁 식단은 상당히 고급이었다. 수미는 생선과 샐러드를, 제이는 스테이크와 샐러드를 주문했다. 식사 전에 수미 생일을 축하하며 샴파냐를 한 잔씩 마셨다. 레스토랑에서는 샴파냐가 너무 비싸 시키지 않는데 그날 저녁은 예외였다. 제이는 전에는 레스토랑에서 저녁을 먹으면 으레 샴파냐를 식사하기 전에 마셨는데 이제 많이 소비력이 줄어서 중간 품질의 와인이나 맥주를 마시는 정도에서 끝난다.
 제이는 수미를 위해 생선요리에 맞는 흰 와인과 자신을 위해 붉은 와인을 시켰다. 와인을 고르는 그의 태도는 자신 있고 신사다웠다. 남편이 세상을 떠난 후 처음으로 흐뭇한, 낭만적인 아름다운 저녁식사를 하며 수미는 마음 깊은 곳까지 행복하였다.
 "수미, 나는 오랫동안 이런 여행을 꿈꾸었어요. 사랑하는 여인과 골프 여행을 한다는 것은 마치 아름다운 꿈속을 헤매고 다니는 것 같아요."
 "제이, 나도 똑같은 생각이에요."
 다음 날 전기 카트를 타고 둘째 골프장을 도니 첫날보다 코스도 편안하고 걸어 다니지 않으니 힘이 덜 들었다.
 골프를 마치고 카페에서 주스를 마신 후 방에 들어가 잠깐 쉰 다음, 커피를 끓여 어제 남은 생일 케이크를 먹고, 사우나를 하러 지하층에 가서 저녁 먹을 시간까지 여유로운 시간을 보냈다. 수미는 별로 배가 고프지 않아 가벼운 새우 음식을 시키고, 제이는 피자가 먹고 싶어 피자를 주문한 뒤 맥주 한잔씩을 곁들이는 것으로 저녁을 끝냈다.
 저녁 산책을 하려고 문 쪽으로 나가니 바에서 음악이 흘러나오고 한두 쌍이 춤을 추고 있었다. 두 사람은 말없이 서로를 쳐다보며 미소 지었다. 제이가 수미의 손을 이끌어 바로 들어갔다. 젊은이들이 즐겨 추는 디스코 폭스 몇 곡을 즐긴 후 성 주변을 산책하고 방에 들어오니 가벼운 피곤함이 두 사람을 폭신한 침대로 이끌었다. 그들은 서로의 따뜻한 피부를 자연스럽게 애무하다 섹스를 즐기고, 만족한 아기 같은 기분으로 깊은 잠에 빠졌다.

셋째 날은 골프를 쉬고 근처의 류네부르크 라는 도시를 방문하기로 했다. 관광지로 유명한 류네부르크는 여름에 보라색 에리카 꽃이 만발하여 사람들의 시선을 끈다. 아직은 쓸쓸하지만 고도시의 아름다움과 4월의 수줍은 햇살을 즐기며 말이 끄는 마차를 타고 한 바퀴 돌아보았다.

오후에 연습장에 나가 한 바구니 공을 꺼내 연습을 하고, 퍼딩 그린에서 내기를 했는데 점수가 비등하여 끝이 나질 않았다. 할 수 없이 수미가 져줄 마음으로 공을 쳤는데도 공이 잘 들어가 결국은 제이가 한 점 떨어지고 끝이 났다.

지기 싫어하는 제이는 "수미가 생일이라 봐준 거야" 하며 내일 또 내기 퍼팅을 하거나 숏 게임 내기를 하자고 제의하였다.

저녁에 춤을 출 생각으로 저녁을 먹으러 갈 때 옷을 갖춰 입었다. 프로그램을 보니 노장들을 위해 탱고와 블루스, 왈츠 등 클래식이 많이 구성되어 있었다. 제이는 수미를 포근히 끌어안고 춤에 취하기 시작하였다. 몇 곡을 추고 나서 수미는 제이가 성적으로 약간 흥분된 것을 느끼고, 알았다는 신호로 살짝 그의 다리 사이에 자신의 다리를 넣어주고 부드러운 눈길로 미소를 보냈.

"수미, 나는 수미 머리 냄새만 맡아도 무엇이 일어나려고 하니 주책이지? 수미는 지금까지 알았던 여자들보다 나를 더 미치게 하는데 무슨 요술을 부리는 건가?"

"간단해요, 사랑하기 때문이지요."

그들은 몇 곡의 왈츠를 추고 방으로 돌아왔다. 제이는 춤을 추면서 충분히 흥분하여 방에 들어서자마자 수미를 침대로 끌어들여 오랫동안 섹스를 즐겼다.

넷째 날은 또다시 잭 니클라우스 골프장으로 들어가 비교적 젊은 부부와 4조를 이루어 걸어서 돌았다. 첫날보다 힘이 덜 들었지만 다른 사람들과 치면 자연히 시간이 오래 걸려서 거의 다섯 시간 후에 끝이 났다.

제이와 수미는 수영장에서 수영을 조금 즐기고 방에 들어와 커피를 끓여 마시고 목욕을 하니 피곤은 좀 풀렸지만 금방 잠에 떨어졌다. 저녁을 간단히 먹고 성 주변을 산책한 뒤 텔레비전을 보다가 일찍 잠이 들었다. 매일 골프를 치고 저녁에 춤을 추기에는 무리였다.

다섯째 날은 연습하는 날로 정하고 두 시간 정도 쉬어가면서 연습을 하고, 6홀짜리 연습장에 들어가 주로 숏 게임을 즐겼다. 날씨도 별로 좋지 않고, 매일 18홀을 돈다는 것이 무리였기 때문이다.

여섯째 날, 다시 전기 카트를 빌려 타고 한 바퀴를 둘이서만 오붓하게 돌았다. 테라스에 앉아 커피와 케이크를 먹고, 같이 골프를 쳤던 부부를 만나 잠시 잡담을 나눈 뒤 사우나를 즐기고 마사지를 신청하였다. 낮잠을 자고 나니 기분이 좋고 다시 힘이 났다.

저녁은 호텔 특별요리인 도라도 생선 구이에 흰 와인을 시켜 마셨다. 일찌감치 방에 들어와 뉴스를 보며 짐을 쌌다. 6일간의 시간이 어디로 사라졌는지 한밤의 긴 꿈을 꾸다 깨어난 기분이었다.

경제 문제 해결책과 딸의 방문

집에 돌아와 짐을 풀고 우편물을 살펴보니 은행에서 온 것이 있었다. 그 내용은 아파트를 사고 싶어 하는 경제적으로 단단한 부부가 있는데 그동안 어떻게 결정을 하였느냐는 질문이었다.

수미는 은행에 전화를 걸어 딸과 상의한 다음에 2~3주 안에 연락해 주겠다고 답을 보냈다. 그리고 딸에게 전화하여 잠잘 자리가 마땅하지는 않지만 손녀를 데리고 함부르크를 한번 방문하는 것이 어떻겠느냐고 제의를 했다. 딸이 제이를 만나보는 것이 불가피한 상태라고 느꼈기 때문이다. 돌아다니기 좋아하는 딸은 호기심과 함부르크를 방문한다는 것이 마음에 들어 1주일 후에 3일간 방문하겠다고 하였다.

1주 후, 딸이 손녀 둘을 데리고 방문을 왔다. 두 손녀는 거의 1년간 못 본 사이에 많이 자라고 변했다. 큰 손녀는 말이 많이 늘고 말끝마다 "왜"라는 단어를 달았으며, 2살 된 둘째는 아직 말은 잘 못해도 자기 의사를 잘 전하는 슬기로움을 갖고 있었다.

한식을 좋아하는 딸을 닮아 손녀들도 한식을 좋아하였다. 손녀에게 저녁을 먹여주려고 하니 그릇을 수미에게서 받아 제이에게 넘겨주는 것이 아닌가? 의자에서 기어 내려가 제이가 먹여주는 것을 받아먹으며 작은 손녀는 만족스러운지 행복한 얼굴을 하였다. 생전 처음 보는 제이를 마치 친할아버지같이 친밀하게 느끼며 관심을 보이는 것이 너무 신기했다.

저녁나절, 딸은 친구와 저녁 약속이 있다고 나가고, 두 사람은 손녀 둘과 같이 있었다. 목욕물을 틀어주니 좋다며 목욕을 하고, 큰 손녀는 혼자 잠옷을 갈아입었다. 수미가 작은 손녀의 옷을 입히려고 하니, 의자 위에 놓여 있던 옷을 가슴에 안고 거실 책상에 앉아 일하는 제이에게 건네주었다. 손녀를 무릎에 앉히고 잠옷을 입혀주는 제이의 표정이 무척 행복해 보였다.

딸이 10시경에 들어와서 이런저런 대화를 나누었다. 함부르크는 자기가 가장 좋아하는 도시이며, 엄마가 함부르크에서 살게 되어 기쁘다고 했다. 딸은 한눈에 제이가 꼭 마음에 들었다. 특히 딸들이 그를 따르는 것을 보고 아주 만족하였다.

다음 날, 손녀들이 아침을 먹으며 텔레비전을 보고 있기에 세 사람은 이야기의 본론으로 들어갔다.

제이는, 지금 자기가 도움을 받지 않으면 안 될 처지에 있지만, 수미와 만났을 때 자신과 맞지 않는다고 생각했으면 절대로 관계를 계속 끌어나가지 않았을 것이다. 둘째 아내와의 관계도 서로 사랑이 없는 결합이었기 때문에 결국 깨지고 말았으므로 또다시 그런 잘못을 저지른다는 것은 이 나이에 자살 행위와 같다. 만약 수미가 아파트를 팔아 도와준다면, 그 돈이 없어지는 것이 아니고 집문서에 들어가므로, 은행에서 받는 이자보다 훨씬 좋을뿐더러 자기가 살고 있는 건물도 그렇게 나쁘지는 않으니까 서로 좋은 일이 아닐까 하는 생각이라고 말하였다.

제이는 은행에서 건물 가치 평가한 서류를 수미 딸에게 보여주며, 지금 있는 빚이 건물 가치에 비해 그다지 많은 것이 아니라는 것을 확인시켰다.

수미 딸의 의견은 다음과 같았다.

두 사람 다 나이가 70이 넘었는데 집을 가지고 있으면 스트레스를 받게 쉽다. 지금 이자를 좀 물더라도 집을 팔고 자기들이 살고 있는 슈투트가르트로 이사 와 노인들이 살기 편한 아파트를 사거나 빌려서 살면 좋을 것 같다. 같은 도시에서 살면 서로 자주 볼 수 있고, 두 사람이 더 늙어서 양로원에 들어간다 하더라도 가까이 가족이 살지 않으면 돈도 뺏길 수 있고 제대로 취급도 받지 못할 수 있다. 그뿐 아니라, 집안 식구들이 같이 모여 산다는 것은 나이 많은 사람들의 꿈이기도 하고, 손녀들도 처음 보는 제이를 진짜으로 받아들이고 좋아하므로 제이와 수미가 자기들을 도와주고, 손녀들을 사랑해 주고, 집을 돌보아 주고, 딸과 사위를 자랑스럽게 생각하고 도움을 받으며 살면 그것이 우리 모두의 최고의 행복이라고 하였다.

수미의 의견은 다음과 같았다.

알다시피, 제이는 이 근처에서 출생하여 73세가 되었고, 이 집에서 사업을 한 지 20여 년 되었고 '늙은 나무는 옮겨 심지 못한다'는 말이 있듯이, 제이가 이 도시를 떠난다는 것은 도저히 상상할 수 없는 일이다.

나는 아파트를 팔거나 네가 도와주면 은행에서 돈을 대부받아 제이의 빚을 갚아줄 생각이다. 집은 세를 주면 충분히 빚을 갚아나갈 수 있다. 아파트를 팔면 모든 문제를 간단히 해결할 수 있는데 지금처럼 돈의 가치가 위험한때에 아파트를 판다는 것은 네가 받을 유산을 위해서도 별로 좋지 않다고 생각한다.

그뿐 아니라, 사람 일은 알 수 없는데 무슨 이유든 간에 제이와 헤어지게 되면 나는 갈 곳이 없다. 아파트를 팔지 않으면, 항상 뒷문이 열려 있듯이 든든한 마음을 갖고 살 수 있다.

우리는 자신의 문제를 스스로 책임지고, 스스로 결정하고, 남은 생의 최대한의 가능성을 찾을 것이며, 그러기 위해 남은 에너지를 남과 나눌 의사도 여지도 없다. 우리는 지금 남을 도울 힘은 없지만, 자신의 문제를 스스로 해결할 수 있다면 행복한 단계에 와 있는 것이다. 우리는 늙어서 만나, 서로 파트너의 발전을 잘 이끌어나간다는 과제를 지고 힘겨워하고 있다.

세 사람은 토론을 마친 뒤 아이들을 데리고 동물원에 갔다. 그들은 아이스크림을 먹으며 손녀들이 좋아서 펄쩍펄쩍 뛰어다니는 모습을 보며 즐겼다.

70대는 어디에 와 있나

　70은 노년기의 시작이며 준비 기간이다. 60에 퇴직하고 노년기라고 생각하던 시절은 오래전에 지났다.
　현재의 70대는 역사상 없었던 새로운 세대이다. 60대에 퇴직하고 일의 스트레스에서 벗어나 새로운 과제를 찾기 시작한다. 운동 클럽에 들어가 시간 부족으로 못하던 운동을 하고, 새로운 운동을 배우고, 새로운 언어를 배우고, 노인 대학에 다니고, 춤을 배우고, 시대의 발전에 뒤떨어지지 않기 위해 컴퓨터를 배운다. 스마트 폰이 없는 노인이 거의 없다. 그들은 자신의 은발을 감추려 하지 않을 만큼 자신감이 있다.
　경제적인 발전으로 자식에게 의존하고 살아야 하던 위치에서 해방되어 독립적인 생활을 할 수 있는 가능성이 증가되었다.
　자식과 손녀와의 관계도 자신의 새로운 생의 실현감을 다치지 않는 한에서 적당한 간격을 두고 사랑할 줄 아는 지혜를 배운다. 그들은 의식적으로 노년기를 준비한다. 적당히 자식한테 의지하고 살다 죽지, 하는 생각으로 미리 자식들에게 유산을 나누어주고 자신의 삶의 공간을 줄이는 잘못을 하지 말아야 한다. 대다수 70대는 집을 팔고 살기 편한, 노인들이 살기 좋게 지은 현대적인 아파트로 옮겨 산다.
　요즘 새로 짓는 아파트 들은 특히 '노인들에게 편한'이라는 명

칭이 붙어 있다. 문이 넓고, 엘리베이터가 있고, 집 밖을 나갈 때 층계가 없다. 버스나 전철이 가깝게 있어야 하고 걸어서 장을 볼 수 있어야 한다.

의학의 발전으로 사람들의 건강 상태가 많이 좋아지고 동시에 가치관이 많이 변했다. 은발의 젊은 노인들의 사고방식과 인생관이 근본적으로 변했다. 은발의 젊은 노인들은 새로 시작하는 인생의 단계를 하나의 과제로, 이벤트로 생각한다. 인생에 남은 10년이나 20년을 어떻게 최대한 이용하고 뜻있게 보낼 것인가에 대한 과제를 끊임없이 생각한다. 70은 60의 연장이고, 80대와 90대로 넘어가는 준비 기간이다. 70이라는 생물적인 숫자를 묵살하고, 운동하고, 사회활동을 하고, 공부하고, 육체와 정신을 모아 용감하게 방패를 만들고, 젊은 세대에 밀려 나가지 않으려고 안간힘을 쓴다.

얼마 남지 않은 삶을 적당히 살다 죽지… 죽음이라는 검은 낭떠러지로 떨어지면, 그것이 끝이라는 생각은 아예 하지도 않는다. 그 뒤에 무엇이 있는지 모르지만, 종교를 믿는 사람은 그들대로, 자연을 믿는 인간은 그들대로. 죽음은 인생의 끝이 아니라 삶의 하나의 과제라고 생각하는 은발의 청춘들이 점점 늘고 있으며 제이와 수미도 그런 그룹에 속한다.

수미가 70에 모든 힘과 정성을 다하여 새 파트너를 찾은 용기는 좋은 예이다. 70에 10년간 접어두었던 골프를 다시 시작하고, 정기적인 단련과 연습으로 18홀을 끄떡 없이 돈다는 것은 예전에는 상상도 할 수 없던 일이었다. 더군다나 사랑과 성생활을 다시 살렸다는 것은 누구에게나 가능하다.

제이와 수미의 노년기 계획

　제이와 수미는 앞으로 어떻게 살며 같이 늙어갈 것인가를 자주 이야기하였다. 저녁나절, 서향을 즐기며 지붕 정원 벤치에 앉아 맥주 한잔을 놓고 길고 긴 대화의 꽃을 피웠다.
　지금 사는 아파트는 공간적으로 둘이 살기에 충분하고, 지리적으로도 모든 일상에 필요한 물건들을 가까운 거리에서 살 수 있고, 집 앞에 버스 정거장이 있어 교통이 편리하고, 불평할 것이 없지만 5년 후, 10년 후를 생각하면, 32개의 층계를 오르고 내려와야 한다는 것이 문제이다. 지금도 골프 치고 걸어 올라오면 무릎이 아플 때가 많다. 그러므로 엘리베이터가 있는 아파트나 아래층에서 살아야 한다.
　아래층에 세 준 아파트를 리모델링하면 차고는 없어지지만 120qm 이상의 공간을 확보하고 조그만 정원을 지을 수 있다. 그러나 당장 자본이 없을뿐더러 앞이 시원하게 툭 터진 지붕 위 3층에서 살다 아래층으로 내려간다는 것이 마음에 들지 않는다.
　지금 살고 있는 아파트 앞에 펜트하우스를 지을 만한 터전이 있고 임시적 건축 허가가 나와 있지만 적어도 25만 유로가 필요한데 은행은 대부를 해주지 않는다, 지금 사는 아파트를 세 주면 그 집세로 이자와 모게지를 충분히 갚을 수 있는데 은행은 전처의 빚이 집문서에 들어 있는 것을 알고, 집 짓는 동안 약 1

년을 건너뛸 경제적 힘이 없기 때문에 은행에 가도 입을 떼지 못한다.

"제이, 내가 전처의 빚을 갚아준다고 해도 또다시 빚을 내어 집을 짓는다는 것은 모험이라고 생각해요. 우리 나이에 집 짓는 데서 오는 스트레스로 꿈이 이루어지기 전에 죽을 수도 있어요."

두 사람은 시내에 새로 짓는 아파트들을 보러 다녔다. 함부르크는 급속히 발전하면서 은행 이자가 점점 내려가 집값이 오르기 시작하여 시내 가까운 항구 주변은 엄청 나게 비쌌다. 낭만적이기는 하나 컨테이너 배들과 유람선에서 뿜어대는 연기로 공기 오염이 심해 더러움과 나쁜 공기와 싸우며 살아야 한다.

여러 날의 토론 끝에 지금 사는 집에서 어떤 해결책을 구하자고 일단 방향을 잡았다. 수미는 제이와 같이 살며 하루하루가 보람 있고 어려움을 같이 나누며 살아야 한다는 신념이 점점 굳어갔다.

하노버의 아파트를 팔아야 한다는 생각을 자주하면서도 마음속으로 놓지를 못하고 끝없이 다른 해결책을 찾고 있었다. 우선 전처의 빚을 갚고, 이 큰 덩어리의 집을 5개로 나누어 한 구석을 팔아 지붕 위에 집을 짓던지, 아래층의 아파트를 늘려 들어가던지, 여하간 이 건물 안에서 해결하는 방법을 찾아야한다는 결론이 나왔다. 수미는 제이와 같이 사는 한 집세를 낼 필요가 없으므로 자신의 아파트를 팔아야 한다는 결정을 마음속에 굳히기 시작하였다. 결정을 미룰수록 자꾸 손해만 난다.

수미는 6월 초에 아파트를 내놓았다. 만약에 제이와 헤어진다면 갈 곳이 없지만 그럴 가능성은 적고, 만약 그런 일이 발생

한다면 셋방 살림을 하겠다는 모험심으로 결정을 내렸다.
 지은 지 6년 되는 수미의 아파트는 집이 비어 있고, 새 집 같이 깨끗하고, 고급스런 부엌과 부차적으로 만든 장들이 있고, 2개의 차고가 붙어 있어 내놓자마자 좋은 값으로 팔렸다. 사는 사람이 돈을 넉넉히 갖고 있어서 계약과 동시에 반을 지불하고, 잔금은 법적인 모든 과정이 끝나는 대로(약 3개월) 받기로 계약하였다.
 돈이 들어오는 대로 바로 전처의 빚을 갚고 제이의 집문서에 넣었다. 9월 초에 남은 빚을 청산하니 모든 것이 순조롭게 돌아가고, 곧바로 숨통이 터지기 시작하였다. 강제 판매의 두려움과 불안감이 없어지자 하루하루가 너 부드럽고, 조화가 잘되고 긴장감이 모두 사라졌다.

2014년 여름, 골프와 사랑

마음의 긴장감이 풀리고 흙탕물이 가라앉은 2014년의 여름을 제이와 수미는 마음껏 즐기며, 좋은 날씨에는 골프를 즐겼다.

파트너의 생활과 취미가 자신의 인생에 이다지 많은 영향을 주리라고는 생각지 못했다. 남편이 세상을 떠난 후 10년간 거의 골프를 치지 않을 때, 골프에 대한 그리움은 고독이라는 아픔에 소금을 뿌릴 때가 많았다. 다시 골프를 시작할 수도 있었지만, 남편에게 미안한 마음에 용기를 못 냈다. 막연히, 누군가를 만나야지… 하는 희망 속에 하루하루를 밀다 완전히 포기한 상태였다. 수미는 제이와 한 주에 두세 번 골프를 쳤는데 가끔 18홀짜리 골프장에서 골프를 즐기며 하늘에 오른 것 같은 기분을 만끽하였다.

제이와 단 둘이 칠 때는 음담패설을 즐겼다. 한번은 독일에서 가장 오래된 골프장의 하나라는 골프 코스를 치기로 하고 1홀 앞에 드라이브하려고 서니, 양쪽으로 고목들이 줄을 서고 내리막의 좁은 페어웨이가 전개되어 아주 정확히 맞지 않으면 숲속에 들어가 헤매거나 물에 빠뜨리기 십상이었다.

"제이, 왜 이렇게 첫 홀이 좁아요. 이런 첫 홀은 아주 질색인데."

"그래? 나는 좁은 것이 처녀 같고 기분이 좋은데…."

제이는 자기의 공이 페어웨이에 떨어져 있는 것을 보며 자신만만하였다. 수미는 막 드라이브하려는 순간, 제이와의 첫날밤이 생각나서 드라이브를 안 하고 다시 폼을 잡았지만 일단 집중력이 깨져 숲속에 처박혔다.

"제이가 그런 음담을 해서 망가졌어요."

"잘됐는데 왜 그래? 숲에 가서 산책하면 저녁 맛도 좋을 텐데."

내기 골프를 쳐서 지는 사람이 저녁을 내기로 되어 있어서 수미는 약이 올랐다. 둘째 홀은 수미가 제이보다 드라이브가 길었다.

"왜 이렇게 기냐? 한참 가야 하겠네. 나 힘들어서 더 못하겠다."

수미는 눈을 흘기며 말하였다.

"징그러운 소리 그만해요. 코스도 어려운데 자꾸 엉큼한 소리해서 내 샷을 망가뜨릴 작정이지요?"

"아니, 나는 아무 뜻 없이 말하는데 수미가 자꾸 이상하게 듣는 것 같은데?"

다섯째 홀에 둘 다 깊은 벙커에 빠졌다. 수미는 간신히 나오고, 제이는 세 번을 쳐도 빠져나오지 못했다.

"제이, 우리 둘이 깊은 벙커에 빠지면 결혼 신청한다고 하더니 어떻게 됐어요?"

"아하, 그 말 맞는데 나는 빠져나오고 수미가 못 나와서 쩔쩔맬 때 위에 서서 결혼 신청을 하려고 했는데 이번에는 경우가 잘못 되었어요. 그뿐 아니라 아직 자신이 없어요. 수미에게 퇴짜 맞을 것 같아요."

제이는 겨우 벙커에서 나와 퍼팅을 하는데, 1미터도 안 되는 거리에서 옆으로 흘렸다.

"아니 그런 것을 옆으로 흘리면 어떻게 해요?"

"이봐요, 내가 당신을 사랑할 때는 홀 안에 들어가 있는 공이고, 지금은 70센티미터나 떨어져 있는데, 옆으로 좀 흘렸다고 흉 볼 거야?"

"이제 음담은 그만하세요. 이번 달 내 용돈도 다 떨어져 가는데, 저녁 값 내기했으니 정신 바짝 차리고 쳐야 해요."

"나는 계속하고 싶은데… 내가 혼자 빌빌거리고 다닐 때 부부가 정답게 같이 골프장 다니는 것 보면 참 부러웠거든. 지금 이런 시간이 너무 행복해서 그래요."

수미는 10홀에 공을 둘이나 빠뜨렸다.

"아니, 절약하며 살아야 한다고 매일 경을 외우면서 수미 벌써 공을 셋이나 세탁소에 보냈어요. 이래서야 어떻게 돈 많이 들여서 골프 치겠어?"

"나보고 구두쇠라고 늘 흉보더니 자기는 구두쇠 XXL이네요. 내가 물에 빠뜨린 공은 모두 헌 공들이었어요."

즐겁게 코스를 돌고 커피를 마시며 점수를 계산하니 제이가 수미보다 훨씬 잘 쳤다. 제이는 좋아서 함박웃음을 지었다.

"다음에는 너무 짙은 농담은 하지 않을게. 이제 끝났으니까 하나만 더할까?"

한 골프광이 하늘에서 내려와 골프장에서 산책을 즐기고 있는 페트루스를 만나 내일 날씨가 어떠한가를 물었다.

"아주 좋아요."

"한 가지 질문이 있는데 하늘나라에도 좋은 골프장이 있습니까?"

"그럼요, 있고말고요. 이 땅의 골프장과 비할 수 없을 정도로 아름답습니다."

그는 호주머니에서 조그만 책자를 꺼내보았다.

"당신 모래 10시에 티타임입니다."

제이는 귀가 좀 어두운 편이라 특히 아침에 보청기를 끼지 않으면 문제점이 많다. 아침에 잠에서 깨어 "잘 잤어요?" 하고 물으면, "오늘 골프 티타임 없어요." 아니면, "음… 오늘 10시에 디다임이야"라고 대답하곤 하였다.

골프는 수미와 제이를 연결하는 전깃줄이 되고, 서로를 묶는 사랑의 밧줄이 되었다. 골프를 빼놓고 일상생활을 계획한다는 것은 생각할 수 없을 정도로 골프는 두 사람의 생활에 많은 자리를 차지하였다.

수미가 제이와 골프를 다시 시작하였을 때, 치는 동안은 그런대로 견디고 쳤는데 집에 돌아오면 온 뼈마디가 쑤시고 아팠다. 그런데 시간이 지나자 고통이 점차 없어지고 이제는 문제없이 18홀을 돈다. 그동안 몸의 단련을 위해 매일 15분씩 홈 바이시클을 타고 노드 워킹을 꾸준히 한 결과이기도 하지만, 수미의 전반적인 정신이 긍정적으로 변하고 마음이 즐겁고 행복함이 건강과 힘을 주는데 가장 큰 역할을 했다고 믿는다. 고독이라는 만성 염증에서 빠져나온 것이다.

여름은 유난히 빨리 지나갔다. 5월에 날씨가 따뜻해지면서 1

주일에 두세 번 필드에 나가고, 주말에는 시내를 돌아다니거나 함부르크의 유명한 공원인 플란텐 운 블로멘(Planten un Blomen) 등을 거닐었다. 항구 도시는 주말마다 항상 흥미로운 이벤트를 제공하였다.

밤이면 레퍼반(Reeperbahn, 유명한 창녀들의 거리)을 돌아다니기도 하고, 시내를 돌아다니며 쇼핑도 하였다. 제이는 2주에 한 번씩 시내 나가는 것을 즐겼다. 수미는 한 주는 집안일, 제이는 사무일을 스트레스 없이 처리하며 즐겼다.

수미는 집안일이 밀리고 나가기 귀찮을 때가 종종 있었다. 그럴 때마다 제이는 수미를 구슬렸다.

"수미, 정기적으로 시내도 나가고 항구도 돌아다니고, 전람회도 보고 이벤트도 참가해야 돼요. 귀찮다고 집에 들어앉기 시작하면 빨리 늙어요. 몸도 단련이 필요하지만 머리도 단련이 필요해요. 새로운 것을 보고, 듣고, 즐거워하고, 호기심을 갖고 이 모든 것이 늙음을 막는 방패가 돼요. 빨리 예쁜 옷 입고 선글라스 쓰고 나가요."

그의 말대로 몸단장을 하고 나가면, 나오기를 잘했다는 생각을 번번이 하곤 했다.

"제이 말이 맞아요. 시내에 나오면 항상 많은 사람들이 즐거운 얼굴로 돌아다녀요. 큰 도시의 분위기가 좋아요. 항구는 어디를 가든지 흥미롭고, 항상 맛있는 생선요리를 먹을 수 있고, 올 때마다 참으로 아름다운 도시라는 생각이 들어요."

수미는 무엇을 하던 즐거움을 진하게 만끽하였다. 예전에는 만사가 귀찮아 억지로 했었는데 말이다. 집에 앉아 책을 보고,

살림을 하고, 음악을 듣고, 아무런 즐거운 마음 없이 억지로 시간을 보내기 위해, '생존하고', '견디기 위해' 살던 시절을 생각하면, 자신이 많이 긍정적으로 적극적으로 변했음을 인지하며 제이에게 고마운 마음을 자주 가졌다.

만사 이래도 좋고 저래도 좋다는 생각이 많이 사라지고, 무엇인가를 찾고 미래를 계획하는 자신을 발견하기 시작하였다. 집에 돌아오면 밖에서 점심을 먹어 상을 차리지 않아도 되고, 치우지 않아도 되는 것을 즐기며, 같이 낮잠을 즐기고 섹스를 즐기는 것이 하나의 습관이 되었다.

제이가 빚더미에서 빠져나옴과 동시에 두 사람의 생활은 부드럽고 활기찼나. 수미는 집을 판 것이 자신의 생애에서 가장 잘한 결정이라는 생각을 자주하였다. 조금의 후회도 없었다.

수미와 제이의 성생활과 전반적인 생활은 자연스럽고, 친밀감과 서로를 믿는 마음이 점점 깊어가고 정신적 사랑이 깊어감과 동시에 성적인 깊은 맛도 커져갔다.

2014년 가을

여름은 빨리 지나갔다. 그들은 소속된 골프장에서도 자주 치고, 주위에 있는 많은 골프장을 이곳저곳 다녔다. 그래서 한번 골프를 치러 외출하면 하루해가 우습게 지나갔다. 가는데 평균 반 시간 내지 한 시간, 친구들과 4조를 이루어 치면 기다리는 시간, 미리 연습하는 시간, 치는 시간, 끝나고 커피 마시거나 같이 식사하는 시간을 합치면, 결국 풀타임 일하는 시간이 들고, 집에 오면 저녁나절이다.

9월 말에 제이 생일이 있어 그가 원하는 대로 쉴트(Sylt) 섬에 1주일간 골프 휴가를 보내기로 하였다. 쉴트는 독일 북해의 섬으로 부유한 독일 사람들의 휴양지로 유명하다. 바람이 강한 편이고, 공기가 하도 맑아 샴파냐 공기라고 한다.

제이는 휴가 중에도 매일 이메일을 확인하였다. 하루는 메일을 열어보더니 수미를 끌어안았다.

"수미, 당신은 우리에게 행운을 가져다주는 천사야. 가게에 세 들은 사람이 창고가 작아서 해약을 하고, 다른 사람을 구해주겠다는 연락이 왔어요. 다행이 대리석 가게와 창고가 따로 계약되어 있어서 해약하기도 간단하거든."

"아니, 그게 무슨 행운이에요? 매달 1,200유로씩 들어오던 세가 줄어들면 큰일 나요. 이제 겨우 숨통을 트이는데 빨리 다른 사람을 구해야지요."

"아니야, 나는 창고가 비워지기를 밤마다 빌었어요. 우리 쪽에서 해약을 할 길이 전혀 없는데 자기들이 나가겠다고 하니 얼마나 다행인지 모르겠어. 창고를 부수면 아파트 네 개를 지을 수 있고, 그 위에 우리가 살 펜트하우스를 지을 수 있어요. 내 꿈이 이루어지기 시작하려나 봐요."

"아파트를 건설하는 것도 좋고, 우리가 살 새 아파트를 지붕 위에 얹는 것도 좋지만, 이제 겨우 구좌를 살려놓았는데, 무슨 자금으로 아파트를 지을 꿈을 가지고 있어요? 아직 계약기간이 5년 남았으니까 다른 사람을 들여놓으면 5년간은 걱정 없이 살 수 있지 않아요?"

"그래요. 그러나 일단 다른 사람에게 세를 주면 5년간 꼼짝없이 잡히는데, 해약할 수 있는 때가 되면 내가 80이 다 되는데 그때 집을 지을 힘이 있을까요? 그뿐 아니라 우리는 5년을 이 아파트에서 살아야 합니다. 1년만 고생하면 새 집으로 이사하고, 지금 사는 아파트를 세 주면 되지요."

"창고와 차고를 부수면 아래층에, 한 아파트는 방 셋에 테라스가 큼직하고, 다른 한 아파트는 방 셋에 뒤쪽으로 조그만 정원이 붙게 돼요. 2층의 두 아파트는 방 셋과 발코니가 있고요. 너무 크지도 적지도 않아 팔기에도, 세 주기에도 적당하지요."

"수미, 나는 이미 오래전부터 창고가 비면 밑에 4개의 아파트 짓되, 건축허가와 건평과 건축권리를 팔아서 지붕 위에 펜트하우스를 짓는 계산을 해놓고 있었어요. 내가 자본이 없으니까 자본 있는 사람이 아파트 4개를 지어서 팔든지, 세를 주던지 하고, 그 대가로 우리 아파트를 지어주는 조건이지요."

"글쎄요, 내 생각에는 실현 가능성이 없는 모험 같아요."

"수미, 지금 창고 셋돈이 들어오지 않아도 우리 절약해서 살면 적자 없이 살 수 있잖아요. 물론 내 계획이 이루어지려면 적어도 1년 이상 걸릴 것이라는 거 알아요. 하지만 우리가 지금처럼 절약된 생활을 하고, 나를 믿고 1년만 참아주면 우리의 꿈을 이룰 수 있는 확신이 보여요."

제이는 이미 접촉이 있던 건축가와 설계사와 전화를 하고 휴가에서 돌아가는 즉시 만나기로 약속하였다.

날씨가 좋지 않고, 제이의 마음이 들떠서 제이와 수미는 3일간만 휴가를 보내고 집으로 돌아왔다. 집으로 돌아온 제이와 수미는 세 들은 상점 주인에게 다른 사람을 구해 주지 않아도 되니까 1월 1일 2015년에 해약하기로 합의를 보았다.

세 든 상점 주인은 다른 사람을 구하지 않아도 된다는 번거로움을 피하고, 제이는 자기의 계획을 추진할 수 있다는 것에 만족하며 양편 모두 만족한 얼굴로 해약이 성사되었다.

제이는 건축 설계사와 연락하여 창고 면적과 높이를 재고 설계를 부탁하였다. 동시에 건축 행정부에 자신의 계획을 알리기 위해 미팅을 신고하였다.

한편, 전부터 건물을 매매하려고 접촉이 있었던 부동산 서비스 회사를 통해서 자신이 갖고 있는 계획을 알리고 흥미가 있는 사람을 구하기 시작하였다. 제이가 살고 있는 동네는 오래된 동네로 시내에서 멀지 않고, 건물 토지를 파는 사람이 거의 없기 때문에 한두 사람이 흥미를 보였다.

제이 계획의 장점은 집 짓는 사람이 토지를 사기 위해 미리 자본을 댈 필요가 없고, 제이는 집 짓는 자본을 은행에서 끌어 들일 필요가 없다는 것이다. 또한 건축에 필요한 복잡한 행정 문제를 제이가 책임지기 때문에 사는 사람은 많은 스트레스와 시간을 절약할 수 있다.

제이의 계산으로는 사는 사람이 집을 지어 팔 경우, 우리 집을 지어주고도, 약 20만 유로의 이익을 볼 수 있다고 한다. 수미는 아무래도 현실성이 적고 그의 꿈이 실현될 수 없다는 염세적인 생각이 들었다.

수미 의견으로는 집 토지와 권리금, 집 설계, 건축허가를 모아서 판 다음에 집 사는 사람이 아래층과 2층을 지으면, 그 다음에 우리가 집을 짓는 것이 좋을 것 같았다.

제이는 왜 이런 계획을 하는지 설명해 주었다. 첫째, 아파트의 건축권리와 토지를 팔고 돈을 받으면 당장 세무청에 많은 세금을 내야 되고(이 토지는 개인 소유가 아니라 회사에 소속 되어 있다) 은행은 은행대로 대부의 일부를 갚아달라고 할 것이다.

둘째, 다섯 개의 아파트가 한 건물로 연관성이 많기 때문에 나중에 따로 우리 아파트를 지으면 모든 것을 다시 시작해야 된다.

셋째, 자기 나이는 직접 집을 짓는 스트레스를 견디기 힘들다. 자기는 일꾼들이 일하는 것을 감독하고, 건축 재료를 상의하고 실수가 없도록 도와주면 된다고 하였다.

이 건물에 두 사람이 관심을 가졌다. 그러나 건축허가가 나오고 모든 설계적인, 행정적인 것이 완료될 때까지 약 1년이 걸린다고 한다. 우선 건축 설계사가 설계한 것을 건축 관공서에 내고 기다리니 6주 만에 잘못된 곳을 지적하여 되돌아왔다(2014 12월 초).

크리스마스와 새해가 가까워지고 휴일이 많아 관청도 쉬는 날이 많았다. 날이 갈수록 함부르크가 팽창하고 발전하므로 건축 신고가 많아 모든 면에서 기다리는 시간이 길어졌다. 제이는 건축에 필요한 서류와 오래된 제도를 찾아 모으고 카피하느라고 아침부터 저녁까지 분주하였다.

가장 중요한 관청에서 되돌아온 이유가 3층의 우리 아파트 때문이었다. 아래층과 2층은 아무런 문제점이 없는데 새로 집을 지으면 집이 전체적으로 2.6m 높아지기 때문에 옆집과의 간격이 2m 정도 더 있어야 건축허가가 나올 수 있다는 것이다.

제이는 설계사가 그런 것도 모르고 설계를 했는지 화가 났지만 옆집 할머니가 자기의 큰 정원을 2m 정도는 팔지 않을까 하는 희망을 갖고 할머니 아들과 상의를 하였다. 그런데 반응이 좋지 않을뿐더러 우리가 집을 짓는 것을 탐탁스럽지 않게 생각하는 눈치를 보였다. 독일의 관료성과 정확성은 유명한데 이 건물은 1900년 초에 지어져 몇 번 소유자가 바뀌고, 건물을 덧붙여 짓고 고치고 하였기 때문에 집문서가 대단히 복잡하였다. 전에는 조그만 호텔과 카페였고, 제이가 20년 전에 인가받을 때는 이미 지금 있는 세를 준 상점과 창고가 지어진 상태였다.

2014년 크리스마스와 연말, 그리고 2015년 새해

제이는 끈질기게 자신의 계획과 아이디어를 추진하였다.

겨울에는 골프를 치지 못하는 대신, 크리스마스 마켓을 돌아다니며 뜨거운 글류 와인을 사 마시고, 거리 곳곳에서 파는 먹거리를 사먹고 어떤 날은 전람회를 보며 시간을 보냈다. 가끔 날씨가 좋은 날은 겨울 골프를 즐기기노 했다. 주말에 크리스마스 마켓에 나가면 서로 어깨를 밀고 다녀야 할 만큼 북적거렸다. 손수 짠 털옷들과 양말, 수제품들을 보며 돌아다니는 재미가 쏠쏠하였다.

"수미 미안해요. 올 겨울에 따뜻한 스페인에 가서 골프 여행을 하려던 꿈이 깨졌어요. 그렇지만 편안한 새 집에서 살 수 있다는 희망이 있으니까 견뎌주어야 해요."

"제이, 내 걱정은 마세요. 따뜻한 남쪽에 가서 겨울을 지내는 것도 좋지만, 제이의 꿈이 이루어지고 우리의 생활을 개선하고 발전시킨다는 것이 휴가보다 중요하다고 생각해요. 그래서 나는 휴가 못 가는 것 조금도 섭섭하지 않아요."

연말에는 제이와 만두를 만들었다. 아시아 식품점에서 파는 한국 만두를 사다 먹었는데 맛이 없어서 김치와 두부, 당면, 좋은 고기를 갈아 넣고 속과 피를 만들어 둘이 앉아 50개 정도의 왕만두를 만들었다. 실컷 먹고 밖에다 얼려, 한 끼 먹을 만큼 6개씩 싼 다음 냉동시켰다. 만두를 좋아하는 제이는 만두가 40개 이상 남았다는 것에 마음이 든든한 모양이었다.

연말 밤에 시내를 나갈까 하다가 벽난로를 피우고, 지붕 위에서도 불꽃놀이를 충분히 보고 즐길 수 있으므로 텔레비전을 보다가 옷을 따듯하게 입고 샴파냐 잔을 들고 나가 불꽃놀이를 즐겼다. 서로의 건강과 그의 꿈이 이루어지기를 바라고, 우리가 오랫동안 같이 골프 치며 늙기를 새해에 축원하였다.

"제이, 집 문제가 뜻대로 이루어지지 않아 우리의 새 아파트를 못 짓는다 하더라도 나는 실망하지 않을 거예요. 지금 사는 아파트도 아름답고 아늑한데, 늙어서 층계를 오르내리지 못하면 그때 어떤 해결책을 찾으면 되지 않겠어요?"

"수미, 미안해요. 겨울이면 따듯한 남쪽에 가서 장기간 머무르며 골프 치는 것이 수미의 꿈이라고 했는데, 새로운 집 계획으로 꼼짝 못하고 집에 잡혀 있군요. 내년 겨울이면 아마 수미의 꿈을 이룰 수 있을 거예요."

"괜찮아요. 함부르크는 많은 이벤트를 보여주고, 골프장이 가까워 자주 연습할 수 있어 조금도 지루하지 않아요. 겨울은 겨울대로 아늑함과 봄을 기다리는 희망으로 그런대로 좋지 않아요?"

"수미, 이해심이 많아 고맙지만 당신을 100% 행복하게 해줄 수 없는 것이 화가 나요."

거실로 들어오니 아직도 벽난로의 조그마한 불꽃이 남아 집안의 따사로움을 피부 속까지 느꼈다. 집안의 따사로움을 즐기며 제이가 만두 하나를 더 먹고 싶다고 하여 기름에 구워주었다.
 "하나만 더해 주어요. 그래야 잠을 푹 잘 수 있을 것 같아요. 그렇지 않으면 만두 생각이 자꾸 나서 잠이 안 올 것 같아요."
 제이는 만두 하나를 더 먹고 만족한 얼굴로 같이 목욕을 하고, 평생 같이 살아온 노부부처럼 섹스를 즐기고 깊은 잠에 빠졌다.
 잠이 깬 수미는 제이의 귀에 가까이 대고 큰소리로 물었다.
 "새해 첫날에 좋은 꿈꾸었어요?"
 "꿈? 나쁜 꿈꾸었어요. 지금 막 꿈을 꾸다 깼는데, 심장마비에 걸리지 않은 것이 다행이야. 집을 짓기 시작했는데, 불이 나서 불을 뿌리는데 솜저럼 꺼지지 않아 애를 쓰나 깼어요. 끌 수가 없어, 너무 놀라서 심장이 지금도 뛰고 있어요."
 제이는 수미의 손을 끌어 자기 가슴 위에 얹었다.
 "좋은 꿈이네요. 불은 부귀와 성장을 의미하지요. 불을 끄지 못하고 활활 타는 것을 보았으면 더 좋았을 걸…."
 "수미, 뭐라고? 불을 끄지 못하고 계속 타는 것을 보았으면, 아마 심장마비에 걸려 깨지 못했을 거야. 그러면 수미는 결혼하기도 전에 과부가 될 텐데, 그게 좋은 꿈이야?"
 "여하간, 새 집에 불을 보았다는 것은 좋은 징조예요."
 "그래, 수미 말 믿고 열심히 일해서 빨리 우리의 스위트 홈을 완성시킬게요."
 1월 중순경, 추운데 너무 돌아다니고 골프를 치다 수미는 감기 몸살이 났다.
 수미는 '같이 산 지 얼마 되지도 않고 제이는 할 일이 많은데,

귀찮게 병이 나서 어쩌나…, 며칠 지나면 회복되겠지…' 하고 걱정을 하였다.

좀처럼 감기에 걸리지 않는 수미는 별 걱정을 하지 않았다. 아스피린을 복용하고 목욕하면 며칠 사이에 회복되리라고 믿었는데, 이번에는 지독하게 걸린 모양이다. 온몸의 근육이 아프고, 뼈마디마다 아프지 않은 곳이 없고, 손끝에서 발끝까지 모두 아프며 열이 나고 일어날 수가 없었다. 그뿐 아니라 기침에 콧물까지 모든 고통이 한 번에 몰아온 듯했다. 제이는 걱정을 하며 병원에 가자고 했지만 수미는 한 1주일 정도 진통제를 먹고, 따듯한 목욕을 하고 잘 먹고 잘 자면 회복될 것이라고 하였다.

제이는 매일 아침 커피와 말랑한 빵을 침대 옆에 갖다 주고 비타민 즙 등을 열심히 사다 주었다.

"제이 미안해요. 점심도 못해 주고, 일도 많은데 귀찮게 해서…."

수미는 그가 정성을 다해 병간호를 하는 데 놀랐다.

"수미, 걱정 말아요. 아내가 세상을 떠나기 전에 병원에 있기가 싫다고 해서 집에 데려다놓고 집에서 간호했어요. 낮에 잠시 들여다보고, 저녁에는 같이 식사하고, 집안일은 사람을 시켜서 하고, 어머니가 많은 도움을 주어 그녀가 좋아하는 음식을 만들어주었어요. 하루에 한 번 간호사가 방문하고, 의사는 3일에 한 번씩 방문했어요. 저녁이면 거실 소파에 누워 이불을 덮어주었고 비디오를 보거나 텔레비전을 보며 시간을 보냈어요. 수미, 감기 좀 걸렸다고 걱정하지 말아요. 아내가 다시 병원에 입원하여 사망할 때까지 집에서 3개월을 간호하였어요."

3일간 꼼짝 못하고 누워 종일 잤더니 좀 괜찮은 듯하여 저녁 나절 목욕을 하고 나니 좀 정신이 들어서, 죽도 조금 먹고 김치도 먹고, 텔레비전을 같이 보며 시간을 보냈다.
  완전히 회복하기까지 2주 걸렸다. 수미가 고기 국물이 먹고 싶다고 했더니 감기에 닭국이 좋다고 통닭을 사다 끓여주었다. 밥을 말아 김치하고 먹으니 기운이 나고 기분이 좋았다. 그동안 제이는 밥하는 것을 배워서 물도 잘 보는 편이다. 좀 질게 하라고 하면 나보다 물을 더 잘 본다. 죽을 어떻게 끓이는지, 언제 달걀을 풀어 넣는지도 잘 안다. 눈썰미가 좋아 한 번 보면 무엇이든지 흉내를 낸다.
  "수미, 조심해요. 아무리 건강해도 이팔청춘이 아니니까. 전번에 땅이 얼었는데도 부득이 골프를 치자고 하더니 그때 감기가 든 것 같아요. 너무 추워서 스윙이 안 되니까 화가 나서 또 한 바구니 공을 연습한 것이 무리였어요. 무엇이든지 무리하면 좋지 않아요."
  "잘 알았어요. 그 별로 2주 앓고, 아직도 1주는 집에 있어야 할 것 같아요."
  수미는 고마웠다. 그가 자기 병치레를 이다지 정성을 다해 해줄 것이라고는 기대하지 않았다.

2015년 봄, 여름, 가을
(기다리고, 기다리고, 또 기다리고)

제이는 천성적인 낙천주의자이다. 그는 자신의 계획에 조금도 의혹감 없이 자신의 계획을 밀고 나갔다. 집 마당에 있는 20년 된 버드나무를 자르려고 신청을 하니, 또 말썽이 났다. 너무 오래된 나무라 행정부에서 나와 진단을 하고 허락하여야 한다고 한다. 행정부에서 사람이 나오기를 4주 넘게 기다렸다. 함부르크의 건축 붐으로 없애야 하는 나무들이 많고 독감이 돌아 사람이 모자란다고 한다.

그뿐 아니라 옆집에서 건물청에 3층집 짓는 것을 거부한다고 신고하여 재판을 걸겠다는 소식이 건축행정으로부터 왔다. 그 이유는 지금까지 창고에서는 자기 집을 내려다보는 사람이 없었는데, 2층의 창문에서 자기 정원을 내려다보면 프라이버시가 침해되고, 아래층 아파트의 테라스가 자기 집 경계와 맞닿기 때문에 아이들의 소음이 방해될 수 있고, 3층을 지으면 2.6m 높아져서 자기 집에 그늘이 생긴다는 이유였다.

건축 행정실에서 어떤 판결을 내리기 전에는 모든 행정적인 발전이 정지된다.

제이는 옆집의 거부권에 대한 다른 긍정적인 이유를 갖고 건축 행정실에 가서 이야기하고 서류도 보냈다. 그런대도 건축 허가와 건축 시작 허가가 늦어지고 있었다.

제이의 이론은 다음과 같았다. 주택가의 창고는 많이 오가는 보급 차량으로 소음이 심하고, 지역의 전반적인 환경을 보더라도 좋지 않은 인상을 주며, 특히 다른 집 정원을 들여다본다는 것은 아무런 이유가 안 된다. 거리를 지나가는 많은 사람이 자기 정원을 본다고 그들에게 거리를 걸어 다니지 말라고 할 것인가? 3층의 임시 건축 허가는 이미 몇 년 전에 나 있었는데 단지 설계를 고쳤을 뿐이며, 옆집이 마당이 넓어 건물과의 간격이 10m나 되어 그늘이 생길 수 없다.

  행정부의 답은 그늘이 지는 햇볕의 방향을 검사하고 답을 주겠다는 것이었다. 그 과정이 2달 걸리고, 3층의 설계를 2m 밀어서 나시 하는 것이 3개월이 길리고, 3층을 헨디캡 지들의 이 파트로 지어야 한다는 조건이 붙어, 건축 설계자와 많은 시간을 보냈다. 그러는 동안 예상하지 못한 비용이 들었다.

  한 달 후에 행정부에서 사람이 나와 햇볕의 방향을 잰 후 그들의 이유를 인정하지 않았다. 특히 행정부가 3년 전에 임시 건축 허가를 내준 것이 제이에게 도움이 되었다. 옆집 사람들이 거부권을 포기하여 이 문제는 끝을 보았다.

  6월 초에 건축 허가가 나와 집을 사겠다는 사람과 다시 만나 계약서 작성을 논의하였다.

  독일에서는 집을 구입하는 사람이 공증인을 고르므로 그에게 모든 서류를 맡겼다. 상대편 공증인이 작성한 판매 계약서를 제이와 30년간 제휴하고 있는 공증인과 회계사에게 보냈더니 양쪽에서 이런 계약서는 제이에게 위험하고 손해 볼 가능성이 너무 크다는 답이 왔다. 돈이 들고 시간이 지연되더라도 다시 계약서를 작성하지 않으면 안 될 상황이 되었다. 집 구매자와 다시 의논하여 비용을 반씩 지불하기로 하고 계약서를 제이 공증인에게 다시 작성해 달라고 하였다. 30년간 같이 일하는 공증인은 문제가 복잡하고 일이 많음에도 불구하고, 새로운 계약서를 만들어 주겠다고 승낙하였다. 제이는 옛날 설계도를 찾고, 카피하고, 매일 같이 시내를 나가고, 밤늦도록 책상에 앉아 일을 보았다.

경험상 새로운 계약서를 작성하려면 적어도 또 한 달은 걸린다는 것을 알지만, 실수를 막기 위해 한두 달 연기되는 것은 참아야 한다.

제이와 수미는 건축 문제로 신경전을 벌이기도 했으나 적어도 1주일에 2번은 골프를 즐기고, 주말이면 주변에서 할 수 있는 휴양을 찾아 즐겼다. 신경이 두둑한 제이지만 신경이 곤두서서 잠 못 이루는 날들이 있었다.

아침 일찍 일어나 수미가 좋아하는 가까운 동해 해변가로 먹을 것 싸가지고 나갔다. 집에서 차로 45분 거리에 바다가 있다는 것은 하느님이 주신 선물 중에 하나라고 수미는 말해 오곤 했다. 가장 큰 해변가 등의자(Strandkorb)를 빌려 바닷바람을 마시며 제이는 서류를 들여다보고 수미는 음악도 듣고, 책도 보고, 물속에 들어갔다 나왔다 하며 준비해 간 음식을 먹었다. 해변가 등의자 아래서 온몸에 바닷바람의 애무를 즐기며 낮잠을 청하기도 했다. 제이는 낮잠 자기 위해 덮은 담요 밑에서 수미의 젖가슴을 찾으며 말했다.

"수미, 집이 완성되면 이런 해변가 등의자 사서 테라스에 놓고 싶어."

"자꾸 살 생각하지 말아요. 지금 있는 물건들만으로도 정신이 없는데 또 무엇을 산다고 그래요?"

수미는 북해보다 동해를 좋아한다. 북해는 바람이 센 편인데 동해는 바람과 파도가 잔잔하다. 북해가 건강에 더 좋다고 하지만, 수미는 너무 센 바람은 싫어하는 편이다. 동해를 바라보고 앉아 대화하면, 바다는 잔잔한 목소리로 옛날이야기를 해주고 은밀한 블루스를 들려주는데, 북해는 정치가들이 책상을 두드리며 큰 소리로 대답하거나 외치고 디스코 음악이나 뱅고를 들려준다.

집 문제로 먼 곳으로 여행이나 휴가를 떠나지는 못하지만 주위에 있는 휴양지를 찾아 이용하며, 혼자 지낼 때를 생각하면, 하느님이 주신 선물에 감사드리며 마음이 새로워진다.

제이는 늦어도 6월에 건축을 시작할 것이라 예상했는데 생각지도 않은 장해물이 생기기도 하고 집세가 제대로 들어오지 않고 행정 문제에서도 자꾸 시간을 끌어 신경이 곤두설 대로 곤두섰다. 덩치가 큰 집은 아파트마다 따로 집문서를 만들어야 나중에 행정적인 문제가 발생하지 않는다고 한다.

이런 모든 문제를 해결하면 겨울에나 건축을 시작할 것 같은데 겨울에는 건축의 진전이 빠르지 않다는 것을 아는 제이는 마음이 편치 않았다.

기다림은 인간을 초조하고 불안하게 한다. 가을에 고목나무를 없애도 된다는 통고가 정식으로 오고, 10월에 창고를 부셔도 된다는 통지가 왔다. 그러나 건축 회사는 6월에 건축을 시작할 계획을 하고 있다가 건축 시작이 지연되므로 다른 일을 시작하여 내년 1월 전에는 시작할 수가 없다는 편지가 왔다.

제이는 실망하였으나 기다리는 수밖에 없었다. 그러는 그동안 집을 9개로 나누어 아파트마다 집문서가 만들어져 그나마 그를 위로하였다.

기다리고 기다리고, 또 기다렸다. 봄, 여름, 가을이 어떻게 지나갔는지 모르게 지나갔다. 행정부와의 서류 전쟁은 두 사람을 지치게 하였다. 자연은 두 사람의 걱정과는 상관없이 오색의 옷을 갈아입기 시작하였다.

그동안 셋돈이 안 들어오고, 많은 수수료와 설계사 비용, 은행에서 요구하는 새로운 건물 평가 비용, 회계사, 공증인의 수수료 등으로 두 사람의 경제는 아주 빠듯하였다. 그러나 한정된 기일이니까 참고 견디자며 서로 위안해 주었다. 경제적인 면은 수미의 딸이 돈이 풀릴 때까지 자기가 저축한 돈을 빌려주어서 비싼 이자를 내지 않아도 되었다. 은행에서는 건물의 가치가 오른 것을 긍정적으로 판단하고, 어떤 경제적 변화도 요구하지 않았다.

2015년 어느 여름 저녁나절의 대화

날씨가 좋은 날에는 많은 시간을 지붕 위 정원에서 보냈다. 장미도 가꾸고, 화분에 실파와 파슬리, 양파잎, 마늘잎 등을 키워서 양념으로 쓰는 재미가 좋았다.

집 앞, 길가에 서 있는 120년이나 된 도토리나무는 15m 이상의 키에 20m가 넘는 왕관을 쓰고, 여름이면 테라스 한쪽에 시원한 그늘을 나누어준다.

저녁나절 해가 떨어질 무렵이면 3층이라 항상 바람기가 있어 덥지 않아 낭만적인 여름 저녁을 지내기에는 안성맞춤이었다. 벤치에 방석을 깔고, 과일즙과 와인, 치즈를 가지고 나가 마냥 대화의 꽃을 피웠다.

"제이, 왜 남자들이 젊은 여자를 찾는지 알아요?"

"글쎄 아무래도, 젊은 여자가 섹시하다고 믿기 때문이겠지. 사람마다 늙는 과정도 다르고, 인생관도 다르고, 우리 나이에는 60이나 70이나 큰 차이가 없어요."

"제이, 나는 남자들이 젊은 여자를 찾는 이유가 종족 보전의 잔재라고 생각해요. 여자는 갱년기가 지나면 임신이 불가능하지만 남자는 건강에 따라 70에도 성기능을 보전하고 여자를 임신시킬 수 있어요. 물론 70에 아기 갖기를 원하는 사람은 거의 없지만, 피카소는 70이 넘어서 자식을 보았다고 하지 않아요?"

"그래? 그러면 우리도 애기 하나 생산하면 어떨까?"

"제이는 농담을 해도 아주 징그럽게 해요. 농담 좀 예쁘게 할 수 없어요?"

"그러면 수미가 한번 예쁘게 만들어 봐요."

"애기 데리고 유치원 가면 너희 할아버지 왔다. 그럴 것을 생각해 봐요. 아이가 아버지는 없고 할아버지만 있다고 생각하고 얼마나 슬퍼할 것인지… 학교에서 학부형 회의가 있을 때 선생이, '왜 너희 부모님은 한 번도 참석하지 않는 거니?' 하고 묻겠지요. 그뿐 아니라 아기가 갖고 싶었으면 30이나 40먹은 여자를 구해야지요. 당신이 프로필에 쓴 대로 60먹은 여자를 구하면 아무 소용도 없어요."

"수미, 나하고 지내는 것 행복해요?"

"그런 건 물어보지 않아도 느낄 수 있는 거 아니에요? 나는 만족해요. 행복한 순간은 장기적인 것이 아니라 만족감 사이에 가끔 일어나는 불꽃같은 것이지요."

두 사람의 평범하면서 즐거운 나날이 계속되었다.

"제이, 왜 우리가 우리의 평범한 생활을 즐기고 젊어서 맛보지 못한 즐거움을 느끼며 사는지 아세요? 젊어서는 밥 짓고, 빨래하고, 청소하는 것이 귀찮을 때가 많았는데, 이제 나는 다시 이 사소한 일들의 즐거움을 다시 찾았어요. 잃었던 양을 다시 찾은 기쁨이라고나 할까요? 젊어서는 당연한 것들로 알던 일들을 나이 들어 잃고, 아쉬워하고, 슬퍼하다가 다시 찾으니까 보물 같고, 고맙고… 아프다 건강을 다시 찾으면 건강이 얼마나 고마운 보물이가 하는 생각을 하는 것과 같아요. 산다는 것은 모두 상대적이라고 생각해요. 제이는 늙는 것이 속상하고 싫어요?"

"그럼, 늙었다는 생각이 날 때마다 화나고 속상하고, 누가 나를 늙은이 취급하면 괘씸하거든."

"하하하… 제이, 늙지 않고 오래 사는 사람 보았어요? 나는 70이 넘었다는 것이 부끄럽거나 속상하지 않아요. 생일이 되면, 하느님께서 또 한 해를 살게 해주신 것에 감사하지요."

"수미, 나는 하나의 꿈이 있는데… 해변가 등의자 알지? 그걸 테라스에 사다 놓고 싶어요. 바람 부는 날도 바람막이가 되어서 밖에 앉아 책을 보거나 음악을 들을 수 있고, 마시고, 사랑하고…."

"알아들었어요. 몸을 많이 움직여야 하는데, 편히 쉴 생각부터 하고 있네요. 우선 있는 가구들을 가능한 한 사용하기로 해요."

"낮에는 일하고, 골프 치고 집에 오면 저녁나절이 되겠지요. 우리 둘이 해변가 등의자 속에 앉아서 쉬는 정경을 생각하면 그림 같아요. 우리 전람회 있으면 가보고, 아니면 전문점에 가보고, 인터넷에서도 찾아봅시다. 뿐만 아니라 늙으면 돌아다니기 힘드니까, 수미가 좋아하는 바닷가 기분을 내도록 합시다. 등의자 밑에 고운 모래와 흰 자갈을 좀 깔아줄게요."

"그래요, 그건 집 다 지은 다음에 결정하기로 해요. 겨울에 세일할 때 생각해 봐요."

말은 그렇게 했지만 제이는 밤에 몰래 해변가 등의자를 열심히 인터넷에서 찾아보았다.

2015년 겨울

　10월부터 한숨을 놓을 수 있었다. 우선 창고 안의 작은 사무실과 차고 벽을 뜯어내어 건물 지을 준비에 들어갔다. 골프장의 친구들은 제이의 건설 계획이 실현되지 않을 거라고 생각했는데, 지나가다 차고 자리가 비고, 일꾼들의 화장실이 세워지고, 건축 안전을 위한 철망이 쳐지는 것을 보고 제이를 다른 눈으로 보기 시작하였다. 내년 1월에 시작할 건축 준비가 시작되었다.

　제이와 수미는 비만 오지 않으면 열심히 나가서 겨울 골프를 즐기고, 내년 겨울에는 스페인 가서 실컷 골프 치자고 서로 위로하였다. 희망은 사람에게 힘을 주고 활기를 불어 넣어준다. 수미는 골프를 치면서 너무 추워 꽁꽁 언 손을 바지춤에 넣어 녹여가면서 포기하지 않고 1주일에 한두 번 골프를 치거나 연습하였다. 봄이 되면 새로 시작하는 기분이 안 나도록 스윙하는 법을 잊지 않기 위한 노력이었다.

　"수미는 이렇게 힘들게 골프를 치지 않아도 되는 충분한 경제력이 있는데, 나 같은 빈털터리를 만나서 고생하는 것을 보면 마음이 아파요. 조금만 참으면 수미가 원하는 것 무엇이나 다 해줄 자신 있어요."

　"그렇게 생각할 필요 없어요. 제이를 만나지 못했으면 지루하고 외로운 겨울을 보냈을 거예요. 속상할 때도 더러 있지만, 기다리고 바라고 투쟁하고, 제이의 계획이 긍정적으로 진보되고 있다는 것은 나를 행복하게 해요. 그뿐 아니라 제이가 나를 사랑하고 보호해 주고 마음 편하게 해주는 것은 그 어떤 물질과 바꿀 수 없는 보물이지요. 제이가 낭비하지 않고 허리띠를 졸라맨 보람이 보이니까 보람을 느껴요. 행복하기 위해서는 많은 물질과 돈이 꼭 필요한 것은 아니라는 것, 제이도 알지요?"

이번에는 제이가 독감이 들었다.

수미는 닭 수프를 끓여주고, 기침이 심해서 항생제를 복용하도록 했다. 의사는 폐렴 증세가 보일 수 있다고 하였다. 열심히 기침과 감기에 필요한 차를 끓여주고, 숙에 계란을 풀어 간장과 참기름을 한두 방울 떨어뜨리거나 버터와 소금을 조금 넣어서 먹는 법을 알려주었더니 매일 죽을 끓여달라고 하였다. 그가 건강이 회복될 때까지 적어도 3주는 걸릴 테니까, 날이 아주 풀릴 때까지 골프장에 가지 않기로 약속하였다.

제이가 회복되자 같이 시내도 나가고, 예술관도 돌아다니고, 크리스마스 마켓을 돌아다니면서 봄을 기다렸다. 수미는 추운 밖에서 따뜻한 집에 들어오는 순간을 즐겼다. 벽난로에 불을 피우고, 따끈한 카카오에 룸을 조금 타서 마시거나 계피와 오렌지를 넣은 더운 와인을 마시고, 낮잠을 즐기고 섹스를 즐기고 나면 온 세상이 내 것 같은 생각이 들었다. 전기세를 줄이기 위해 한 달에 한 번 사우나 하기로 했는데 1주일에 한 번 하는 것으로 합의를 보았다.

뜨끈한 사우나에서 나와 거의 영하로 내려간 테라스를 걸어

다니며 눈이 있으면 맨발로 걸으며 찬 공기를 쐬고 샤워를 하고 따뜻한 침대에 누워 엄마 품에 안긴 것 같은 포근한 기분을 즐기며 마냥 행복한 기분이 봄비 내리듯 수미를 적셔 주었다.

사랑한다는 것이 어떤 상황에서도 행복감을 준다는 것을 느꼈다. 수미가 불평불만 한마디 없이 절약하고 집안일을 돌보고, 구좌를 잘 관리해 주어서 고마워했다. 수미에 대한 제이의 사랑은 날이 갈수록 깊어졌다. 그의 인내심과 투쟁심은 수미를 감동시키고, 존경심을 일깨워 주었다.

제이는 항상 일이 많았다. 물은 어디에 설치하나, 전기는 어디에 설치하나, 전화와 텔레비전 연결은 어디에 하나, 살기에 편하도록 많은 신경을 썼다.

내부 설치에 경험이 많은 제이는 어떤 대리석을 쓸 것인가, 바닥 재료는 무엇을 쓸 것인가, 어떻게 깔 것인가 등등 섬세한 계획을 세웠다. 또한 밑에 짓는 4개의 아파트도 목욕실과 바닥, 층계 디자인을 책임 맡아 정해진 한계에서 보기 좋고, 너무 비싸지 않은 재료를 고르느라 거의 매일 아래층 가게에 내려가 많은 시간을 보내고, 수미를 데리고 가서 수미의 의견을 물었다.

아직도 회사에 소속되어 있어 저렴한 가격으로 고급품을 살 수 있기 때문에 건축가는 많은 것을 제이가 고르도록 하고, 조언을 부탁하여 좋은 분위기에서 일이 진전되었다.

2016년 1월 14일은 두 사람이 만난 지 2년이 되는 날이다. 기념으로 외식을 하는 대신 맛있는 잡채와 불고기, 새우볶음을 만들어 먹었다. 그리고 처음으로 같이 산책하던 길을 걸으며 2년 사이에 많은 변화가 있었음을 자랑스럽게 생각하였다.

2016년 봄(건축 시작)

2016년 1월 초에 모든 서류가 완전히 완성되었다. 전 건물을 9개로 나누어 각 아파트의 집문서가 독립적으로 있고, 건축 허가도 완전히 처리되어 겨울부터 내부를 부수던 일을 끝내고 벽을 쌓기 시작하였다. 창고는 바닥을 워낙 튼튼히 지어서 땅을 파고 다시 토대를 하지 않아도 된다는 정식 허가가 나와 건축가도, 제이도 기분이 좋았다.

1년 3개월 만에 계획부터 완전한 준비 기간이 걸렸다. 수없이 건축 행정부를 따라다니고, 구입하는 사람과 수없이 미팅하고, 회계사를 만나고, 공증인을 만나고, 기다리고, 또 기다리는 초조함을 제이는 겉으로 나타내려고 하지 않았지만, 그 시간은 피를 말리는 시간이었다. 벽을 쌓기 시작하던 날, 제이와 수미는 껴안고 울었다.

제이의 계획대로 되었으면 건축이 거의 완성되었을 것이다.

벽을 쌓기 시작하던 2016년 3월 15일, 수미는 제이와의 사랑의 이야기를 쓰기로 마음먹었다. 집이 완성되면 집 이름을 Seventy Love라고 명칭하기로 생각하였다.

비가 오는 날 외에는 4~5명의 일꾼이 붙어 일을 했다. 비교적 빠른 진전을 보이고, 건축에 경험이 많은 제이는 그들의 일솜씨에 만족하였다. 날씨가 좋지 않아 생각보다 빨리 진전되지 않았고, 건축 회사가 다른 건물을 짓는 것이 완전히 끝나지 않아 일꾼이 모자라 쉬는 날이 많았다.

건물을 짓는 회사는 비교적 작은 회사로, 러시아인과 독일인이 같이 운영한다. 건축 감독자는 좋은 일꾼을 러시아에서 얼마든지 데려올 수 있는데, 그들의 거처지가 없어 가장 큰 문제라고 한다. 일거리가 많은데도 일꾼이 부족하여 건축 기간이 지연되는데 독일인 일꾼들은 품삯이 너무 비싸고, 세금이 많이 나가 작은 회사로 도저히 경쟁할 수가 없다고 한다. 지금 자기가 데리고 일하는 10명의 일꾼도 다른 도시에 거처를 정해, 오가는 시간이 두 시간이나 걸린다고 한다.

제이는 아파트 밑에 방 2개 있는 아파트를 비울 수 있는 방법을 생각하였다. 건축가가 아파트를 보더니, 4명의 일꾼이 살 수 있다고 하였다. 그런데 그곳에 살고 있는 젊은 커플은 산 지 2년 이상 되어 해약할 길이 없다. 제이는 그들을 찾아가 1개월간 셋돈을 받지 않고 이사 비용을 대줄 테니까 아파트를 비워줄 수 있겠느냐고 물었다. 2년마다 그들은 집에 칠을 하고 수리를 해야 하는데 아무런 요구를 하지 않겠다고 하였다.

그들은 어차피 셋돈이 비싸서 좀 싼 아파트를 구하는 중이라고 솔직히 말하며 아파트를 구하는 대로 빨리 연락해 주겠다고 하였다. 제이는 늦어도 2개월 이내에 아파트를 비워주어야 한다고 하였다. 무직자가 된 젊은 남자는 쉽게 도시에서 지은 싼 아파트를 구할 수 있었고, 4월 말까지 아파트를 비워주기로 약속이 되었다.

5월 1일부터 4명의 일꾼이 그곳에 머무르게 되었다. 제이와 수미는 그들이 쓸 수 있는 물건을 창고에서 찾아내어 생활할 수 있는 환경을 만들어 주었다. 그들은 아침 일찍 일을 시작하여 저녁까지 일을 하였다. 너무 조용히 생활하여 누가 사는지도 모를 정도로 아무런 문제점이 없었다. 제이는 그들이 독일 회사의 1등 일꾼 못지않고 양심적으로 일을 한다고 하였다.

 문제는 책임자가 너무 일이 많아 일꾼들이 문제가 있을 때 빨리 와서 지시를 정확히 할 수가 없고, 일꾼들이 독일어를 한마디도 못해 제이는 손짓 발짓으로 의사소통을 해야 했다. 독일말을 좀 하는 중간 감독관의 수가 모자라는 것이 문제이지만 지금 하고 있는 다른 건축이 완전히 끝나면 상황아 좋아지리라고 관망하였다.

 4월 중순에 두 사람이 사는 3층의 지붕(아파트의 바닥이 될 면적)을 뜯기 시작하였다. 일꾼들이 벽을 잘 쌓았지만 비가 많이 와 물이 아래층으로 안 내려가도록 덮지를 못해 물 소동이 났다. 제이와 수미는 한밤중에 아래층 시멘트 바닥에 폭우로 쏟아진 물을 퍼내는 소동을 벌였다. 그들 생각으로는 비가 내려도 아래층 시멘트 바닥에 떨어지니까 별일 없으리라고 생각했는데 바닥이 그 전에 살던 할머니의 조그만 아파트 벽에 접해 있어 전기시설이 위험할 것 같아 걱정을 하였다.

 "수미, 정말 고마워요, 수미하고는 말도 훔치겠어요."

 제이는 다음 날 건축가에게 전화하여, 이런 시급한 경우는 사람을 많이 보내서 지붕에 물이 들어가지 않게 잘 덮으라고 요구하였다. 다음 날 6명의 일꾼이 달라붙어 일하자 1층 천장이 완성되었다.

자식 사랑 파트너 사랑

　　노년기에 새로운 파트너를 찾는 사람들의 공통된 문제점이 있다.
　　70이 넘은 부모들은 대체로 자식들의 나이가 40대로 각자 독립하여 살며 그들 또한 자식이 있다. 40대는 경제적 발전과 성공을 위해 투쟁하는 시기이다. 자식을 봐줄 사람이 있으면 좋겠지만 절대로 자식들에게 의지하거나 짐이 되지 않기를 바란다. 그들의 이상적인 늙은 부모는 자기들의 유산을 미리 주고 조그만 아파트로 줄여 생활하고, 일이나 책임이 없으며 자기들이 필요할 때만 불러서 도움을 청할 수 있다.
　　자식들은 다 자라면 부모를 양로원이나 노인들이 모여 사는 아파트로 보내서 자기들의 도움 없이 생활하도록 하고 집이 아무리 커도 부모와 같이 살기를 원치 않는다. '몸을 깨끗이 닦아 주지만 물을 묻히지는 말라'는 식이다.
　　부모들이 자기들에게 짐이 되지 않도록 부모 나름대로의 행복을 찾기를 바라지만 한편으로는 왜 부모가 자기의 남은 힘과 돈을 자식들의 성공을 위해서 쓰지 않는지 의아해한다. 어린 시절 부모가 입 속에 들은 마지막 빵 조각도 자식에게 주고 희생하던 생각을 하면 자신의 생을 살겠다고 멀찌감치 떨어져 살며 여행 다니고 취미활동을 하는 것을 이해하지 못한다. 그뿐 아니라 자기의 고기 단지 위에 다른 사람이 앉지 못하도록 감시하고 돈이 다른 데로 흘러가지 않도록 감시한다. 70대 노인들이 은빛 머리를 쓰다듬으며 독립해서 살고 생의 보람을 찾으려고 노력하는 것을 이해하지 못한다.

수미는 몇 년간의 양로원 봉사를 통해 젊은이들이 얼마나 이기적이고 물질적인지를 배웠다. 젊은이들은 받기 좋아하고, 받고 나면 곧 잊어버리고, 왜 더 주지 않나 하고 바란다. 얼마를 주든 주는 사람은 자기를 희생하고 주는데 젊은이들은 항상 적다고 한다. 커다란 케이크의 한쪽을 달라는 것이 아니라 작은 한쪽은 부모가 갖고, 큰 덩어리는 자신들이 갖고 싶은 것이다.

'그것만 해도 죽을 때까지 충분한네 늙은이들이 무슨 돈이 많이 필요하느냐고 묻는다.'

손을 주면 팔을 달라고 하고, 팔을 주면 다른 팔도 달라고 한다. 그들은 전체를 갖아야 마음이 안정된다.

손주를 데리고 부모를 찾는 것은 반가운 일이지만, 손주를 맡기고 자기들끼리 여행을 가기 위해서 찾아오는 것은 어쩌다 받아줄 수 있는 것으로 힘에 부대낀다. 신경이 젊어서 같이 두둑하지 않아 생활의 리듬이 완전히 깨진다. 더구나 요즘 아이들은 다루기도 힘들다.

수미의 삶의 모토는 첫째 파트너와의 조화이다. 인생의 과제를 스스로 해결하고 건강을 유지하기 위해 힘쓰고, 정신적 건강을 위해 많이 여행하고, 정신적 퇴보를 막기 위해 많이 읽고 배우며 투쟁하는 것이다. 그러기 위해서는 자기 자신에게 많은 시간을 할애해야 한다. 젊어서처럼 여러 가지 일을 동시에 생각하고 처리할 힘이 줄고, 모든 생각과 동작의 속도가 느리고, 빨리 피곤해진다. 이런 현실을 인정하고 자신의 나이에 맞는 속도로 적응하며 살아야 한다.

이러한 이유로 70대는 많은 시간을 자식들을 위해서 바칠 수 없다. 아무리 자식이 중요하고 사랑한다 하더라도, 자신의 생활을 정지시키고 퇴보시키는 어떤 행동도 받아들일 수 없다. 왜 젊은이들은 자신의 삶은 가치 있고, 죽을 때가 멀지않은 늙은이들은 별 가치가 없는 인간이라고 생각하는 걸까? 시간이 제한되었기 때문에 젊은이들보다 남은 인생의 가치가 더욱 높다는 것을 이해하지 못하는 걸까?

수미는 자신의 딸이 얼마나 많은 희생과 노력으로 자기가 지금의 자리에 서 있는지 단 한순간도 생각해 보지 않은 것 같다. 동양의 효도를 알려고 하지 않으며 부모로서 해야 할 의무를 당연히 했다고 믿는다.

동양인들은 자식의 성공을 위해 자신을 희생한다. 자신의 욕망과 시간을 죽여 가며 뒷바라지 한다. 그러나 자식들은 성공하고 나면 부모들이 꾀죄죄하다고 느낀다. 늙고 경제력 없는 자기들에게 이익이 안 되는 부모는 귀찮을 뿐이다. 경제력이 있는 부모는 그들이 돈 주머니를 열 때까지만 흥미가 있다. 자식들은 머리를 써서 부모가 계속 자신을 희생하고 자기들에게 도움과 이득을 주기를 바란다. 손주 생일에 묵직한 돈뭉치 대신 장난감이나 옷을 사주는 것은 환영받지 못할 일이며 부끄럽게 생각해야 한다고 믿는다.

그렇기 때문에 부모 생일이나 어버이날에 꽃 한 송이 없을 때가 많다. 큰 죄를 짓고 사는 부모는 그런 대접을 받을 만한 자격이 없다고 믿기 때문이다.

 열 명의 형제 속에서 가난하게 자란 수미는 생일에 엄마가 특별히 사과 하나, 삶은 계란 하나를 주면 감사하고 행복했다. 수미는 평생 자신의 한계 내에서 살고, 수수한 생활을 하여 퇴직할 무렵에 가난에서 벗어나 양로 보험과 저축한 돈으로 죽을 때까지 먹고 살 충분한 경제력을 키웠다. 수미의 수수하고 간단한 생활 방식을 잘 아는 딸은 수미가 정기적으로 저축하고 단단한 돈자루를 깔고 앉은 것을 안다.

 수미는 딸의 결혼식과 손녀의 탄생에 돈을 듬뿍 집어서 선물했다고 생각하는데, 딸은 무슨 때마다 돈 뭉어리가 도착하지 않는 것이 마음에 들지 않는 모양이었다.

 그러나 수미는 딸과 생각이 달랐다. 자신이 힘들여 모은 돈은 자기 자신을 위해 쓰되, 집에다 투자하면 더욱 편안히 살 수 있다. 그리고 자신이 죽으면 결국은 딸이 유산으로 받을 텐데 딸은 왜 미리 돈을 소비하려고 안달하는지 이해하기 힘들었다. 딸이 수입이 적다면 그런대로 이해할 수 있지만 그들의 수입은 수미의 젊은 때를 생각하면 10배는 되는 상류급의 수입이다.

 딸은 계속 가까이 와서 살지 않겠는가 물어오지만 제이와 수미는 아무런 반응도 보이지 않았다.

 남편이 한국으로 돌아간 후, 혼자 고생하며 키운 딸이 성공하여 주위로부터 많은 칭찬과 놀라움과 관심을 받는 것을 수미는 자랑스럽게 생각하고 즐기지만, 딸이 차츰 자신은 전혀 다른 계층에 속하며 어미가 이름 없는 초라한 인간이라는 사실을 부끄럽게 생각하는 것 같아 역겨움을 느꼈다.

　이제 어미는 늙고 퇴직 보험 받아 살 수 있으니까 모든 경제권을 자기에게 주고, 자기의 뒷받침이나 해주기 바란다는 의사를 역력히 드러내보였다. 수미는 자식이 성공하면 어미 생각을 하고 도와주리라고 생각했기 때문에 딸에 대한 실망과 괘씸하고 야속한 생각으로 자주 마음을 앓았다.

　수미는 늙어가면서 딸이 대통령이라도 나 자신은 변한 것이 없고, 내 자신이 누구인가를 현재 어디에 서 있는 가를 정확히 자각하고, 자기의 삶을 구축하고, 한 발이라도 진보하려고 노력하지 않으면 자식을 희생하며 키운 다음 그들의 먹거리가 되기 쉽다는 것을 배웠다. 인간의 야생적인 본능이 현대의 물질주의와 복합하여 뱀 대가리같이 솟아오른다.

　받을 줄만 알고 보답할 줄 모르는 현대 젊은이들, 특히 서양 문화권에서 자란 젊은이들은 부모의 시체도 미소 지으며 넘어갈 용기와 뻔뻔스러움을 지니고 있다. 그러므로 자식의 후광을 받고 덕을 볼 생각은 절대 하지 말아야 한다. 한 발씩이라도 조금씩 전진하고, 거북이걸음이라도 좋으니까 쉬지 않고 죽는 날까지 움직여야 한다. 지금도 늦지 않았다.

　수미와 제이의 사랑은 날이 갈수록 겉으로 나타나는 정열보다 깊이를 더해 갔다.

　수미는 제이가 여자를 보호하는 형이라는 것과 조그만 일에 잔소리하지 않고, '쨍쨍'거리지 않고 꼬치꼬치 파고, 바가지 긁지 않는 것이 마음에 들었으며, 그릇이 크고 관대한 것도 마음에 들었다. 그는 수미에게 관대한 만큼 자기 자신에게도 관대해 낭비벽이 조금 남아 있다. 먼저 세상을 떠난 남편과 성격적으로 비슷한 면이 많아 남편이 두 사람의 인연을 맺어준 것 같다고 자주 이야기하였다. 책상 한편 벽에 남편 사진을 걸어놓은 것을 탓하지 않고, 생일이나 제삿날, 꽃을 꽂고 술을 한잔 따라주면 같이 마시고 남편의 평안함을 함께 기원해 주었다.

"당신 아직도, 남편 생각을 많이 해요?"

"아니요, 특별한 날만 생각하게 돼요."

"우리 날씨가 좋아지면 동해에 당신 남편과 나의 아내를 수장한 곳에 가봅시다. 우리는 무슨 인연이기에 두 사람이 같은 장소에 수장되었을까요?"

2016년 봄, 수미의 생일과 우제돔

우제돔(Usedom)은 함부르크에서 3시간 떨어진 동해의 섬이다. 동독과 접해 있는 섬으로 좋은 공기와 아름다운 경치와 여러 개의 골프장과 호텔을 지어놓아 많은 발전을 하였다. 골프인 들에게 점차 인기와 사랑을 받고 가격도 비교적 적당한 편이다.

제이는 수미 생일은 며칠간 휴가를 가야 한다고 졸라대는 바람에 수미는 할 수 없이 양보를 하였다. 그래서 3일간 골프와 아침을 끼어서 부킹하였다. 남편이 세상을 떠난 날도 끼어 있어서 가는 길에 남편이 수장된 곳을 들러야겠다고 마음먹었다.

골프장은 18홀짜리가 2개 붙어 있고, 6홀짜리 연습 골프장과 널찍한 드라이빙 렌지가 붙어 있어 시원한 느낌을 주었다.

호텔은 큰 빌딩이 아니고 조그만 집들에 8~10개의 방이 들어 있어 아담하고 시설이 잘되어 있을뿐더러, 우리가 묵을 방은 걸어서 첫 홀에 설 수가 있어 기분이 좋았다.

첫날 11시경에 도착하였는데 방이 비지 않았기 때문에 곧 바로 티타임을 받아 골프장에 들어갔다. 며칠 전부터 여름 그린이 열려 운이 좋다고 서로 기뻐하며, 바로 골프로 들어가 길고 넓은 페어웨이를 즐겼다.

둘이서 치는 골프는 긴장감이 없고, 많은 잡담과 웃음이 따른다. 정신없이 치다 보니 길을 잘못 들어 18홀 대신 19홀을 쳤다. 세 시간 운전 후에 네 시간 골프를 치고 나니 둘 다 완전히 KO가 되었다. 방으로 들어가 찬 주스를 한 잔 마시고 근육통에 좋은 소금과 박하 기름을 서너 방울 떨어뜨린 물에 목욕을 하고 나니 다시 살 것 같은 기분이었다.

제이는 침대에 눕자마자 깊은 잠에 떨어져 한 시간이 넘도록 일어나지 않았다. 수미는 그의 얼굴에 찬 수건을 얹어주며 잠을 깨웠다.

"제이, 강하다고 항상 큰 소리 치더니 오늘은 완전히 녹초가 되었네요. 제이 지금 사랑하고 싶어요?"

"사랑하고 싶지만 레스토랑 자리를 예약해 놓아서 안 되겠네."

"거짓말 말아요. 젊어서는 숏 게임 하고도 얼마든지 저녁 먹으러 갈 수 있었어요."

"그래, 수미 말이 맞아. 오늘 내가 녹초가 된 것은 스윙이 부드럽지 않았고, 세 시간 이상 운전을 해서 그런 거예요. 나를 약골로 만들지 말아요."

제이와 수미는 옷을 갈아입고, 식당에 가서 그들이 추천하는 메뉴를 저녁으로 먹은 뒤 춤을 몇 곡 추고 방으로 돌아왔다.

"이것 보세요, 당신이 원하던 대로 내가 10년 젊었으면 당신은 나를 이겨내지 못했을 거예요."

"뭐라고? 골프에 아니면 섹스에?"

"둘 다요."

"하하하, 수미가 나한테 오늘 녹아나고 싶어서 까분다. 두 번 아니면 세 번?"

호텔 방에 들어가기 전에 오늘 친 첫 홀을 내려다보며 두 사람은 정답게 서로를 안았다. 그들의 사랑과 성적 매력은 시간이 감과 동시에 기름이 흐르듯, 꿀물이 흐르듯 유연하고 부드러운 상태로 변해 가고 있었다. 불같이 뜨겁고 활활 타던 뜨거움이 잔잔한 따사로운 재와 사그라진 불더미로 변하면서 영원히 따듯함을 유지할 것 같은 느낌이 들었다.

제이와 수미는 호텔 방에 들어와 침대에 누워 텔레비전을 보며 서로를 가볍게 어루만졌다.

"수미, 나 오늘 허리도 아프고, 무릎도 아프고, 근육통도 심하고…"하며 제이는 엄살을 부렸다.

수미는 그의 엄살이 무엇을 기대하는지 잘 알고 있으므로 "위에서 말 탈까, 아니면 손으로 비단 세탁해 줄까?" 하고 그의 귀에 바짝 대고 속삭였다.

"수미 좋은 대로… 수미가 말 타면 신나겠지만, 세탁하면 수미는 별 재미없지 않아?"

수미는 말 타기 전에 그녀의 수말을 잘 쓰다듬어주어 긴장감이 팽팽하도록 기다렸다가 올라타 젊은 말 못지않게 신나게 달렸다.

"수미, 어떻게 그렇게 잘하는 거야?"

"50년 된 경험이지요."

"뭐라고? 나 또 화나게 하기야?"

"아니, 제이는 70먹은 처녀를 만났다고 생각했어요?"

"아니, 그건 아니지만, 그런 소리 말라고 하지 않았어? 나는 네가 언젠가 다른 남자를 나같이 사랑했다는 상상만 해도 질투가 나서 죽을 것 같아."

"흠… 남자가 질투하는 것 귀여운데… 지난날을 질투한다는 것은 성적인 자극이 될 수 있어요. 당신의 조그만 친구가 기운이 없을 때, 그런 상상을 해보세요. 금방 화가 나서 벌떡 일어나 투쟁할 자세를 취할 거예요."

제이는 수미의 엉덩이를 세 번이나 찰싹 때렸다.

"이제 겨우 2년 4개월 살았는데 벌써부터 구타하는 거예요? 10년쯤 살고 나면 어떻게 될까요?"

"나는 알아. 개도 10년을 데리고 살면 비슷해진다고 하는데 사람은 어떻겠어? 외양은 점점 닮아가고, 생각하는 것도 비슷하고, 생각하는 순산노 비슷해시고… 수비는 오늘이 도요일인지 일요일인지 자주 물어보지? 나중에는 자신이 한 말인지, 내가 한 말인지, 자기가 한 짓인지, 내가 한 짓인지 분간이 안 갈 때가 올 거예요."

"어머나, 난 그렇게 되고 싶지 않은데…."

둘은 살을 맞대고 잠의 깊은 바다 밑으로 가라앉았다.

1층의 천장이 올랐다

 4월 말 우제돔에서 돌아오니 1층에 시멘트 판만 덮었던 지붕에 철망을 깔고 시멘트를 부어서 지붕이 완성되었다.
 처음으로 정말 집 짓는 기분이 났다. 저녁나절이면 나가 1층 천장을 내려다보며 우리가 살 집이 얼마나 큰지 가늠해 보았다. 날씨가 좋으면 건축 재료 쌓아놓은 빈자리에 앉아 맥주를 마시며 잡담을 하고 시간을 보냈다.
 가구를 새로 사지 않고 되도록 있는 것을 활용하기로 했는데 이곳저곳에 가구를 보러 다니고, 목욕실 전시장을 찾아다니며 새로운 아이디어와 재료를 보고 사진 찍고, 카탈로그를 모았다. 새로운 것을 본다는 것 자체가 즐겁고 머리에 새로운 자극을 주었다.
 제이는 열심히 바닥에 깔 재료, 층계에 쓸 대리석, 벽의 색깔 등을 찾아 비교하고 내부 시설을 섬세히 계획하였다.
 건축가의 말에 따르면 4~6주면 2층의 천장이 오르고, 7월 말경에 두 사람이 살 집의 지붕이 올라가고, 9월 말경에는 완전히 완성된다고 한다. 잘하면 9월 말 제이 생일 즈음에 이사를 할 수 있을 것 같다. 시기적으로 이사하기도 좋은 때이고, 겨울에는 골프를 많이 치지 못하니까 집안을 정리할 여유가 있다.
 수미는 시간이 있을 때마다 옷장을 정리하고, 부엌살림도 쓸 물건과 필요 없는 것을 가려 정리하였다. 제이가 힘들어 하지만 쓸데없는 물건들을 많이 버렸다. 남자들이 대부분 모으고, 버리지 못하는 것은 석기 시대부터 시작된 것 같다. 옛날에 사냥하고, 집안 식구를 먹여 살리기 위해 모으고 저장하던 습관이 아직도 잠재하는 모양이다. 동서를 막론하고 남자들은 그것이 무엇이건 간에 모았던 것을 버리기 힘들어 하는 것 같다.

제이는 필요 없는 물건들, 10여 년씩 쓰지 않는 물건들을 끼고 있어 옷장이고 구석마다 물건이 가득히 쌓여 있다. 창고에도 회사를 팔 때 남은 건축 재료들을 언젠가 쓸 것이라는 희망에 아까워 버리지 못한 것들이 큰 창고로 하나다. 물론 이번에 집을 지으며 더러 쓸 수 있는 값나가는 재료들을 활용하기도 하였다.

희망과 기대로 가득한 나날에 갑자기 문제점이 생겼다.

하나는 비가 너무 많이 오고, 건축가가 손이 모자라 두 사람이 살고 있는 쪽의 지붕을 제대로 덥지 못했는지 세 들은 가게의 1층 전시장으로 물이 떨어지기 시작하여 가게 주인이 변호사를 통해 집세를 줄이고 손해 배상을 청구해 왔다.

5월이 독일에서 가장 좋은 날씨인데도 폭우가 쏟아지고 바람이 심해 독일 많은 곳에 물난리가 났다.

제이는 잠을 못 이루고, 비가 새는 곳에 여러 개의 용기를 놓고 하루에도 몇 번씩 내려가 물을 비웠다. 물 소동으로 일단 건축을 멈추고 비가 새는 곳을 찾아 수리하는데 모든 정력을 소모하였다.

또 하나의 문제점은 수미의 목에 혹이 생긴 것이다. 2월에 치과에 가서 스케일링을 하고 치료할 것이 있어서 주사를 맞았다. 그런데 목이 좀 부은 것 같더니 가라앉지 않고, 밤알만 한 혹이 되었다. 아무런 증상이 없는데 혹은 없어지지 않았다.

정기검사를 받으러 가서 의사한테 보이니 만져보더니 암 전문의한테 가서 검사를 받으라고 한다. 별로 걱정하지 않고 며칠 후에 암 전문의에게 진찰을 받으러 갔다. 여의사는 손으로 진단하더니 암 검사를 해보는 것이 좋겠다고 하였다. 찜찜한 기분으로 목 부분의 CT검사를 받으러 갔다. 그 경과는 림프선이 부었는데 혹이 약 3cm 직경이며 그 옆에 작은 혹이 몇 개 달렸는데 암의 소견이 보인다고 하였다.

조직 검사 결과는 암이었다. 암의 모체가 아니고 어디선가 림프선으로 보낸, 메타스타제로써 갭 속에 들어 있고 이비인후의 어느 곳에서 발생했을 것이라는 진단이 나왔다.

암이라는 진단에 머리를 큰 쇠망치로 맞은 듯 아찔했다. 림프선의 암이 아니라는 것에 조금 위로가 되었지만, 목 속이나 식도관이 아프거나 부은 적도 없고, 음식을 삼킬 때 불쾌한 일도 없었다. 무엇이 잘못된 것이 아닐까. 아무리 생각해도 지금까지 어떠한 증상도 없었다.

곧 대학병원의 이비인후과에 가서 피검사를 하고, 입 속과 목 속을 샅샅이 검사하고, 4일간 입원하여 목 속과 입안의 조직(파넨도스코피) 검사를 받았으나 아무런 암의 프리마리우스(암이 시작된 본체)를 찾을 수 없을뿐더러, MRT로 상체 전부를 찾아도 아무런 흔적이 없었다.

피검사는 정상이고 건강상태는 아주 좋은 편이었다. 할 수

없이 일단 혹을 떼어내고, 편도선의 정확한 검사를 위해 편도선을 수술하기로 결정하였다. 멀쩡한 편도선을 수술하는 것이 마음에 들지 않았지만 그것이 마지막으로 할 수 있는 검사라고 한다.

수술은 생각보다 오래 걸렸다. 목에 약 7cm의 수술 자리가 남았다. 2달 동안 걱정과 두려움에 잠 못 이룬 날들을 생각하면 일단 메타스타제가 들어 있는 혹을 빼낸 것으로 안심이 되었다.

수술 후 목 안의 아픔과 수술한 자리의 아픔은 이루 말할 수 없을 정도로 고통스러웠으나 몇 달을 달고 다니던 혹이 없어져서 시원하고, 상반신에 암의 흔적이 없다는 것을 위로받으며 10일 만에 퇴원하였다.

제이의 걱정은 대단하였다. 매일 병원을 찾아와 집이 점점 진전되는 상황을 사진으로 보여주었다. 그러나 '제이가 나를 위해 좋은 산소를 지어주는 것이 아닌가' 하는 의구심이 들기도 하였다.

수술 자리와 편도선이 완전히 회복된 다음에 마지막으로 PET-CT검사를 해보자고 하였다. 이 검사는 온몸의 프리마리 우스를 찾아볼 수 있고, 아주 적은 카찌놈도 찾아내고, 몸 스스로 자연 치료된 카찌놈도 찾아낸다고 한다. 보험에 해당되지 않아 본인이 지불해야 한다. 수미는 그럴 필요성을 느끼지 않고, 자신의 어느 곳에 숨은 암을 갖고 있다고 믿지 않았지만 제이의 마음의 안정을 위해 검사받기로 하였다.

수미와 제이는 수술하기 전에 왜 이 가능성에 대해 말해 주지 않았는지 화가 났다. 이 검사를 했다면 편도선 수술은 필요치 않았을 것이다.

"누가 아나… 뼛속이나 다리나 팔이나 어디엔가 조그만 카찌 놈이 숨어 있을 수도 있지. 그렇지만 잠자고 있는 카찌놈을 깨 워서 꼭 잡아내야 한단 말인가?"

이 검사를 한다면 순전히 제이에 대한 사랑 때문에 하는 것이다. 또 X레이 광선을 쐬는 것도 마음에 들지 않았다.

퇴원 후

　10일 간의 병원 생활은 지옥 같았다. 가능한 한 진통제를 많이 먹지 않으려고 애를 쓰고, 음식을 제대로 먹지 못하는 빈속에 항생제를 1주일 복용함으로써 위가 아프고 수술한 자리에서 오는 통증, 편도선 수술에서 오는 통증으로 하루를 지내는 것이 마치 1주일은 지나듯이 길었다. 통증을 참아가면서 많은 기도와 명상을 하였다.

　"하느님, 항상 건강하다고 믿고, 자랑스럽게 생각하던 수미가 이렇게 병원 침상에 누워 아픔을 참아가며 괴로워하고 있습니다. 살면서 알게 모르게 한 모든 잘못을 용서하시고, 수술이 별일 없이 잘된 것을 감사합니다. 아픔과 병고도 하느님께서 주시는 선물입니다. 아무 생각 없이 먹고, 마시고 즐기는 것을 당연지사로 생각하였지만, 지금 한 모금 마시는 것이 괴롭고, 한 숟가락도 음식이 삼켜지지 않으니 꿀꺽 꿀꺽 생각 없이 마시고 삼키던 때가 그립습니다. 이 아픔으로 많은 사람들에게 알게 모르게 잘못한 것을 보속합니다."

　수미는 가엾게 살다 돌아가신 어머니 생각, 먼저 세상을 떠난 형제들 생각, 남편 생각, 친구들 생각, 어렸을 때의 생각들이 마치 파노라마처럼 지나갔다. 아마 죽을 때를 기다리며 누워 있을 때, 이런 생각들을 하지 않을까?

수미는 아픔을 참아가며 시간이 흐르기를 기다리며, 삶에 대한 생각을 하고, 지금까지 건강한 삶을 누린 것에 하느님께 감사드렸다.

제이가 끓여준 쌀죽에 간장과 참기름을 넣고 한 숟가락 입에 넣었는데 목이 아파 삼키지 못하고 거실을 돌아다녔다. 목 속에 온 정신을 집중하여 근육이 양보하기를 기다려 삼키던 생각, 제이가 마시는 찬 맥주가 하도 맛있어 보여 한 모금 입에 넣고 양치질을 하다 뱉어버린 생각, 언제 밥을 부드럽게 끓여 된장찌개와 먹을까 하는 희망으로 시간을 보냈다.

평생 동안 큰 병 없이 70을 넘긴 수미는 이번 수술과 병원 입원으로 인생을 다시 생각하였다. 인생의 한계점과 하느님이 주시는 경고를 인식해야 한다고 생각하기 시작하였다. 70먹은 여인으로 너무 건강이 좋아 언제까지나 이렇게 잘 살 것이라는 건방진 생각이 이 기회에 완전히 사라졌다. 하루하루를 진정으로 감사하고 의식적으로 살아야 한다는 생각이 전보다 훨씬 강해졌다. 겸손한 마음과 병으로 아파하고 고통스러운 인간들에 대한 이해심이 많이 깊어졌다.

편도선 수술만 했으면 5일 정도면 웬만한 것을 삼킬 수 있는데 파넨도스코피 한 것이 모두 아물지 않고, 갑상선 수술 자리의 아픔이 한꺼번에 밀려와 1주일 이상 물도 삼키기가 힘들고, 약을 삼키는 것도 고역이었다.

병원에서는 모든 것을 주사로 할 수 있지만 필요 이상으로 과도한 약을 쓰는 것이 싫어 입으로 복용하는 방법을 취했다.

"만약 내가 한 달 후에 죽는다면 어떤 생각을 할까?"

퇴원하면 여하간 공증인에게 가서 완전한 유서를 써놓아야겠다고 마음먹었다.

하루하루 날이 갈수록 먹고 마시는 것이 조금씩 좋아지고, 염증이나 부작용이 나타나지 않고, 상처가 잘 아물어 가고 있음을 다행으로 생각하였다. 아무리 먹는 것이 힘이 들어도 포기 하지 않고, 먹기 전에 진통제를 복용하고 주는 음식을 열심히 먹고, 빨리 회복하겠다는 강한 의지를 보였다. 빨리 회복할수록 빨리 퇴원할 수 있으므로 하루라도 빨리 퇴원하고 싶어 병원에서 하라는 대로 열심히 했더니 계획보다 이틀 일찍 퇴원할 수 있었다.

집에 돌아온 지 1주일이 지나니 진통제를 복용하지 않고도 그런대로 삼킬 수가 있어 입맛은 이직 되돌아오지 않있지만 빨리 회복되기를 바라는 마음으로 아침, 점심, 저녁을 열심히 찾아 먹었다. 그리고 아픔이 심하지 않을 때는 단 5분이라도 정좌하고 명상을 하였다.

3kg이나 빠졌던 체중이 집에 온 후 1주일 만에 1kg늘고, 3주만에 다시 1kg 늘어 몸이 정상화되고 있다는 확신이 들었다. 차츰 몸도 마음도 평정심을 찾아가고 있었다. 새 집이 진전되는 것을 매일 관찰하며 7월 말에 지붕의 대들보가 올라가던 날은 갑자기 힘이 나는 것 같아 처음으로 골프장에 가서 30분간 연습을 하고 돌아왔다.

목의 상처가 아물고 동시에 영혼의 아픔이 가실 때까지는 아직 시간이 필요한 것 같았다. 제이는 빨리 PET-CT검사를 하자고 했지만 지금까지의 여러 검사를 통해 아무것도 발견되지 않은 것으로 보아 또 다른 검사를 해야 할 필요성을 느끼지 않았다. 꼭 해야 할 필요성이 있었으면 퇴원할 때 병원에서 이야기해 주었을 것이다. 제이의 마음의 안정을 위해 검사하기로 약속했지만 지금 당장은 아닌 것 같았다.

암을 이겼는지 아닌지는 세월이 말해 줄 것이다. 암의 모체가 스스로 치유되고 메스타제만이 목에 걸렸다고 의사들은 설명해 주지만 의사들도 암에 대한 많은 것을 완전히 알지 못한다.

자연적으로 치료되었다면 이것은 자연이 내게 준 큰 선물이다. 하느님께서 주신 또 하나의 선물이다. 많은 사람들이 자연과 우주만상을 하느님께서 만드셨다고 믿지만, 수미의 믿음으로는 '자연이 하느님이고, 우주 만상이 하느님이다.' 자연적 치료가 되었다는 것은 하느님께서 치료하신 것이다.

수미는 암에 대한 두려움이 별로 없고, 갑상선 수술로 혹을 떼어낸 것으로 일단 끝을 보았다고 믿는다. 수미는 처음 한 조직 검사가 잘못되지 않았었나 하는 의문을 자주한다. 단순한 혹을 암이라고 오진한 것이 아닐까? 수술하기 전에 다시 한 번 혹을 검사해 주기를 요구하지 않은 것이 후회되지만 이미 때는 늦었다.

편도선을 잃은 것이 화나지만 많은 사람들이 어려서 편도선 수술을 받았다는 사실과 성인에게는 편도선이 별 의미가 없다는 것이 위안이 되지만 화가 나는 것은 사실이다.

수미는 이 기회에 '의식적으로 산다'는 것이 구체적으로 무엇을 의미하는지 명상 중에 자주 생각하였다.

수미는 늙을수록 의식적으로 살아야 한다는 말을 자주 들었다. 막연히 생각하기를 그냥 되는 대로 시간이 흐르는 대로 따라 살지 않고, 인생의 어떤 뜻을 두고 살아야 한다는 말이라고 믿었다. 의식적이라는 말 자체가 무의식에 비해 오감으로 느끼고 희로애락과 육감이 다 합쳐진 뜻인가 싶다.

오감, 보고 듣고 맡고 맛보고 피부로 느끼고-아프고 유쾌하고, 불쾌한 느낌, 차고 더운 것- 모든 신경과 연결된 느낌, 이 모든 것을 의식할 수 있지만 우리는 당연지사로 여겨 아무런 생각 없이 지나친다. 머릿속에서 생각하고, 판단하고, 이런 모든 복합이 인간이 살아 있다는 의식을 준다. 마취는 이러한 모든 의식을 절단하여 아무것도 느끼지 못한다는 것으로 좋은 대조이다.

"나는 생각한다. 고로 나는 존재한다"는 유명한 철학자의 말을 인용하지 않더라도 의식의 세계를 범인들은 아무런 생각 없이 지나친다.

인간은 상대성의 경험으로 의식의 범위를 넓히는 것일까? 아플 때, 아프지 않은 상태를 진하게 의식한다. 슬픔을 알아야 즐거웠던 상태를 진하게 의식한다. 배고팠던 경험이 있는 사람은 풍부한 음식과 맛있는 음식을 의식적으로 즐긴다. 고독했던 사람은 파트너와 같이 지내는 가치를 절실히 느낀다. 병고를 치른 사람은 건강한 상태가 얼마나 좋은가를 의식한다.

인간의 일반적인 문제는 불쾌한 기억을 빨리 잊어버리고, 유쾌한 기분을 당연지사로 받아들이고, 다른 사람의 고통과 슬픔과 괴로움을 이해하지 않으려고 하는 것이다.

수미는 불쾌했던 일들을 붙잡고 놓지 않으려는 의도가 아니라 인생의 모든 아름다움과 만족감, 평화스러운 만족감을 아무 생각 없이 받아들이지 않고 감사하고 은혜로운 마음으로 받아들이고 싶었다.

하느님께서는 우리에게 망각의 능력을 주시므로 살아남고, 영혼의 치료를 할 수 있다. 끝없이 미워하고, 끝없이 화내고, 끝없이 슬퍼한다면 인간은 살아남지 못할 것이다.

수미의 명상 속에서는 이 모든 힘들고 불쾌한 느낌을 무의식 속에 넣어 잊는다 하더라도, 하느님께서 주시는 많은 선물을 당연지사로 생각하지 말고 의식적으로 감사한 마음으로 받아들이고 살며, 겸손하고 차분히 가라앉은 마음으로 받아들이며 살아야겠다는 생각을 명상 중에 하였다.

공원을 걸을 때, 콧속으로 스며들어오는 신선한 공기를 의식적으로 받아들이며 마시고, 길가에 핀 예쁜 꽃에 잠깐 한 눈을 팔며 아름답다고 느끼고, 5월의 따듯한 햇살이 아기의 조그만 손처럼 자신의 얼굴을 매만진다는 느낌을 즐기고… 우리는 일상생활에 매 순간마다 의식할 수 있는 일들이 너무 많다.

과거와 미래가 교차하는 순간, 현재의 살아 있는 감각을 의식적으로 느끼며 살고 싶은 것이 수미가 원하는 삶이다. 육체와 정신과 가슴속에서 우러나오는 모든 것을 아무렇게나 흘려버리지 않고 의식하며 살고 싶다.

의식적으로 살기 위해서는 깨어 있어야 하고, 세포의 문이 열려 있어야 한다. 그릇이 크고 비어 있어야 한다. 과거와 미래가 교차하는 그 점에 비록 순간이지만 그 순간과 순간에 머무르고, 생각이 다른 곳으로 흐르지 않게 붙잡는 능력을 배우고 싶은 것이다. 이런 능력이 명상하며 사는 종교인에게 시간과 공간을 초월한 생을 이루는 것일까?

2층의 천장이 오르고,
3층의 벽이 쌓이기 시작

2층의 벽이 쌓이고 곧이어 천장이 올랐다. 6월부터 두 사람의 집 벽이 쌓이기 시작하였다. 4명의 일꾼들이 제이 아파트에 살면서 진전이 빨랐다. 7월 중순, 벽이 다 쌓이고 방의 크기와 테라스의 윤곽을 볼 수 있어 저녁나절 일꾼들이 가고 나면 건축 재료가 쌓인 사이에 있어 저녁 빵도 먹고, 이런저런 궁리와 계획을 하며 완성되어 가는 집을 매일 상세하게 연상하였다.

7월 중순에 지붕의 대들보를 올리기 시작하였다. 대부분의 펜트하우스는 평평한 지붕을 얹지만 제이는 높지는 않지만, 제대로 대들보를 얹은 지붕을 원했기 때문에 훨씬 많은 시간이 걸렸다. 이대로라면 건축가 말대로 9월 말에 집 열쇠를 받을 것 같았다.

제이와 수미는 장밋빛 미래가 눈앞에 보여 생활이 활기찼지만 건축 지연으로 오는 경제적 부담은 어쩔 수 없었다. 제이는 자신의 계획과 투지로 현실화 되고 있는 건물에 상당한 자부심을 가졌다.

"수미, 내가 뭐라고 했어? 나는 꼭 우리의 집을 새로 짓는다고 했지? 잘 봐요. 밖에서 봐도 얼마나 멋있는지… 우리가 살고 있는 옛 건물과 높이가 똑같아서 전체적으로 조화가 잘 이루어졌지요?"

8월 초, 지붕에 기와를 아직 안 올렸는데 빨간 플라스틱을 덮어놓아 마치 빨간 기와를 얹은 듯했다.

"빨간 기와를 얹어도 보기 좋겠어요."

"아니야, 진회색을 신청했어. 왜냐하면 옛 건물과 조화가 잘 되어야 하고, 흰 집에 진회색이 안정감을 주고, 창문과도 어울리거든. 우리 집은 꽤 넓은 면적에 지붕이 높지 않아 의젓한 맛이 있고, 주위의 집들과 조화가 되어 하나의 그림같이 아름다워요. 그뿐 아니라 빨간 기와는 처음에는 아름다워도 오래되면 보기 싫어요. 저 앞에 있는 오래된 건물의 붉은 기와를 봐요."

8월 초, 기와가 다 오르고, 10여 명이 붙어서 일을 하면서 급속도의 진전을 보였다. 제이는 밖에서 돌아오면 집을 사방에서 보고 싶어 차를 타고 동네를 한 바퀴 돌고 전체적인 조화에 만족스러워했다.

수미는 퇴원 후 많이 회복되었다. 비록 수술 전과 같지는 않았지만 9홀 골프는 별 문제 없이 칠 정도였다. 수미는 골프장에 들어갈 때마다 예전에 비해 훨씬 더 기쁜 마음으로 첫 홀에 서는데 건강이 빨리 회복되지 않거나 악화되지는 않을까 하던 걱정이 줄어들고 건강을 거의 회복했다는 행복함과 감사한 마음 때문이었다.

수미와 제이는 매일 저녁 일꾼들이 돌아간 다음, 건물 재료가 쌓여 있는 바닥에 벤치를 놓고, 벽돌이나 나무더미를 책상 삼아 피자도 먹고 맥주도 마시며, 집안을 꾸밀 계획에 관하여 의논하였다. 예를 들면, 사우나의 크기라든가 가구 배치, 테라스 바닥에 깔 돌의 크기 등등. 두 사람의 의견은 긍정적이고 뜻이 잘 맞았지만 한 가지 점에 있어서는 이견이 좁히지 않았다.

제이는 은행에 초과 이자를 내더라도 그 한계 내에서 돈을 꺼내 새로운 가구나 여러 가지 원하는 것을 새로 하자는 의견이고, 수미는 절대로 비싼 초과 이자를 내며 빚을 늘리지 말자는 주장이다. 제이는 이자를 조금 더 내면 자식들에게 줄 유산이 조금 적어지는 것뿐인데 왜 우리가 헌 가구를 들여놓고 살아야 하느냐고 했다. 수미는 완전히 경제적으로 안정권에 들어설 때까지 있는 가구 놓고 살다가 하나씩 바꾸는 것이 좋다는 것이었다.

제이의 의견도 일리가 있다. 새 가구를 사거나 건축가가 선정힌 재료보다 좀 더 좋은 깃을 씀으로써 두 사람에게 큰 부담이 되는 것은 아니지만 수미는 또 빚을 진다는 것이 싫었고 평생 물건을 월부로 산 적이 없기 때문에 결제일이 다가오면 잠이 안 올 것 같았다.

"당신 딸이나 내 자식 사는 것을 봐요. 그들은 절약하고 저축할 생각은 안 하고, 현재의 생활을 즐기기 위해 최선을 다합니다. 수미는 단 한 푼이라도 저축하려고 하는데 결국은 당신 딸이 유산 받으면 물 쓰듯 소비할 것입니다. 그뿐 아니라 헌 가구를 옮기는 비용, 새 가구로 바꾸면 없애야 하는 문제, 헌 가구를 쓰기 위해 색칠을 새로 하거나 변화를 주면 모두가 돈이고 시간이에요."

그의 말이 맞기는 하다.

"그래요, 당신 말이 맞기는 하지만 아직 시간이 있으니 우선 접어두었다가 다시 결정합시다."

이번 병고로 인간의 유한성을 뼈저리게 느낀 수미는 아직도 딸이나 제이의 아들같이 풍성히 쓰지 못하는 자신이 바보처럼 느껴졌다.

제이는 건축가가 선택한 목욕실 재료보다 상당히 좋은 재료를 골랐다. 물론 가구와 달리 한번 벽에 붙이면 변경하기가 힘들므로 수미는 건축가의 의견을 따르자고 했다.

"수미, 이 집은 나의 마지막 꿈을 이루는 집입니다. 내가 고른 재료는 최고급품도 아니고 수미 마음에도 들 겁니다. 수미는 누구나 다 갖고 있는 평범한 욕실을 원해요? 내가 디자인한 욕실은 단 하나밖에 없는 욕실입니다. 많은 비용을 들이지 않고도 아무도 흉내 낼 수 없는 독특한 느낌을 줄 것입니다. 동양적이면서도 해변가에 와 있는 듯한 느낌이라고나 할까?"

수미는 제이의 이론에 항복하고 돈을 좀 더 들이기로 하였다. 제이가 계산한 것을 보니 건축가가 권하는 것보다 약 20% 높을 뿐이었다.

제이와 수미가 살고 있는 아파트의 테라스와 정원으로 쓰던 면적을 모두 새로 해야 하므로 집을 짓는 비용 외에도 추가로 많은 비용이 들기 때문에 수미는 제이가 비싼 고급품을 찾지 않도록 제동을 걸곤 하였다. 제이는 예전에 살던 습관으로 모든 것을 평균 이상의 제품을 찾지만 수미는 쓰기에 편하고 실질적이며 평균적인 것에 만족한다.

제이는 "이것은 최상급이 아니라 중간보다 윗단계 제품이야"라고 하지만 수미가 보기에는 거의 사치품에 속하고 우리의 부제에 맞지 않는다고 거절하면 그는 수미의 의견을 받아들였다.

수미는 제이가 무엇을 원하는지 안다. 수미는 지금 새로 짓는 집에 평생 거주권만을 원한다. 같이 살고 있는 동안과 그가 만일 먼저 사망할 경우, 수미가 죽을 때까지 살 권한을 원할 뿐이다.

수미는 이 권한을 위해 10만 유로의 구좌를 수미 이름으로 만들어놓고 건축비를 충당하도록 하였다. 제이는 이 구좌를 자기에게 넘겨주지 않아 마음대로 쓸 수 없는 것이 마음에 안 들었다. 제이의 지출 경향을 아는 수미는 둘이 합의하여 필요한 것만 그의 구좌로 넘겨주고 그의 이름으로 지불하도록 하였다. 다시 말해서 수미의 허락 없이는 단 한 푼도 건드릴 수 없다. 반드시 지불서가 와야만 수미가 카피해서 저장하고, 그 금액을 제이의 구좌에 넘겨준다. 그것이 제이는 마음에 안 들지만 수미가 그 구좌를 마음대로 쓰도록 열어주었으면 지금 구좌 상태보다 훨씬 많은 금액이 초과되었을 것이라고 믿는다.

제이는 수미가 돈을 사용하는 방법을 못마땅하게 여겼지만 수미가 도와주지 않으면 빚더미에 앉아 비싼 이자 내느라고 쩔쩔매고 빚만 자꾸 늘어갈 것이라는 것을 뻔히 알고 있었다.

제이는 평균보다 좋을 것을 원하지만 제이가 사고 싶은 것을 모두 살 수는 없다. 예를 들면, 해변가 등의자를 사기로 합의하였지만 허리우드 흔들의자는 비토권을 사용하여 사지 않기로 결정하였다. 제이는 새 책상을 원했지만 그것도 승낙하지 않았다. 제이는 3개의 책상을 소유하고 있는데, 좀 구식이지만 견고한 나무 책상이라 색칠을 하면 거실의 가구와 잘 맞는데, 왜 새 책상을, 그것도 엄청나게 비싼 사치품을 파는 가구점에서 사고 싶어 하는지 수미로서는 이해할 수 없었다.

이런 쩨쩨한 생각이(헌 가구를 색칠해서 쓰려는) 제이 마음에 안 들지만 수미는 양보하지 않았다. 앞으로 무슨 일이 있을지 모르는데 돈을 몽땅 써버릴 수는 없다. 병이 나서 휠체어에 앉을 수도 있고, 장기간 병원에 입원할 수도 있다. 이런 비상시에는 보험이 있다고 해도 현금을 가지고 있어야 한다.

갑자기 돈이 필요하면 집이 아무리 좋아도, 수도꼭지가 금으로 되었다 하더라도 그것을 떼어 사용할 수 없다.

제이와 수미의 인컴은 수미의 양로보험과 퇴직 보험, 그리고 집세 밖에 없다. 그의 양로 보험은 약값, 의료 값으로 나간다. 그러므로 그들은 형편에 맞게 살고 비상금을 헐어 쓰면 안 된다. 비상시를 위해 현금을 움켜쥐고 있으려는 수미의 마음을 이해 못하는 것은 아니지만 마음대로 돈을 쓸 수 없고 사고 싶은 것을 포기해야 한다는 것이 제이는 힘들었다.

수미는 오래전부터 알고 지내던 같은 또래의 노부부에 관한 일을 잊지 않는다. 치매에 걸린 부인은 거의 말기 상태로 하루 종일 소파에 앉아 있거나 누워서 시간을 보낸다. 남편은 아내를 병원이나 양로원에 보내지 않고 외국인을 집에다 데려다 놓고 24시간 간호하게 하였다. 물론 보험회사에서 어느 정도 비용이 나오지만 재산이 없었으면 5년이라는 세월을 감당하지 못했을 것이다. 그는 부인이 사망할 때까지 집에서 간호하겠다고 한다.

이런 경우를 볼 때마다 현금을 가지고 있는 것이 얼마나 중요한지를 깨닫게 된다. 더구나 몇 년간 양로원에서 봉사를 해본 결과 늙어서 양로원이나 노인 타운에 들어가지 않고 집에서 지내려면 돈이 있어야 한다는 것이다. 양로원에서 비참하게 죽어가는 노인을 많이 본 수미는 한 인간이 집에서 죽을 수 있는 것은 하느님의 축복과 더불어 경제력이 밑받침되어야 한다는 것을 배웠다.

독일의 노인을 위한 사회보장은 대충 다음과 같다.
모든 국민이 의료 보험을 갖고 있다. 병이 나면 의사한테 갈 수 있고, 병원에 입원해서 치료를 받을 수 있다. 병원에서 더 이상 치료를 할 수 없을 경우 집으로 보내거나 돌봐줄 사람이 없을 경우, 국가에서 운영하는 양로원이나 양로원에 부속된 병실로 보내고 죽을 때가 된 사람은 호스피스 병동으로 보내 그곳에서 죽음을 맞이한다. 양로원도 본인 스스로 문제를 해결할 수 있는 자립 양로원과 모든 의료 혜택을 받을 수 있는 두 번째 집이 있고, 대소변을 가리지 못하고 걷지 못하는 사람을 위한 셋째 단계가 있다.

양로원의 가격이 높은 편인데 누구나 갖고 있는 양로 보험의 높이에 따라 모자라는 금액은 국가가 부담한다. 사회제도가 잘 되어 있는 편이지만 인력 부족과 물질 만능의 인간성은 늙어서 힘없고 죽어가는 인간들을 형편없이 다룬다. 노인들은 병으로 죽기보다 끊임없는 약물 투여와 사랑 결핍으로 죽어간다. 그런 기관들은 도움의 손길을 필요로 하지 않는 노인이나 오래도록 사는 노인들을 좋아하는데 국가에서 많은 돈을 받을 수 있기 때문이다.

그들은 약물을 투여하는 등 노인네들이 귀찮게 굴지 않고 생명을 유지하도록 온갖 방법을 동원한다. 특히 연고자가 없는 노인들에 대한 대접은 말로 표현하기 힘들 정도로 비인간적이고 물건 취급을 한다. 환자는 자신이 물건 취급을 당하는지도 모를 정도로 약물에 중독되어 있다. 그뿐 아니라 금전이 좀 있는 노인들에게서는 어떻게든지 돈을 빼앗으려 한다.

　이러한 상황을 몇 년간 보아온 수미는 죽기 전에 도와주는 사람을 쓰고, 둘 중에 누가 먼저 병이 나거나 죽을 경우를 대비하기 위해 돈을 모으려고 하는 것이다.

탄생과 죽음이 운명적으로 다른 점

 탄생과 죽음은 모든 인간의 자연적 운명이다.
 어느 나라에, 어느 시간에, 어떤 부모에게서 탄생되고, 어떤 외모를 갖고 이 세상에 태어나는지, 어떤 유전인자를 받고 탄생하는지, 그 어떠한 것도 영향을 미칠 수 없는 완전히 숙명적이다.
 어떤 상황에서 어떤 교육을 받고 자라는가는 부모의 권한에 달려 있다. 역사의 흐름에 어떤 시기에 살다 죽는지도, 인간으로 아무런 영향을 끼칠 능력도 권한도 없다. 그러나 현대에 살고 있는 인간들은 자신의 죽음에 대해서는 어느 정도의 결정권을 갖고 있다. 예고 없는 사고나 갑작스러운 죽음은 예외적이다.
 탄생은 완전한 운명이고, 죽음은 인생 중 가장 중요한 과제에 속한다. 70대에는 누구나 의학적인 '사전의 배려'를 정신이 맑을 때 해놓아야 한다. 갑자기 중병이 걸리거나 죽음에 가까운 상태가 되었을 때 인공호흡, 인공양분, 어느 정도의 진통제 사용을 원하는지 묻는다. 환자는 생명 연장을 원할 수도 있다. 이런 모든 문제를 자신이 미리 결정한다. 유럽 각국에 따라 다르지만 의사의 도움을 받아 스스로 생을 마칠 수도 있다.
 수술하기 전에 수미는 설명서에 사인을 하여 병원에 주고 제이에게도 원본을 주었다. 대 수술은 아니지만 목 수술은 간단하지가 않다. 많은 신경을 건드리고 동맥을 지나가기 때문에 위험한 순간에 수혈을 할 수 있다는 사인을 해야 했다.

모든 것이 순조롭게 진행되었다. 수술 자리가 좀 아프고 당기는 것 외에 별 다른 후유증이 없어 하느님께 감사드렸다. 하느님께서 이 기회에 인생살이 다시 한 번 생각하고 하루하루의 삶을 감사할 줄 알게 하심을 또한 감사드렸다.

죽음이란 무엇인가? 우리가 온 곳으로 다시 되돌아가는 것일까. 그렇다면 우리가 온 곳은 어디인가? 종교마다 각기 다른 이론과 믿음을 가지고 있지만 여하간 우리는 자연으로 돌아간다. 어떤 형태로 돌아가는지 모르지만 우리는 원점으로 돌아간다. 이 철칙을 잊지 말아야 한다. 죽음을 인생의 한 과정으로 보아야 한다고 수미는 믿는다.

어떤 사람은 집 짓는 것을 보고 살날이 얼마 남지 않았는데 왜 그렇게 많은 시간과 정력과 돈을 들이느냐고 한다. 그럴 가치가 있느냐고 묻는다.

나의 대답은 항상 "예(Ja)"이다.

두 사람 다 경제력이 있어서 이런 시도를 하는 것이 자랑스럽지만 한편으로는 골프장에서 만나는 노부부들처럼 모든 것을 다 정리하고 조그만 아파트에서 살면서 자유 시간을 즐기고 거리낌 없이 여행 다니는 것을 보면 부럽기도 하였다.

내일 죽는다 하더라도 무언가에 희망을 가지고 거기에 자신의 열정과 노력과 힘을 쏟아 붓는다는 것은 우리가 살아갈 삶의 의미이자 죽음을 아름답게 맞이하는 것이다. 죽기 전에 하고 싶은 것을 하고 많은 경험을 해야 후회하지 않는다고 한다.

수미는 병원에 누워 많은 생각을 하였다.

'내가 지금 죽을병으로 누워 있다면 과연 무엇을 후회할까?'

살면서 알게 모르게 많은 잘못을 저질러 마음이 아픈데, 지나간 일은 되돌릴 수 없고, 평생 잘못 없이 산 사람은 없으리라는 것을 생각하면 위안이 된다. 수미는 자신이 얼마 후에 죽음을 맞이한다고 하더라도 몹시 슬프지는 않을 것 같았다. 만약에 후생이 있다면 먼저 세상을 떠난 부모님, 형제들, 남편과 알고 지낸 모든 사람에게 고개 숙여 잘못을 빌고 용서받고 싶다.

나이 70이 넘고 보니 옛날같이 전 세계를 돌아다니고 싶던 건방진 생각도 많이 줄고, 모험심도 많이 줄고, 집에서 자유롭고 편안하게 하고 싶은 것을 하고, 먹고 싶은 것을 먹고, 쉬고 싶을 때 쉬는 삶이 점점 좋아진다. 그렇다고 아무것도 안 하고 집에만 매일 붙어 있고 싶다는 것은 아니다. 밖에서 지내는 시간과 공간이 작아짐을 느끼는데 늙어가는 자연적인 현상인지 아니면, 젊어서 많이 여행하고 돌아다닌 때문일까?

수미는 밖에 나가서 돌아다니기보다 집에서 보내는 시간이 점차 많아지고, 사고 싶은 물건도 별로 없고, 갖고 싶은 것도 없는 것이 스스로 생각해도 이상했다. 나이가 든 탓일까? 아니면 안이해진 탓일까?

언젠가 딸이 왜 여행을 자주 다니지 않느냐고 물어왔다.

"나는 늙은 고양이 같아. 따듯한 난로 옆에 양털을 깔아준 내 자리를 너무 사랑하고 주변을 돌아다니다가 다시 들어와 내 자리에 앉으면 너무 좋거든. 아무리 멋있는 곳을 돌아다녀 보고 맛있는 것을 사먹어도, 내 따듯한 자리와 늘 먹던 음식같이 맛있고 편안하지 않아."

골프를 할 때 잘 쳐지는 날은 기쁘고 기분이 좋은데 누구에게 자랑하고 싶은 마음도, 칭찬받고 싶은 마음도 없다. 글을 쓰다 찾던 단어가 생각나면 행복하고, 생각하는 것을 한글로 쓸 수 있다는 것이 행복하였다. 언제부터인지 모르겠지만, 수미는 다른 사람의 박수나 칭찬이 필요치 않았다. 자신을 내세우거나 인정받고 싶은 마음이 줄어들었다. 스스로 만족하면 그만이었다. 자신의 가치관이 타인이나 사회적 가치관에 의해서 결정되지 않고 스스로 결정한다는 것을 배웠다. 자기 삶의 목적과 가치를 어떤 도덕관념이나 주어진 윤리관에서 찾지 않고, 자신의 심장의 울림과 머리와 가슴에서 찾아야 함을 배웠다.

수미의 결론은 행복감과 만족감, 사랑스러운 마음만을 죽음에 동반하겠다는 것이다.

수미는 오래 살고 싶다. 100살까지 살고 싶다고 입버릇처럼 말하곤 했다. 그러나 이번 병고로 배운 것이 있다. '하느님의 뜻이 어디 있는지 우리는 알 수 없다. 하느님의 뜻대로, 자연의 뜻대로 순종하며 살아야 한다. 죽음에 대한 준비는 죽어가는 침상에서 하는 것이 아니라 70대에 접어들면서 해야 한다'

'빈손으로 와서 빈손으로 간다.', '수의에는 호주머니가 없다.' 물질은 가지고 가지 못하지만 '물질에서 얻은 즐거움과 사랑과 기쁨'은 가지고 간다.

물질과는 이별하지만 물질이 우리에게 준 사랑과 즐거움은 가슴에 남는다. 집은 두고 떠나지만, 집 지을 때의 희망과 안타까움과 기쁨은 사라지지 않고 우리의 영혼에 잠재한다.

제이와 보내는 하루하루, 아름답고 행복했던 순간과 순간을 저장하고 싶다. 수미는 사진 찍기를 좋아하지 않아 지금도 거의 사진을 찍지 않는다. 카메라에 초점을 맞추는 순간, 진정한 아름다움이 흩어지는 느낌이 들기 때문이다. 그러나 가슴과 머릿속에 찍은 사진은 영원히 사라지지 않고 저장된다. 어떤 상황에 살든 기쁨이 전혀 없을 수 없다. 기쁨과 고마움과 만족감을 배우도록 노력해야 하는 시기가 70대이다.

퇴원 후 6주부터 모든 것이 원상태로 돌아와 다시 골프를 시작하고 시내를 돌아다녔지만 수미의 마음은 예전과 달랐다. 죽음에 대한 생각을 자주 하고, 카페에 앉아 마시는 맥주 한잔, 커피 한잔도 전과 다른 '마음의 눈'을 섞어 마신다. 그리고 자신이 진정으로 하고 싶은 것이 있다면 스스로 결정을 내려 하고 싶을 때 하는 것이 행복과 만족의 길이라는 것을 배웠다.

무더운 여름날 저녁, 나무 그늘에 앉아 촛불을 켜고 어둠이 발돋움하고 소리 없이 기어드는 것을 기다린다. 갑자기 새들의 재잘거림이 끊어지고, 집 앞 120년이 넘은 도토리나무의 잔가지와 잎 사이로 보이는 하늘의 조각들은 연회색의 옛날 창호지를 이리저리 찢어 얹어놓은 것 같다. 촉촉한 밤공기가 안개처럼 내리기 시작할 때 달빛까지 얼굴을 보이면 그림은 완전한 절정을 이룬다.

집 앞에 서 있는 100년이 훨씬 넘은 이 고목은 20m 떨어진 맞은편의 100년도 넘은 또 하나의 도토리나무와 서로 이마를 맞대고 밤이면 인생살이에 대한 이야기를 주고받는다. 수미는 지붕 위에 앉아 그 그늘과 거대한 왕관을 즐기며 마음을 안정시키고 행복감을 만끽한다.

낮에는 가로수로의 의무로 지나가는 모든 사람들에게 그늘을 주고 길가를 아름답게 장식하지만, 어둠이 깃들고 모든 집들이 잠들기 시작하면 이 고목은 수미의 나무가 된다.

제이 집 앞길은 양쪽 길가에 20m마다 100년이 넘은 도토리 나무들이 늠름한 자세로 서 있다. 제이 집 앞의 고목은 유난히 잘 자라고 무성한 가지와 잎들로 거대한 왕관을 쓰고 제이와 수미에게 여름이면 그늘을 주고, 정스러운 눈으로 사랑하는 두 사람을 내려다본다.

하루하루 집이 완성되어 가고 있는 것을 보는 즐거움은 여행보다 더 신나고, 고급 레스토랑에서 먹는 음식보다 더 맛있고, 고급 옷이나 보석보다 훨씬 수미의 마음을 만족하고 행복하게 한다. 집은 죽음에 동반할 수 없지만 이 행복감은 죽음까지 가지고 가고 싶다.

수미는 아침에 일어나면 커피를 끓이고 아침상을 준비하는 것에 보람을 느낀다. 아침에 눈을 뜨면 할 것이 있어 행복하고, 제이와 오랜 시간 커피를 마시면서 하루 계획도 하고 신문도 보는 평범한 하루의 시작이 아름답다. 혼자 살 때 아침상에 앉아 너무 외로운 생각에 눈물이 나, 아파트 안을 이리저리 돌아다니며 커피를 마시고 아침을 먹던 생각을 하며 제이와 매일 아침상에 앉아 있다는 것이 꿈인 것 같다.

이런 모든 아름다운 순간들을 죽음에 동반하고 싶다. 남편과 제이의 첫 아내가 수장된 동해 바다에 수장되기를 바란다는 유서에 쓰기로 마음먹었다.

죽음을 기다리고 있을 때는 아름다웠던 생각만을 해야 한다. 아름다웠던 많은 순간들을 마음속 컴퓨터에 저장하고 죽음을 기다릴 때 꺼내서 보면 죽음이 그리 슬프지 않을 것 같다. 슬프거나 후회할 일은 저장하지 말아야 한다.

70대는 의식적으로 아름다운 순간을 마음속에 사진 찍어 보관하고 슬프거나 화나는 일은 삭제하는 것이 좋다. 잘못한 일은 스스로 용서하고, 남의 잘못도 용서하고, 화내지 말고, 슬퍼하지 말고, 야속해하지 말자. 바라지 말고, 실망하지 말자. 만약 병고를 치르지 않았다면 수미는 아마 이런 생각을 하지도 않고 쓰지도 않았을 것이다. 수미는 70이 되었을 때, 죽기 전에 무엇을 꼭 하고 싶은지 스스로에게 물어보았나. 사는 동인 하느님은 수미의 많은 소망을 들어주셨다. 단 하나 있는 딸이 성공하고 좋은 남편 만나 자식 낳고 아름답게 잘 살고 있다. 자신은 절약해 살며 증권도 해보고, 집도 사서 팔아보고, 경제적인 기반을 잘 닦았다. 많은 여행과 골프를 배우고 좋은 차를 타고 다니며 즐길 만한 토대를 만들었다. 독일에서 대학에 가 공부할 기회가 있었지만, 자식 뒷바라지를 위해 포기한 것이 평생 한으로 남았지만 하느님은 그 대신 많은 행운과 도움을 주셨다.

남은 소원이 있다면 늙어서 살 수 있는 편한 아파트와 사랑하고 사랑받을 수 있는 파트너와 자신의 이야기가 담긴 책을 써보는 것이다. 10년을 기다린 끝에 우연히 제이를 만났다. 그리고 제이가 꿈꾸던 수미가 꿈꾸기도 했던 하노버의 아파트보다 훨씬 좋은 펜트하우스가 지어지고 있다. 수미의 소망이 한꺼번에 이루어지고 있다.

마지막 암 검사와 의혹 점

이 검사는 비교적 새로운 발견이라고 한다. 핏줄 속에 방사성 물질과 당을 섞은 '트레이서(Tracer)'라는 액체를 넣어 X레이 검사를 온몸을 하는데, 주로 폐암 검사에 쓰인다고 한다. 그 외에 심장병 검사, 다른 암 검사, 특히 수미처럼 아무 곳에서도 카찌놈의 모체가 발견되지 않은 경우에 쓰인다고 한다. 암 세포가 다른 건강한 세포보다 당을 많이 소모하고 흡수하므로 아주 적은 투모어도 발견된다고 한다. 심지어 저절로 치료된 퇴보한 암의 흔적도 찾아낸다고 한다.

수미는 왜 수술하기 전에 이런 검사를 하도록 정보를 주지 않았는지 수술 자리를 볼 때마다 화가 났다. 그리고 또 한 번 방사성 액체를 몸에 넣어야 한다는 것에도 화가 났다.

수미는 자신의 몸에 암이 없다고 확신한다. 처음 한 조직 검사가 잘못된 것이 아닌가 하는 의혹도 또다시 하게 되었다. 수술한 지 5주가 지났는데도 수술한 자리가 조금 부어 있고 귀 근처 신경이 둔하지만 골프장 친구가 자신은 편도선 암으로 더 큰 수술을 받았는데 좀 더 시간이 가면 모든 것이 정상으로 되돌아 온다고 안심시켜 주었다. 예전처럼 음식 삼키는 것이 편하지 않고, 음식 맛이 완전히 살아나지 않았지만 아무런 큰 후유증이 없다는 것을 감사하고, 방사성을 쪼이거나 화학성 치료를 하지 않아도 된다는 것이 위로가 되었다.

　다음 주에 마지막 검사를 하기로 마음먹고, 이 검사 결과가 좋으면 일단 안심하고 앞을 보고 전진하며 살고 싶다.

　집의 진전 상황을 보는 것이 여행 다니는 것보다 즐겁고, 시내를 돌아다니며 쇼핑하는 것보다 재미있고, 극장에 앉아 둘이 손잡고 영화를 보는 것보다 흥미 있다는 것을 누가 이해할 수 있을까? 제이나 수미가 아는 친구들은 70대에 집을 팔아 편한 아파트로 들거나 편하게 생활할 수 있도록 집을 고쳐 살기 때문에 두 사람이 70이 넘어 집을 짓는 것을 한편으로 부러워하고, 한편으로는 가엽게 생각하였다. 그러나 누가 뭐라 하던지 수미는 제이가 자랑스러웠다. 그의 신취력과 무한한 아이디이기 놀라울 뿐이었다.

　내일 세상이 무너진다 하더라도 오늘 사과나무를 심자는 인생관과 의지력으로 두 사람은 서로를 지팡이처럼 의지하고 꿋꿋하게 살아간다. 올 크리스마스는 새 집에서 지낼 확률이 크므로 크리스마스트리를 놓을 장소를 찾느라 테라스를 분주히 오갔으며, 꽃에 줄 빗물을 받는 통을 빨간색으로 살까 회색으로 살까 한참 토론을 하다가 사우나가 있고, 수미의 조그만 채소 화분들이 있는 작은 테라스에는 빨간 통으로 사고, 넓은 테라스에 제이가 물을 주어야 하는 나무들이 많은 쪽은 회색을 사기로 합의하였다. 지붕에서 내려오는 빗물은 보기 좋게 쇠사슬을 늘어트려 통 속으로 떨어지고, 수도꼭지를 달아 물을 받아쓰기로 하고, 수미가 너무 구부리지 않도록 밑에 예쁜 돌을 놓아주기로 했다.

수술로 몇 주 골프장에 안 나가는 동안 수미가 아프다는 이야기가 퍼져 많은 사람들이 반가워하였다.
"수술 자국은 남았지만 아직 머리는 붙어 있으니까 다행이지" 하며 웃어넘기고, 건강이 회복되면 같이 골프 치자고 웃으며 헤어졌다. 집에 오니 무척이나 피곤한 것이 아직도 몸이 완전히 회복되지 않은 증거이다.
피곤하여 잠시 누워 잠을 청했는데 제이가 수미를 깨웠다.
"수미, 빨리 일어나. 한국과 독일 축구팀이 올림픽에서 전반 게임을 하려고 해요. 수미, 당신 한국 응원할 거야, 독일 응원할 거야?"
"한국."
"뭐라고? 당신 한국 사람이야 독일 사람이야?"
"난 한국 독일인이지요. 그렇지만 가슴은 아직도 한국 사람이고 한국인에 대한 자긍심 많아요. 당신 내가 한국의 ○○제품 좋아하는 것 알지요?"
"그래, 빨리 일어나서 축구나 봐요."
제이는 거실 탁자에 와인과 빵과 치즈를 잔뜩 차려놓았다.
"오는 골프 클럽에서 맥주를 두 잔이나 마셨으니까 술 대신 우유 마실 거예요."
수미는 우유 반에 끓는 물 반을 부어서 따듯하게 저녁에 마시는 것을 좋아하였다.
저녁 9시에 시작한 축구는 아슬아슬하게 왔다 갔다 하다 3대 3으로 끝났다. 한국 젊은이들의 재빠른 동작과 진취력에 감동하며 처음부터 끝까지 꼼짝 않고 보기는 처음이다. 제이는 전에 함부르크 팀에서 활동하던 한국 선수를 무척 좋아하였다(손흥민 2010~2012 함부르크SV).

제이는 한국의 축구 선수들을 좋아하였다. 체구가 작은 편이지만 동작이 잽싸고 투쟁력이 강하고 비신사적인 행동을 많이 하지 않는다고 한다.

한국 팀이 리드하면 "한국 팀이 경험을 얻기를 바라지만(이긴다는 말과 경험을 얻는다는 말에 어원이 같다), 한국 팀이 이 게임을 이기면 독일 선수들은 짐 싸고 돌아가야 하는데…" 하며 안타까워하였다.

후반전 독일 팀이 한 점을 따서 동점이 되자 한숨을 쉬었다.

"이것 봐요 제이, 나는 한국과 독일이 무승부로 끝나기를 바란다고 했지 않아요? 당신은 독일이 이기기를 원하지만 나는 동점으로 끝나기를 원해요."

"그래, 아직 초반 게임이고 한국인이 마지막 단계까지 올라가려면 인내심이 있어야 해요."

축구가 끝나자 제이는 한국 대 러시아 여자 선수들의 양궁전을 보며 감탄하였다.

"어쩌면 한국 여인들은 이다지 예쁘냐? 러시아 여자들은 못생기고 워트카(보드카)를 많이 마셔서 손이 안정되지 않아 절대로 못 이겨요."

제이의 말처럼 한국이 러시아를 이겼다. 오전 중에 내리던 비가 그치고 아름다운 하루가 되었다(2016년 8월 7일).

| 결산 |

2년 반이 지난 지금, 그들의 사랑은 어디에 와 있나?

2년 7개월간 수미와 제이는 많은 것을 변경하고 계획하고 실천에 옮겼다.

제이의 씀씀이를 졸라매고, 건축 행정과를 수없이 찾아다녔으며, 여러 행정적인 것을 처리하기 위해 뛰어다니고 적지 않은 장애물을 뛰어넘었다. 신경이 두둑한 제이도 잠 못 이루는 날이 많았다. 그럴 때마다 수미는 '지금 우리는 바른 길을 가는 것일까' 하는 의문을 갖기도 하였다.

수미의 병고로 두 사람의 연대감은 더욱 굳건하게 뿌리내렸다. 모든 노부부들이 느끼듯 습관성이 늘고 서로 다른 점을 맞추기 위해 끊임없이 노력하였다.

두 사람의 성생활은 어디에 와 있나? 스트레스가 있으면 성생활이 줄어드는데 이것은 누구나 경험하는 바이다. 수미와 제이는 이 문제를 잘 알기 때문에 주말은 되도록 아무 일도 하지 않고 쉰다. 같이 목욕하거나 사우나를 하고 둘만의 시간을 갖도록 노력한다. 적어도 1주일에 한번은 성생활을 하려고 서로 노력한다. 피부 접촉과 애무와 따스한 말로 서로의 애정을 잃지 않으려고 노력하였다.

　집이 완성되어 이사하면 많은 것이 완화되겠지만 두 사람은 하루하루 늙어간다는 사실을 잊지 않고 뒤로 미루거나 장래를 생각하기보다 지금 이 순간의 중요함을 강조하였다. 여름 저녁나절 넘어가는 햇살을 받으며, 잔잔한 여름 바람을 안주 삼아 와인을 마시며 잡담과 진지한 대화를 나누면 저절로 사랑스러운 마음이 살아난다.

　수미는 제이의 능력을 칭찬하고, 같이 있다는 것이 얼마나 중요하고 다행스러운가를 잊지 않도록 자주 이야기하여 두 사람의 감정에 윤활유가 되었다.

　잠자다 깨어 놀아누워 사는 세이를 뒤에서 가볍게 껴안고 등을 쓰다듬어 주는 행복감, 그의 손을 잡아 자기 젖가슴에 얹고 다시 잠이 드는 순간, 그의 팔에 소복한 털을 쓰다듬으며 내 강아지 같다고 생각하는 순간, 그의 잠든 얼굴을 들여다보며 아직도 천진한 어린아이 같다고 느끼며 가볍게 볼을 쓰다듬어주는 순간, 이 모든 순간이 사랑의 잔뿌리같이 영양을 빨아올린다.

　두 사람은 섬세한 감정을 잃지 않도록 서로 노력한다. 무엇이 상대방을 기쁘게 하는지 기억하고, 무엇을 싫어하는지 기억한다.

　2년 반 사이에 많은 사소한 일들이 마음의 컴퓨터에 저장되었다. 날이 갈수록 서로의 밑바닥에 깔린, 물 밑에 깔린 질척한 흙덩이 속에서 오리가 주둥이를 박아 무엇을 찾아 먹듯 서로 흙 밑을 뒤진다. 2개의 반쪽 공이 하나가 되어 뛰도록 끊임없이 노력한다. 인간은 반쪽이다. 다른 반쪽을 찾아 붙였을 때 구르고 통통 뛸 수 있다. 반과 반의 합침은 하나가 아니고 둘이나 셋의 힘이 있다. 2개의 반쪽이 잘 붙을수록 힘이 있다. 믿음과 사랑은 산도 옮긴다는데 그 말의 뜻을 알 것 같다. 성적인 문제도 서로가 무엇을 원하는지 점점 잘 알게 된다. 어떤 한 단어나 손 움직임 하나가 무엇을 의미하는지 알게 된다.

수미는 하루 종일 집에서 왔다 갔다 하며 혼자 지내는 것을 좋아하였다. 컴퓨터 앞에 앉아 글도 쓰고, 잡지도 읽고, 배가 고프면 냉장고에서 아무것이나 꺼내 먹고, 차를 끓여 마셨다. 제이가 밖에 나가는 날은 따라다니지 않고 혼자만의 시간을 즐겼다.

8월, 류네부르크 하이데(Lueneburger Heide, 제이와 수미가 생일에 골프여행을 했던 도시 근처)에 에리카 꽃이 보라색 바다를 이루기 때문에 수미와 제이는 벼르다가 하루 날을 잡아 소풍을 떠났다. 여행도 못 가는데 아무리 바빠도 하루 소풍은 포기할 수 없었다. 둘이서 카페에 들어가 자두를 얹은 케이크와 커피를 마시고 좀 더 산책을 하였다.

"제이, 이 넓은 꽃 바다는 추운 밤이 되면 무슨 꿈을 꿀까?"

모래밭에서 자라는 꽃들은 실상 황무지에서 자라기 때문에 밤이 되면 추울 것 같은 생각이 들었다.

"글쎄 하느님이 따뜻한 입김을 불어서 덮어주실 거야. 수미는 추운 것이 싫어서 여름에도 양모이불을 덮으니까 그런 걱정을 하는 거지? 하하하… 수미, 요즘 내가 자주 생각하는 게 뭔지 알아? 우리 나이 차가 2년 반밖에 안 되는 것이 얼마나 다행인지 몰라. 내가 몸이 안 좋거나 속상한 일이 있을 때 당신의 많은 경험과 노련함, 같이 나이 들어가는 것에 대한 이해가 얼마나 감사한 일이지….”

"그래요, 과부 설움은 과부가 안다고, 지나고 보니까 세상을 떠난 남편과는 12년이라는 나이 차로 많은 것을 이해하지 못하고, 잘못한 것이 많아 가슴 아파하고 용서를 빌었어요."

저녁을 먹을 만한 레스토랑이 없어 시내로 나와 간단한 저녁을 먹고 돌아오니 하루 소풍이 마치 며칠 여행하고 돌아오는 기분이었다.

수미와 제이의 성생활은 방해물이 없이 계속되었다. 특히 오늘같이 기분 좋게 소풍을 갔다 온 날은 서로를 끄는 지남철 같은 것이 있어 와인을 한 잔씩 마시고 같이 샤워를 즐기고 자연스럽게 섹스로 이어졌다.

며칠 후 제이가 꼭 마음에 드는 거실 소파 세트를 보았다고 해서 시내로 나갔다. 고급 가구를 파는 항구 가의 가구점에 들어가 세트를 보니 정말 마음에 들었다. 진회색 가죽에 야간 초록색이 섞인 듯한 질 좋은 가죽 소파 세트였다. 예상 가격보다 비쌌지만 수미는 소파 세트를 사기로 사인했다. 가격이 비싸기는 했지만 이렇게 마음에 쏙 드는 가구를 찾기가 어렵기 때문에 다른 것을 포기하더라도 사기로 합의를 보았다.

제이와 수미는 새 가구를 산 것이 첫 살림을 시작할 때 가구를 마련한 것처럼 기뻤다. 다른 상점들을 좀 더 돌아보다 말고기 소시지로 유명한 '상어의 바'라는 술집에 들어갔다. 규모가 작은 편인데도 술집이 성황을 이루는 것은 매주 주말에 음악가들이 와서 술을 마시고 잡담을 하고 노래를 하기 때문이다. 매주 텔레비전에서 중계를 하는데 함부르크의 유명한 술집 쇼이다.

내일 100회 잔치를 한다고 한다. 좌석이 불과 20개도 안 되기 때문에 술집에 못 들어온 관중들은 밖에 서서 열린 문을 통해 쇼를 보고 같이 노래하고 춤을 춘다. 쉔티 합창단(뱃사람들의 합창단)이 매주 와서 창문 앞에 서서 뱃노래를 부르고 술을 한 잔씩 받아 마시고 가는 장면도 유명하다. 술집의 가구는 적어도 50년은 바꾸지 않은 낡은 가구에 옛날 뱃사람들의 앤티크로 치장한 장식품이 가득하다. 마치 50년은 멈춰버린 것 같은 느낌이었다. 조그마한 뱃사람 박물관에 앉아 창문을 통해 항구를 보며 맥주를 마시는 기분이었다. 음식 값은 의외로 쌌는데 음식이 나오는 데도 많은 시간이 걸렸다. 낡은 테이블에 앉아 항구의 배와 엘베 강을 지나가는 배를 보며, 50년 뒤로 물러앉아 맥주와 말고기 소시지를 먹는 운치가 일품이었다.

"제이, 이 술집에 다시 오고 싶어요. 어쩌면 나의 단골 술집이 될 것 같은 예감이 들어요."

8월 말경 함부르크에는 매년 '백의의 피크닉(weisser dinner)'이 있다. 오후 6시경부터 밤 12시까지 시내 곳곳에 차량 왕래를 막는데 누구나 원하면 흰색 옷을 입고(필수다) 흰 신을 신고, 흰 모자를 쓰고, 친구들끼리 모여 자기들이 먹을 음식과 음료수를 가지고 와서 길거리에 상을 펴고 피크닉을 한다. 먹거리를 파는 것도 광고도 금지한다. 길가의 하늘 밑에 앉아 저녁나절의 시원함을 즐기는 아무런 상업적인 배경이 없는 순수한 모임이다. 친구들끼리 모이지만 모르던 사람도 같이 앉아 이야기하고, 같이 먹고 마시며 흰색 바다를 이루는 것을 보는 즐거움도 좋다. 음악도 없고, 순전한 잡담과 대화만이 있을 뿐이다. 이 파티의 근원이 프랑스에서 왔듯이 시간에 쫓기지 않고 마냥 앉아 먹고 마시고 즐긴다. 물질 만능 주위에 대항해서 잠시 숨을 돌리는 것이리라.

2016년 8월

8월 초순, 회색빛 기와가 완전히 얹혀졌다. 펜트하우스는 늠름한 자세로 수미와 제이가 살고 있는 아파트에서 25m 떨어진 맞은편에 자랑스럽게 서 있다.

남동쪽의 테라스는 늦은 오후까지 햇살이 들고, 남서쪽의 큰 테라스는 오후 늦게 햇살이 들어서 더운 날은 그늘을 찾아 앉기 좋다. 집 앞의 수미가 사랑하는 고목, 도토리나무가 풍성한 그늘을 선사할 것이다.

여름내 비가 와서 속을 썩이더니 8월 말에 여름이 다시 돌아왔다. 건축가는 좋은 날씨를 이용하여 매일 5~6명의 일꾼을 보내어 지금까지 쓰던 지붕 정원 전체를 새로 덮는 공사를 초고속으로 진전시켰다.

곧이어 창문이 들어왔는데 건축가가 신청을 잘못해서 다른 색상이 들어왔다. 바꾸려면 2주일이 걸린다고 하여 그냥 쓰기로 했다. 지금 사는 아파트의 테라스와 정원을 새로 덮고 지붕 위 약 400qm를 완전히 새로 단장하였다(건축법에 의해 약 100qm는 공터로 두어야 한다). 제이가 얼마나 뿌듯해하는지 말하지 않아도 알 수 있다. 그는 매일 아침 일어나면 얼굴에 환한 미소를 짓고 노래를 부르면서 왔다 갔다 하며 수미 침대 옆에 금방 끓인 커피를 놓아준다.

돌아다니기 좋아하는 제이는 고급 가구점과 저렴한 가구점을 수없이 돌아보며 피곤한 줄 모르고 시간을 보냈다. 같이 다니면 수미는 녹초가 되어 빨리 음식점에 들어가 쉬기를 원하는데 제이는 아직도 힘이 남아 옆에 있는 건축 재료 상점을 들어가 보고 싶어 한다. 수술 후 회복이 완전히 안 된 이유도 있지만 본래도 제이의 정력을 따를 수 없다.

"제이, 우리가 앞으로 50년을 더 살지도 않을뿐더러 현금을 항상 지니고 있어야 하므로 가구는 많이 사지 않은 것이 좋을 것 같아요. 그리고 너무 고급품을 고르지 않도록 해요."

"알았어요. 수미가 그 말을 백 번도 넘게 해서 이젠 말하지 않아도 잘 알아요."

제이가 보는 가구들은 너무 고급인데다 그렇다고 실용성이 좋은 것도 아니어서 수미는 가구를 보러 다닐 때마다 신경을 곤두세웠다. 아무리 말을 해도 제이의 머릿속에 박혀 있는 이러한 생각을 완전히 빼내기가 힘들었다. 수미가 판 아파트에 있던 가구는 최고급은 아니었지만 중간 제품으로 보기 좋고 편하기 때문에 집을 사는 사람이 거의 모두 인계받았다. 제이의 안목으로는 그 가구들이 마음에 차지 않아 헐값에 모두 넘겨버렸다. 지금 생각하면 요긴히 쓸 물건들이 많았는데 말이다.

그뿐 아니라 가구를 뜯어서 쌓아두어야 했기 때문에 이사할 때의 번거로움과 비용을 생각하고 아픈 마음을 달래가며 정든 가구들을 팔아버렸다. 물질은 무엇을 막론하고 포기할 수 있다는 수미의 철저한 인생관은 2015년 여름에 모든 정리를 깨끗이 하는 데 도움이 되었다. 남편이 관 속에 두 손을 모으고 평화롭게 누워 있던 모습을 떠올리면 포기하는 것이 어렵지 않았다. 정작 수미의 마음을 아프게 한 것은 물건에 깃든 수미의 사랑과 정과 추억이었다.

제이와 같이 새로운 물건들을 보러 다니는 것도 재미있고, 유행하고 있는 물건들을 보며 현시장의 경향을 읽을 수 있어 유익하다고 생각하였다. 또한 둘이서 모든 것을 새로 시작한다는 느낌과 기쁨을 더해 주는 것도 좋았다.

2016년 9월

혼자 살 때 9월이 오면 수미는 항상 기분이 센티멘털하고 슬픈 감정에 휩싸였다. 나뭇잎이 하나 둘 떨어지기 시작하면 허무하고 쓸쓸한 마음이 심장에 난 구멍을 통해 맞바람 치곤 했다. 단풍이 들기 시작하면 색동의 아름다움을 즐기기보다 나무들도 가슴이 아파서 심장의 피를 뱉어내는 중이라고 생각하기도 했다.

그런데 지금 수미의 감정은 어떠한가? 빨갛게 물들어가는 나뭇잎을 보며 '봄과 여름을 얼마나 사랑 하였기에 잎의 마지막 말초신경까지 피가 흘러 빨간 물을 들이는 걸까. 곧 낙엽이 되어 비료가 되겠지만 내년에 다시 재생하는 기쁨을 기다리며 겨울을 보내겠지…'라고 긍정적으로 변하였다.

9월 중순이면 제이는 76살이 된다. 생일날이면 쉴트 섬에 가서 며칠 골프 여행하기를 원했지만 올해는 집이 곧 완성될 것 같고, 둘이 3일간의 휴가로 1천 유로 이상이 깨지므로 가지 않기로 하였다. 대신 제이가 좋아하는 잡채와 불고기, 배추무침, 김 구은 것 등을 수미가 요리하고 생일 케이크에 6개의 촛불을 켜고 같이 축하하기로 하였다. 제이는 테라스 구석에 놓여 있는 숯불 바비큐에 장작을 넣고 모닥불을 만들었다. 꽤 낭만적으로 기분이 만점이었다. 새 집은 꽤나 써늘했다. 수미는 손에 잡히는 빨간 목욕 가운을 옷 위에 걸쳐 입고 나왔다.

"수미, 나를 유혹하고 싶은 거지?"

제이는 수미의 가운 속으로 손을 넣어 수미의 젖가슴을 찾았다. 그의 손은 꽤나 차가워 수미가 소리를 지를 정도였다.

"조금만 기다리면 따듯해져요."

그는 옷 속에서 계속 수미의 몸을 찾더니 바지 속으로 손을 넣어 그녀를 가볍게 애무하였다.

"침실에 가서 쉬어요."

"그럴까?"

그는 수미를 데리고 썰렁한 새 집의 침실로 갔다.

"수미가 침실에 가서 쉬기를 원했잖아?" 하며 수미를 벽에 세우고 바지를 벗겼다. 수미는 그가 시멘트 바닥에 눕히지 않는 것이 다행이라고 생각하며 그가 원하는 대로 수동적인 자세를 취하였다. 그는 정열적으로 가운 속의 육체를 껴안았다. 그는 수미가 충분히 흥분되었는지를 확인한 후, 수미의 한쪽 다리를 올려 자신의 성기를 조심스럽게 삽입하였다. 집이 꽤 추웠는데도 불구하고 그의 몸은 땀을 흘릴 정도로 온몸이 달아올랐다.

수미는 추워서인지 절정에 오르지 못했지만 제이가 흡족해

하자 대리 만족감을 느꼈다. 제이와 수미는 남은 샴파냐를 모닥불 옆에 서서 마셨다. 성교 후에 똑바로 서 있었더니 제이의 ○○이 흘러내려 속옷이 젖어들고 있었다. 수미는 젊었을 때 속옷이 젖는 것을 굉장히 불쾌하게 느끼던 생각이 갑자기 떠올라 웃음을 터뜨렸다.

제이는 왜 수미가 웃는지 모르면서 수미를 따라 웃었다. 두 사람 다 좀 취했는지 눈물에 콧물을 흘리며 멈추지 않고 웃어댔다.

"제이 왜 웃었어요?"

"네가 웃어서. 그리고 말이야, 젊어서 어떤 여자하고, 숲속에서, 나무에 세워놓고 섹스하던 생각이 갑자기 나서 웃었어. 뜻이 있는 곳에 숲이 있거든. 그래, 수미는 왜 웃었어?"

"말 안 할래요. 비밀이에요."

"말해 봐. 안 하면 또 옷 벗길 테니까. 젊어서 어떤 놈팡이하고 서서 한 생각하며 웃었지?"

제이는 수미의 허리를 단단히 조이며 끌어안았다.

"그래, 그래, 말할게요. 숨 막힐 것 같아요."

수미가 사실을 말하니, 제이는 다시 웃음보를 터뜨렸다. 두 사람은 또 한바탕 큰 소리로 웃어댔다.

"옆집과 바짝 붙어 있지 않아 다행이지, 우리가 이러고 있는 것을 보면 두 늙은이가 갑자기 머리가 돌았다고 생각하겠다. 이제 그만 따뜻한 집에 들어가자."

"먹던 것은 치워야 해요. 쥐가 있거나 고양이가 돌아다닐 수 있으니까요."

제이는 수미의 손을 잡고 맞은편 따뜻한 아파트로 들어갔다.

따듯한 물에 목욕을 하며 서로 머리를 감겨주고, 침대로 기어 들어가 껴안고 애무하며, 수미는 제이가 한 살 더 먹은 것을 축하해 주었다. 이미 자정이 넘었다.

"수미, 내년 4월이면 당신은 74세, 나는 76세. 우리 두 사람 나이를 더하면 150살이 되네. 그날 우리 결혼하자."

"OK. 당신이 원하면…."

두 사람은 서로의 살을 맞대고 깊은 바다 밑으로 침잠하였다.

다음 날은 아침부터 침실의 장롱을 새로 들여놓을 것인가 헌 것을 그냥 쓸 것인가로 토론을 벌였다. 침대는 몇 년 안 된 고급이지만 장롱은 15년 된 구식이었다. 재료는 나무로 되어 좋으나 새로 나온 가구들에 비해 쓸모가 없고, 한번 칠을 한 옷장들은 새 집에 놓기에는 초라하였다. 고급품의 장롱을 새로 맞추려면 1만 유로가 든다. 제이는 처음부터 옛날 장롱은 그냥 쓰자고 했는데 막상 새 장롱을 보니 너무 마음에 들고 사용하기에 편할 것 같아 마음이 흔들렸다. 수미는 가구를 살 돈이 충분히 있었으나 헌 장롱을 버리기가 아까워 결정을 못하였다. 제이는 자기는 헌 장롱을 쓸 테니 수미 것만 새로 사자고 하는데 수미는 도저히 그렇게 할 수어 며칠째 고민하고 있었다.

"수미, 헌 옷장을 쓰고 그 돈을 모으면 결국 당신 딸의 것이 될 텐데 무엇 때문에 그렇게 고민을 해요? 물론 헌 옷장을 아직 쓸 수 있지만 앤티크같이 가치 있는 가구도 아니고, 한 번 색칠한 것이 여기저기 벗겨졌고 겉모양도 구식이고… 당신 딸이 이런 가구를 쓰겠어요, 내 아들이 이런 가구를 들여놓고 살겠어요? 그뿐 아니라 이 좋은 가구도 결국은 유산이 되는데 무엇이 문제지요? 아마 헌 장롱을 빈곤자들이 얻어서 쓰는 가구점에 갖다 놓으면 누군가 좋아서 빨리 가져갈 거예요. 누군가에게 기쁨을 주는 것도 좋은 일이지요. 게다가 색칠을 다시하고, 디자인과 치수를 조금 바꾸려면 꽤 돈이 들 거예요. 새 장롱을 들여 놓으면 가구점에서 모든 것을 당신이 사용하기 편하도록 맞추어줄 거예요. 수미 무엇 때문에 저축을 해요? 이런 때 쓰지 않으면 언제 돈을 쓸 것인지 생각해 봐요. 나는 정말 헌 장롱 써도 좋지만, 나는 수미가 좋은 장롱을 쓰면서 즐거워하는 것을 보고 싶어요."

"제이, 나는 돈을 무조건 쓰지 않겠다는 게 아니에요. 장롱값이 너무 비싼 것 같고, 너 요긴한 것이 필요할 때 돈이 모자랄까 봐 그래요."

그러나 그의 말이 맞다. 돈이 없어서 그런 것이 아니라 가난했던 시절의 몸에 밴 버릇과 싸구려 인생관 때문이다. 수미는 가구점에 전화해서 서류를 보내달라고 하였다.

며칠간 고민을 하던 수미는 행복한 마음이 봄날 따사로운 햇살같이 방글 방글 웃으며 자신을 감싸는 것을 느꼈다.

수미와 제이의 사랑의 집은 급속도로 자라고 있었다. 크리스마스가 되기 전에 건축이 끝나고 열쇠를 받을 수 있을까? 제이는 창고에 있던 크리스마스트리를 꺼내 놓았다. 물론 가짜 전나무이지만, 전에 상점에 장식으로 쓰던 것이라 크고 질이 좋아 진짜 전나무 같았다.

밖에 거실의 큰 창문 앞에 세우기로 했다. 크리스마스 치장용 소품들이 두 상자나 되어 나무를 하나 사서 큰 화분에 심어 며칠만 집안에 들여놓고 그 다음에는 밖에 내놓자고 하였다. 크리스마스가 지나면 화분을 테라스에 놓아 자라는 것을 보자고 하였다. 상점에서 쓰던 크리스마스 전기 치장이 많아 집 전체를 빽 돌아가며 조명하기로 하고, 두 사람은 크리스마스 환상에 흠뻑 젖어들었다.

2016 10월

완연한 가을이다. 여름에는 날씨가 좋지 않더니 황금의 10월이 되려는지 날씨가 좋은 날이 많다. 10월은 추수하는 달이기 때문에 날씨가 좋으면 과일도 채소도 흔하고 싸다. 생활이 궁하고 음식물이 귀할 때를 생각하면, 마치 음식물의 바다 속에 들어앉아 있는 것 같다. 얼마나 많은 날들을 배고픔으로 힘들어 했는지… 혹시 어린 시절과 사춘기에 고기를 많이 먹지 못한 것이 아마 지금까지도 나의 혈관을 비교적 깨끗하게 보전하고, 혈압이 높지 않은 데 도움이 된 것은 아닐까.

잡초처럼 자란 수미는 잡초같이 끈질기고 강하다.

그때는 음식물의 가치가 높았다. 음식물을 충분히 보유하면 마음이 든든하였다. 모든 물건들이, 옷이나 가구 등 무엇을 막론하고 개인적으로 느끼는 가치가 지금보다 훨씬 높았다. 쉽게 버리고, 새로 사고, 많이 소모하고, 남은 것을 아까움 없이 버리는 것이 좋은 일인지 아닌지 수미는 가끔 헷갈렸다. 경제가 원활히 돌아가려면 많이 소모하는 것이 윤리적, 도덕적으로 좋다는 아메리카식의 사고방식은 유럽에도 널리 퍼졌다. 그러나 수미는 아직도 음식물을 버리지 않도록 신경 써서 쇼핑을 하고, 냉장고의 음식물을 다 소모하기 전에 장을 보는 것을 피한다.

미국에 사는 형제들을 방문할 때마다 느끼는 것이 왜 이들은 이다지 빨리 가난하던 시절을 잊었나 하는 것이었다. 인간은 물의 큰 흐름을 막을 힘이 없기 때문에 좋거나 싫거나 끌려 따라 내려가는 것일까?

건축가의 말에 의하면, 테라스에 돌을 까는 것과 외벽 칠하는 것을 빼놓으면 9월 말쯤 공사가 끝난다고 하였다. 테라스에 깔 돌을 준비하고 집 안에 바닥 깔 준비가 끝나면 건축가의 의무는 모두 마치는 셈이다.

곧 이사를 해야 될 것 같이 여행은 생각지도 못하지만, 여행보다 더 좋은 것, 골프보다 더 좋은 것이 기다리고 있기 때문에 조금도 섭섭하지 않았다. 사랑하는 제이와 새로운 집과 수미의 행복감은 모든 것을 감싸주고도 남는다.

9월 말에 부엌 가구가 들어올 수 있도록 준비를 모두 마쳤으며 벽난로가 들어오고, 목욕실에 타일 까는 일이 끝나고 목욕통과 샤워, 변기가 들어왔다.

제이는 수미가 생활하는 데 조금도 불편을 느끼지 않도록 수미 입장에 서서 일일이 섬세하게 신경 써주었다. 수미는 평생 처음 받아보는 진정한 사랑과 배려에 몸 둘 바를 몰라 했다.

10월 15일, 기다리고 기다리던 집 열쇠를 인계받았다. 밑에 짓는 4개의 아파트에 잔일이 아직 남았지만, 건축가는 두 사람의 집을 제일 먼저 완성해 주었다. 약속한 날에서 15일 지체되었지만 한 달 전만 하여도 이렇게 빨리 완성되리라고는 생각조차 할 수 없었다. 그러나 분명 꿈이 아니었다. 건축가와 집 매매한 사람과 일꾼들이 모여 축배를 들고, 제이는 자랑스럽게 열쇠를 높이 들어 보여주었다. 제이는 일꾼 한 사람 한 사람과 악수를 하며 고맙다고 인사하였다. 처음부터 마지막 날까지 수고한 일꾼들에게 감사의 뜻으로 약간의 수고비를 선물하였다. 제이의 생각이 아니라 수미의 생각이었다. 물론 건축사로부터 임금을 받지만 가난을 벗어나기 위해 말도 통하지 않는 낯설고 물선 외국에 나와 아침부터 저녁까지 일해 준 일꾼들이 너무나 고마웠다. 수미는 처음에 독일에 와서 고생하던 시절을 생각하며 그들의 노고를 특별히 생각하였다.

준비 기간을 합쳐 1년 10개월 이상의 시간이 걸렸다. 제이와 수미의 기쁨은 말로 표현하기 힘들 정도로 벅찼다. 제이는 베토벤의 〈환희〉를 틀어놓고, 새 아파트와 지금 사는 아파트를 왔다 갔다 하며 몇 번이고 반복해서 들었다.

그동안 수미는 시간 나는 대로 지금 사용하고 있는 아파트를 정리하였는데 병치레로 지연되어 앞으로 할 일이 많이 남았다.

부엌 기구와 가구가 모두 들어오고 바닥이 완전히 깔리고, 도배가 끝나려면 약 한 달의 시간이 걸리지만, 여하간 크리스마스 때는 새 집에서 지낼 수 있다고 제이는 수미에게 약속하였다. 이사 준비보다 더 힘든 일은 제이가 많은 물건을 버리도록 달래는 것이었다. 집안이 완전히 정리되려면 연말쯤이 될 것 같다. 그러나 두 사람은 급하지 않았다.

"다리 밑에 살고 있지 않아서 다행이야."

내리는 비를 보며 수미가 걱정하자 제이가 넉넉한 웃음을 지으며 말했다.

"왜 걱정을 해? 밖에만 비가 오는데…."

마지막 암 검사 결과

  수미가 마지막으로 몸 전체를 검사한 PET-CT에서는 아무런 의심나는 것을 발견하지 못했다. 제이는 안도감으로 긴 한숨을 내쉬었다. 첫 검사가 잘못된 것은 아닐까 하는 의문을 아직도 하지만, 여하간 몸속에 암의 흔적조차 없다고 하니 속이 다 시원하였다. 아직도 수술한 자리가 가끔 댕기지만 전체적인 몸의 컨디션이 정상으로 돌아가고 있음을 느꼈으며 활동력과 힘이 정상화되었음을 몸이 말해 주었다. 의사의 말로는 자주 있는 일은 아니지만 자연적인 치료가 가능하며 인간의 강한 저항력이 이기는 경우도 있고, 갑자기 암의 모체가 사라지는 것이 아주 불가능하지는 않다고 하였다. 여하간 수미와 제이는 가능한 모든 검사를 하고 목에 있는 혹과 메스타제를 수술해 낸 것으로 일단 안심할 수 있었다. 의사는 6개월 후 다시 검사를 받으라고 하였다. 제이의 사랑과 기도 덕분에 수미는 병을 이길 수 있었다. 이것은 자연이 준 선물이다. 하느님이 주신 또 하나의 선물이다. 죽을 날을 기다리던 사형수가 특별사면을 받은 마음이 지금 수미가 느끼는 마음과 같을까? 전쟁에서 아슬아슬하게 죽을 고비를 피하고 살아난, 살아 있다는 환희가 이런 것일까?
  수미는 마음에 조그만 냇물을 흘려보내며 봄에 올 자연의 생명의 환희를 기다린다.

〈부록〉
연애의 비밀·1

수미는 자신의 이야기를 계속 쓰기로 마음먹었다. 마치 자신의 이야기가 우주의 축이 되는 듯, 우주의 핵이 되는 듯 중요하게 느꼈다. 그러나 수미는 자신이 중요하지 않고 독자가 중요하다는 것을 깨닫고, 독자에게 도움이 될 수 있는 수미의 경험을 계속하기로 마음먹었다.

수미는 외로움이 무엇인지 안다. 외로운 인간이 '님'을 만났을 때의 행복감이 무엇인지 안다. 수미는 성숙한, 성공한 자식이 찬 어깨를 보이는 것의 섭섭함과 야속함이 얼마나 가슴 쓰린지 안다.

수미의 3년 동안 신문광고와 인터넷 포탈을 통해 파트너를 찾던 경험은 주로 황혼의 사랑에 초점을 맞췄지만 40대 50대의 새 파트너 찾는 것도 같은 이론이다. 상처로 혼자되었든지, 이혼하였던지, 이론은 같고, 사랑도 같은 것이다.

노년기에 들어서면서 상처하여 혼자된 외로운 노장들이 '그런대로 살다 죽지' 하는 사람들이 많다. 젊은 노장들이 외로움을 잊기 위해 '박카스 아주머니'를 찾는다는 기사를 보고 너무 마음이 아팠다.

어떤 나이든지 60이던, 70이던, 80이던 자신이 새 사랑과 생활을 결정하면 반드시 새 파트너를 찾을 수 있다. 결정과 계획과 인내, 의지의 문제이다.

인간이 아무런 목적이 없이 허공을 걷는 기분일 때 가장 불행하다. 젊은 노장들이 새 파트너를 찾는 것을 자신의 과제로 삼으면 어떨까?

노장이 아니라도 외로운 모든 인간들이 짝꿍을 찾는 것을 스스로의 과제로 삼는다면 생활에 활력을 찾을 수 있지 않을까?

'다 늙은 나를 누가 좋아할까? 돈도 없고 건강도 시원치 않고, 잘난 것도 없고….'

이 세상은 젊고, 잘생기고, 성공하고, 잘난 인간으로만 형성되어 있지 않다. 이런 부정적인 생각은 부정적인 추수를 할 가능성이 많다. 부정적인 생각은 보이지 않는 산울림과 같이 연기같이, 에너지의 전자를 타고 주위에 퍼진다. 잘나고 돈 많은 인간들만 데이트를 한다고 생각하면 큰 잘못이다.

겨울에 따듯한 손을 잡고 둘이서 길가에 파는 우동을 같이 사먹으면 얼마나 맛있고 마음을 따듯이 데워 줄까? 공원의 벤치에 앉아 가지고 나온 떡을 나누어 먹으면 얼마나 맛이 있을까? 따듯한 단칸방에 이불을 덮고 같이 누워 책을 서로 읽어주다 피곤해서 잠들면 잠이 얼마나 달콤할까?

이불 밑에서 발과 발이 닿을 때, 말라붙었던 성 신경이 사막에 떨어지는 빗물같이, 영원히 죽었다고 믿던 신경이 삐죽이 살아나온다는 것을 믿어라. 따듯한 손과 손이 닿을 때 수천 개의 신경이 서로 만나며 당신의 면역성을 높인다는 것을 믿기 바란다.

좋은 옷을 입고 좋은 식당에 앉아 마주보고 있어야만 사랑이 아니다. 유람선을 타고 먼 여행을 떠나야 행복한 데이트가 아니다. 지금 당장 멋있는 데이트를 할 수 없어도 둘이 합치면 셋의 힘이 된다. 앞으로 생활이 발전하리라는 희망은 당신을 생기 있고 행복하게 할 것이다.

긍정적인 생각도 부정적인 생각도 보이지 않는 전파를 타고 인간의 호흡 같이 주위에 퍼져 어디엔가 도착한다. 빈병에 편지를 넣어 바닷물에 던지던 심정과 비슷하다.

옛날에는 늙어서 혼자가 되면 정말로 새로운 인생을 시작한다는 것이 힘들었다. 옛날의 뚜쟁이 할머니는 가문을 묻고 양반, 상놈을 찾았다. 그것이 절대 나쁜 방법이 아니었다. 인간은 과거와 미래의 교차점에서 존재한다. 과거는 현재의 나를 형성하기 때문에 과거와 그 주변을 둘러싼 보이지 않는 울타리가 현재의 '나'를 형성하는데 영향을 미친다.

이 글은 수미의 거짓 없는 보고이고 필자 자신의 이야기다. 단지 필자는 '나, 내가 나를, 나, 나…' 하기가 싫어 수미를 통해 이야기 한다. 수미는 필자이다. 수미는 유명해 지고 싶어서도 아니고, 돈을 벌고 싶어서도 아니다. 수미의 글이 외로운 인간들의 작은 반딧불이 되지 않을까 하는 마음뿐이다. 그리고 한 가지 소원이 있다면 독자들이 전자책을 읽지 말고, 이 조그만 책자를 따듯한 이불 밑에서 읽어주면 수미는 무한히 행복할 것 같다.

모든 인간사가 그러하듯이 짝을 찾는 과정은 준비 과정, 적극적의 행동의 과정, 결정의 과정, 데이트의 과정으로 나눌 수 있다. 어떤 냄비든 솥이든 맞는 뚜껑이 있다. 찾아야 한다.

준비 기간

어떤 이유로 혼자가 되었든 간에 자유로움을 얼마나 즐기던 간에 언젠가는 모두 공통된 한 점에 도달한다. 가슴에 뚫린 구멍이 처음에는 적어서 의식하지 못했다하더라도 언젠가는 맞바람이 불고, 춥기 시작한다.

꽤 많은 사람들이 이 빈자리를 물질로 틀이막으려고 힌다. 그러나 물질은 마치 눈덩어리를 뭉친 공 같아서 쉽게 녹는다. 그러면 다음의 눈덩어리를 찾고, 한없이 이 과정을 반복한다.

인간은 무리가 필요하고 동시에 옆에 붙어 다니는 가슴을 따듯하게 데워 주는 한 인간이 필요하다는 것은 자연의 철칙이다. 그 때문에 시간이 문제이지 가슴 속에 무엇이 비었다는 것을 느낀다. 그렇다면 혼자 사는 종교인들은 어떻게 사나? 그들은 범인과 달리 신을 자신의 배려자로 삼고 가슴의 구멍을 채운다.

독자들은 신부나 다른 종교인들이 외로움을 안 느낀다고 생각할지 모른다. 그러나 필자가 잘 아는 친구처럼 지내던 신부님들도 특히 정년퇴직한 후에 범인이 느끼는 외로움으로 대부분이 술로 가슴을 데운다. 마약 중독자는 마약으로 가슴을 데우고 많은 인간들이 물건을 끌어 모으는 것으로 가슴의 구멍을 메우려고 한없이 사들이고 돈을 소비한다. 물질도 술도 외로운 인간의 가슴을 메워주지 못한다. 그것은 마치 눈덩어리를 뭉쳐 만든 공 같아 쉽게 녹아버리고 또다시 시작하지 않으면 안 된다. 진정한 사랑만이 인간의 빈 가슴을 메워 준다.

언젠가 자신이 파트너를 구해야 한다고 결정하면 우선 자신이 혼자 설 힘이 얼마나 튼튼히 형성되어있나 시험하기 바란다. 방 한가운데 조용한 시간에 눈을 감고 움직이지 말고 긴장감 없이 서 있다가 두 손을 가슴 중간에 얹고 뒤로 밀어 보아라.

당신은 금방 뒤로 뒤뚱하는가, 아니면 어느 정도의 저항력을 보이는가. 다른 사람이 해주면 더 좋다.

당신이 튼튼한 다리로 버티면 당신은 혼자설 수 있는 힘이 길러진 인간이다. 맥없이 뒤로 밀리면 당신은 아직 자신의 설 자리가 튼튼하지 않다.

사별과 이별로 당신 발밑의 설 땅이 꺼졌었다. 이 땅을 다시 찾아야 한다. 당신이 설 땅이 굳지 않으면 새 사람을 찾는데 걸림돌이 되고 장기적 파트너와의 생활이 위태하다. 사별이나 이별로 난 상처가 우선 아물어야 한다. 이 상처가 아물지 않으면 면역성이 약하고 염증이 쉽게 난다. 특히 노년기에 제 2의, 제 3의 생활을 구축하려면 이것이 마지막으로 하는 결정이고, 자신이나 파트너에게 마지막으로 약속하는 인관관계라는 것을 고려하기 바란다. 단호한 결정이 중요하다. '적당히 어떻게…', '살다 보면 어떻게…' 하는 생각을 버리고 자기의 의지와 결단력으로 새 생활을 하겠다는 결단력이 필요하다.

수미는 스스로 혼자 지낸 10년을 되돌아보면, 적어도 5년을 지체했다고 생각된다. 시간이 상처를 치료해 주고, 그 자리에 외로움이라는 새 병이 들어앉기 시작하면 이 새로운 병이 너무 퍼지지 않도록 방비하기 시작하여야 한다. 수미는 고독이라는 암이 온몸에 퍼지기 시작할 때 스스로의 결정을 하였다. 좀 늦었다. 그러면 상처가 치료되는 동안 가만히 숨어서 누워있어야 하나? 아니다. 무엇이라도 좋다. 스포츠, 새로운 것을 배우는 것, 여행, 사회활동과 봉사 등 많은 가능성이 있다. 자신의 발전이 자신의 육체와 영혼을 강하게 하는 것이 새 생활에 조금씩 한 걸음씩 가까워진다고 믿기 바란다. 그리고 이런 적극적인 행동이 시간과 함께 당신의 상처를 빨리 치료하고 회복되는 지름길이며 비결이다.

예를 들이, A는 힝싱 영어를 좀 배웠으면 좋겠다고 생각했으면 지체 말고 시작하자. B는 항상 어떤 운동을 배우고 싶었다. 지체 없이 시작하되 자신에게 해가 되지 않도록 잘 생각하고 자신이 지속적으로 할 수 있나 생각하는 것이 좋다. 하지만 잘 못되었다 해도 아무것도 안 하는 것보다는 좋다.

C는 항상 음악회와 오페라를 방문하기를 원했다. 그것이 시시하다는 단계가 될 때까지 자주 방문하라. D는 항상 여행이 하고 싶었다. 혼자 다니는 여행이 물위에 뜬 한 방울 기름 같이 느껴질 때까지 돌아다녀 보아라. 스스로 그 이상 더 혼자 여행하고 싶지 않을 때까지 돌아다녀 보아라.

이러한 적극적인 행동이 실제로 많은 열매를 맺지 못해도 시도하였다는 것만으로도 하나의 가치가 있다. 스스로의 단련과 발전은 좋은 전재조건이다.

외로움이 아프기 시작할 때 이 통증을 감추려 하지 말고 섬세한 감정으로 인지하기 바란다.

'가고 싶은 때 가고, 오고 싶을 때 오고, 먹고 싶을 때 먹고, 먹을 것만 있으면 무엇 때문에 남자가 귀찮게 구는 것을 받아 가면서 살아야 돼?', '살 걱정 없겠다, 부엌 가구 좋겠다, 왜 여자 바가지 긁는 소리를 듣고 같이 살아야 하나?', '사는 대로, 있는 대로 살다 죽지….'

이런 소리 주위에서 자주 듣는다. 한편으로 맞는 말이다. 그러나 그들은 저녁나절 혼자 산보할 때, 혼자 밤이 늦도록 TV를 보면서 자신의 영혼이 추위에 오들오들 떨면서 따듯한 인간의 체온을 갈구하고 있다는 것을 잊거나 일부러 느끼지 않으려고 노력한다. 스스로의 변명이고, 스스로의 방어지만, 이런 변명은 당신의 새 출발을 지연시키는 장애물이라는 것을 잊지 말기 바란다. 자신에게 솔직함은 자신을 아는 첫걸음이다. 인간은 반쪽이고 항상 자신의 반쪽을 찾게 마련이다.

신에 대한 사랑도, 예술에 대한 사랑도, 끊임없는 자신의 반쪽을 보충하려는 노력이다.

사별하고 절대로 다른 파트너를 구하지 않는다는 굳은 결심을 하고 사는 인간들도 그것이 진정한 자신의 결심이라면 좋다. 그러나 윤리적, 사회적 눈 때문이라면 생각해 볼 여지가 있다.

수미 딸의 시어머님은(사돈) 좋은 집을 소유하고, 수입도 좋고 건강상태도 비교적 좋지만 15년 이상을 혼자 살며 세 자식을 키우던 큰 집을 매일 쓸고 닦고 옛날 물건들을 닦고 정리하는 과제로 세월을 보낸다. 그녀는 과거를 현재로 과거와 함께 과거 속에서 생활한다.

그녀는 새로운 파트너를 구할 기회가 많았지만 의사였던 자신과 남편을 비교하고 누구를 보던 항상 신통치 않고 밑지는 것 같아 이리저리 미루다 심장마비로 죽을 고비를 넘기고 집안에서 꼼짝도 안하고 살고 있다.

자신에게는 단 한 남자가 이 세상이든 저 세상이든 존재한다고 믿는 사람도 있다. 죽는 날까지 사별한 남편을 사랑하며 산다. 한국말로 하면 '열녀'이다.

거울 앞에 서서 자신을 관찰하라. 미소 짖는 얼굴은 아직도 아름답게 느껴지지만 웃을 때 지는 주름과 늙어가는 몸을 사랑할 줄 알아야 한다. 살면서 좀 밑지는 것이 얼마 남지 않은 생에 정말 중요한 것인가?

수미가 제이를 만났을 때도 그의 빚과 현재 처해 있는 상황이 좀 밑지는 느낌이 들었었다. 이 밑진다는 것이 무엇인가? 우리는 항상 덜 주고 많이 받고 싶은 욕심을 준 것만큼 받고 싶은 마음을 이제 버려야 한다. 좀 많이 주고 덜 받는 자세를 적어도 노년기에는 배워야 한다. 주되 자신의 욕구로 즐겨서 주고, 받음이 돌아와도 좋고, 적게 돌아와도 좋다는 인생관으로 바꾸어야 한다. 그러면 실망도 야속함도 적어지고 마음 편하다. 야속하면 야속함에 대해 얘기하는 것을 배우는 것도 좋다. 다른 사람을 점쟁이나 X레이 눈을 보유한 앞과 뒤와 옆에 눈이 있는 인간으로 만들지 말자.

수미가 이 준비기간에 가장 잘못한 것은 너무 오래 숨어 살며 시간에 개 줄을 목에 매고 끌려 다녔다는 것이다. 어떤 구체적인 생각도 없이 그냥 끌려 다니며 살다 아픔을 그 이상 견디지 못할 때 소리치고 발버둥을 친 것이다.

상처하고 늦어도 2~3년 사이에 새로운 생활을 하도록 자신의 힘을 키워야 한다. 물론 사람마다 다르다. 그러나 생각해 보자. '지금의 외로운 생활이 진정 저승에 가신 님이 원하는 것일까?' 이 준비기간을 지나고 실질적인 계획을 할 때 적극적인 도전을 할 때 현대인에게는 약 네 가지의 구체적인 가능성이 있다고 수미는 생각한다.

적극적인 도전이다. 1) 우연속의 인연, 3) 신문광고, 3) 상업적인 결혼 중매소를 이용하는 방법, 4) 인터넷 포탈을 이용.

1) 우연 속의 인연

불교의 카르마를 논란하지 않아도 노년기에 들은 인간은 수미와 같이 인간의 만남이 인연이라는 것을 믿으리라고 생각된다. 모든 만남이 인연이 맞아야 한다고 한다.

인연은 정말 가만히 앉아 있어도 찾아오는 것일까?

집안에 가만히 앉아 있는데 길에서 우연히 누구를 만날까?

영화관을 가지 않았는데 옆에 우연히 누가 앉아서 인연이 되었을 때 이것이 정말 우연인가?

여행을 가지도 않았는데 우연히 여행에서 만난 인간과 인연이 된 것일까?

인연은 찾는 인간에게 어디엔가 숨어 있다가 미소 짖고 손을 내민다. 서로 아는 사람끼리 중매가 되는 것도 물론 인연이다. 운명을 억지로 강제할 수 없음을 우리는 안다. 그러나 많은 인간의 어떤 만남이 인연이라고 생각해도 짧은 시간 내에 그 환상이 사라진다. 그것이 진정 인연이 아니었기 때문이다.

이 세상에는 꿈속에서 보는 동화에서 보는 왕자님도 아름다운 공주님도 천사도 있을 수 있지만 그 인연을 만나기는 복권에 당선되기 만큼 힘들다. '귀여운 여인(Pretty woman, 리차드 기어, 줄리아 로버츠 주연의 영화)'의 행운도 어디엔가 숨어 있을지도 모른다고 믿는 여자들도 있다. 환상을 버리자. 복권 열 장을 사고 당선되기를 바라지 말자. 인연을 찾아다니되 어떤 구체적인 환상과 희망을 갖지 않기 바란다.

우연한 인연을 찾을 곳은 많다. 교회, 단체여행, 극장, 오페라, 노인들의 모임, 공원의 벤치 등 수없이 많다. 그러나 당신이 만일 누군가를 만나리라는 희망으로 두리번거린다면 그 깅제성의 스트레스는 주위에 안개 같이 퍼지고 오히려 역효과를 내기 쉽다. 무엇을 하던 어떤 모임이던 그 순간을 즐기고 자신이 그곳에 있음으로 다른 인간들을 행복하게 한다고 생각하면 틀림없이 잘하는 것이다. 아는 사람이나 친구가 중매할 때 절대로 빼는 자세를 취하지 말자.

수미가 남편과 사별하고 딸이 있는 주변의 조그만 아파트로 이사했을 때 너무 적적하고 견디기가 힘들어 아는 사람마다 전화를 해서 "내가 새로 이사하고 너무 외롭고 적적하니 시간 있을 때 볼일이 없어도 전화 좀 해라. 누구와 이야기를 좀 한다는 것도 위로가 될 것 같다" 하는 구걸 전화를 열심히 하였다.

자신이 말하지 않으면 아무도 진정으로 내 생각을 해주는 사람이 드물다. 몸이 아프면 아프다고 호소를 하듯 외로우면 왜 이 아픔을 감추어야 하나? 상처하거나 이혼한 아는 사람에게 전화하여 "어떻게 지내?" 하면, "그런대로 지내지 어떻게 해" 하지 자신이 얼마나 고독한지를 직접 말하기를 부끄러워한다.

이 세상에 당신을 들여다보는 X레이 눈을 가진 인간도 없고, 용한 점쟁이도 없다. 의사를 찾아가도, 자신의 아픔을 잘 전달하는 자에게 도움이 된다. 주위 사람들에게 외로움의 아픔을 감추지 말고 직접적으로나 간접적으로 알려라. 이것도 인연을 돕는 길이 된다. 등에다 '나는 외롭습니다. 님을 찾습니다' 하는 샌드위치 판을 메고 돌아다닐 수도 없지 않는가.

외로운, 님을 찾고 있는 모든 당신에게 Emmy Grund의 시를 선사합니다(수수 美 번역, E. Grund는 별로 알려지지 않은 독일 시인).

이런 님이 당신은 필요합니다.
님, 당신은 이 세상에 단 하나의 님이 필요합니다.
님, 당신과 같이 웃고 울어줄 님
님, 당신의 편을 항상 들어주는 님
님, 당신의 문제를 자신의 문제로 만드는 님
님, 당신의 꿈을 알고 당신의 약점을 덮어주는 님
님, 당신의 이름을 부르고
    당신이 이 세상에 존재함을 다행으로 생각하는 님
님, 당신의 희망이 깨어졌을 때 당신을 품에 안고 위로하는 님
님, 당신의 악기의 음을 맞추어 주는 님
님, 당신의 빛이 되어 주는 님이 당신은 필요합니다.

독자여, 수미를 믿어 주기 바란다. 황혼의 사랑은 풋사랑과 다르고 무르익은 중년기의 사랑과 다르지만 말로 표현하기 힘들게 아름답다. 파트너 찾는 기술이 끝나면 수미의 이야기가 계속된다. 얼  마나 아름다운 황혼인가 기다려 주기 바란다. 수미는 우선 사랑도 좋지만 사랑할 인간이 없는 일차적 문제에 대해 더 집중한다.

독자들이여! 지금 이 순간에 마음을 결정하기 바란다.

'나는 외롭다. 나는 사랑 하는 사람을 찾겠다. 이것은 절대로 불가능 하지 않다.'

2) 신문광고

모든 가능성은 평행적으로 실시하는 것이 좋다. 수미의 경험으로는 적어도 한 달에 한 번 신문을 바꿔가며 광고를 내되, 너무 비용을 드리지 말고 조그만 광고를 내는 것이 좋다고 생각한다.

돈 많은 사람들이 자서전의 한쪽을 읽듯이 한편의 시를 읽듯이 큰 광고를 읽으면 우선 위축감이 생기게 되고 '이렇게 훌륭한 사람이 왜 아직도 혼자서 짝을 찾나?' 하는 의문도 생기고 자신의 초라함이 느껴진다. 짝을 찾는 적극적인 행동은 생각보다 과정이 길고 비용이 많이 나간다는 것도 생각해야 하고 포기하기 쉬운 포기하고 싶은 순간을 잘 넘겨야 한다.

한두 개의 예를 든다.

님을 찾습니다
남- 73세, 상처 3년, 건강 양호, 수입- 중 상,
진정한 여생을 같이 지낼 님을 찾습니다.
핸드폰 1234567

당신을 찾습니다
여- 70세, 상처 5년, 평범한 가정주부 형, 수입- 약함
같이 늙어갈, 여생을 동반할 당신을 찾습니다.
핸드폰 1234567

말벗을 찾습니다
여- 70세, 이혼 3년, 스포츠, 여행, 콘체르트
말벗과 같이 여행할 벗을 찾습니다,
핸드폰 1234567

가능한 한 집 전화와 주소는 주지 않는 것이 좋다는 경험을 수미는 했다. 이런 조그만 광고는 비용도 적게 들뿐 아니라 많은 궁금 점을 안겨준다. 너무 한 신문에 같은 광고를 내면 좋지 않고, 신문을 바꾸고 스포츠를 즐기는 사람은 스포츠 잡지에 광고를 내는 것도 좋다.

다 아는 얘기를 무엇 때문에 장황히 늘어놓느냐고요?

우리는 얼마나 많은 것을 자신을 위해 할 수 있는 가능성이 널려 있다는 것을 알지만 우리는 미루고, 주저하고, 아예 잊어 버리고 핑계가 많다.

시작하기 바란다. 시작이 반이다. 지금 이 순간에 마음속에 결단을 내리고 시작하기 바란다. 마음속의 결단이 시작이다. 의혹하지 말고, '글쎄…'라는 생각을 지워라.

수미는 그 당시(약 6년 전) 신문편지함을 이용하여 신문사가 편지를 모아 보내주는 것을 이용하였지만 너무 오래 시일이 걸린다. 장점은 상대방의 필체와 얼마나 진솔하게 썼는가를 전화보다 좀 더 잘 잡을 수 있다는 외에는 너무 낡은 방법이라고 생각하나 독일에서는 아직도 이 방법을 쓰는 사람들이 있고, 우리의 골프 친구 한 사람도 이런 방법으로 쌍이 맺어져서 5년째 잘 살고 있다.

약 6개월 동안 5개의 좀 신시하나는 편지가 모였다. 그리고 단 한사람 만난 사람은 제일 먼저 연하의 남자였다. 대부분의 남자들이 모두 70살을 훨씬 넘어, 80에 가까운 남성들이었다. 골프를 치는 사람도 하나도 발견하지 못했다.

연하의 남자를 만난 이유 중에 하나는 나이로 봐서 아직 골프를 배울 수 있고 사진을 보니 날씬해서 운동신경이 좋을 것 같다는 판단이 났었다. 그는 솔직하게 자신의 사정과 그의 가슴속의 문제를 잘 서술한 것이 마음에 들었었다.

그러나 실제로 만나보니 건강이 좋지 않아 보이고, 내가 그의 어깨가 필요할 때 그는 나의 기댐을 받을 힘이 없다고 판단하였다. 그러나 동정심과 쉽게 연하의 남자를 다시 만나기 힘들다는 것으로 한 동안 많은 생각을 했다. 그의 수입이 약하다는 것은 수미에게 문제가 되지 않았다. 친구같이 가끔 커피라도 같이 마실까 하는 생각도 했지만 그는 너무 순진하고, 약하고 너무 오래 혼자 살아서 그에게 실망을 주면 그에게 상처를 입힐 것이라는 생각으로 한번 만나는 것으로 끝냈다.

현재 수미는 그 남자와 계속 데이트하지 않은 것을 다행으로 생각하지만 만일 그때 수미가 마음이 급하고 어떤 확실한 자신의 계획이 없었다면 그 남자를 취했을지도 모른다.

수미는 자신이 원하는 파트너의 조건은 많지만 자신이 원하는 것보다 '자신이 절대로 타협할 수 없는 조건들'을 적어보았다.

나이는 70을 많이 넘지 말 것(다시 이별에 대한 두려움과 건강한 남자들은 70대에도 골프를 칠 수 있고, 성적 능력을 유지한다). 담배는 피우지 말 것, 골프를 어느 정도 칠 것, 부자는 아니지만 자신이 먹고 살 수 있는 경제력이 있을 것(수미는 남자를 만나 호강하고 싶은 생각은 조금도 없다), 한 번 이상 이혼하지 않을 것(잘못된 결정을 한 번은 할 수 있지만, 또다시 결혼하고 이혼하였다는 것은 이해할 수 없다).

수미는 더 늙기 전에 적극적으로 살다 죽고 싶다. 골프 여행도 하고 싶은 곳이 많다. 현실성이 없는 꿈을 버리고 내가 어디서 누구를 만나 남은 생을 아름답게 살다 죽을 것인가 구체적이고 현실적인 생각을 하기 바란다.

타협할 수 없는 조건이 적을수록 누군가를 만날 가능성이 많아진다. 경제적인 문제는 수미의 경우, 남자가 셋방에서 살 때 자기 아파트로 들어와도 상관없다고 생각했다.

수미는 3년간 사람을 찾을 때 위에 적은 조그만 조건 외에 어디서 살다 죽을까 하는 생각을 많이 했다. 예를 들면 남쪽에 딸이 사는 슈투트가르트는 골짜기에 들어 앉아있어 높은 지대로 올라가지 않으면 공기가 탁하고 기관지에 좋지 않을 뿐더러 여름이면 습하고 더운 온도로 고생한다. 물론 경제적으로 풍부한 사람들은 모두 높은 지역에 거주하고 있다. 기후 변동으로 남쪽은 점점 날씨가 더워지고, 북해가 가까운 함부르크나 수미가 전에 택한 하노버에 머무르려는 결정은 처음부터 돼 있었다.

중부지방도 좋지 않다. 공업지역이 많아(루루 지방) 공기도 안 좋고, 자연경치도 남쪽이나 북쪽만큼 좋지 않다. 물에 칼크와 석회질이 많은 편이라 욕실청소가 일이 많고, 부엌에 기구나 세탁기 등을 간수하기가 힘들다. 공기가 탁하고 환경오염이 심한 편이다.

파트너를 찾으며 그런 생각까지 힌다는 것은 너무 계산직이라고? 아니다. 노년기에 파트너를 찾으면 마지막 살 곳을 찾는다고 생각해야 한다. 삶에는 물과 공기와 기후가 중요하다. 어차피 모든 조건을 찍어 넣고 찾는데, 이런 생각을 안 할 수 없다. 남자가 재산을 얼마나 갖고 있느냐는 문제되지 않는다. 자기가 먹고 살 것만 마련했으면 된다. 자신의 앞날에 대한 어떤 구체적인 소원과 실현성을 가지고 있어야 한다.

3) 상업적인 결혼 중매소를 이용하는 방법

모든 상업적인 비즈니스가 그러하듯이 결혼 중매소는 당신의 외로움을 덜어주고 당신이 짝을 찾아 행복해 주기를 바라지만 첫째 목적은 자기들이 다른 인간들의 외로움을 이용하여 많은 돈을 버는 것이 목적이라고 생각한다. 그들이 아무리 친절해도 주목적은 돈이다. 경제적으로 부유한 사람들이 인터넷보다 안전하다고 믿는 예가 많다. 상업적인 중매소는 특별 전문상점과 비슷하다. 많은 사적인 조언을 하고 개인적으로 돌보아주고 그 대신 많은 경비를 요구한다.

수미는 결혼 중매소의 경험은 없다. 우선 너무 비싸고, 가짜 데이트를 시키고, 돈을 뜯어 먹는 예가 너무 많이 알려져서 아예 이 가능성은 생각지고 않았다. 단지 잘 아는 사람의 한 케이스를 안다. 그는 나의 처음 골프 클럽에 있던 나보다 약 10년 연상의 부자였다. 자주 그와 우연히 만나면 골프를 같이 치고 서로 좋은 대화를 많이 나누었다. 한 동안 골프장에 보이지 않더니 부인이 갑자기 별세하였다고 한다.

그는 1년 상을 치루고 유명한 결혼 중매소에 신청해서 거의 20살 젊은 선생을 만나 결혼하였다. 그의 경제적 조건과 학력 등은 어떤 여자도 차버릴 자신이 없을 것이다. 그녀는 골프를 배우기 시작하였으나 즐겨서 하는 것이 아니라는 느낌이 들었다. 나는 가끔 그를 만나면 결혼생활이 행복한가 물어보았다.

그는 별로 행복한 느낌을 내게 주지 않았다. 혼자 골프 칠 때가 많아 물어 보면 부인이 실트 섬(sylt, 부유한 독일인이 별장을 갖고 많이 사는 북해의 휴양지)에 있는 집에서 휴양한다고 한다. 2년이 채 못 되어 이혼한다는 말이 돌았다. 그녀는 다른 사랑하는 젊은 다른 남자가 있음에도 불구하고 결혼을 한 것이다. 많은 위자료를 주지 않고도 이혼이 되어서 다행이었지만 결혼 중매소가 사기를 친 것인가? 아니면 그 여자의 물질에 대한 욕심 때문이었는가는 알 길이 없다. 부인은 2년 사이에 자기가 살 수 있는 독채 집을 자기이름으로 바꾸는데 성공하였다. 얼마 후에 골프 클럽을 바꾸었기 때문에 더 이상 이야기할 기회가 없었다. 물론 잘된 사람도 있을 것이라고 생각되지만 나의 수준에 맞는 방법이 아니므로 이 방법은 생각지도 않았고 아무런 경험도 없다.

단지 예쁘고 젊은 여자들이 수수료를 안내고도 돈 많은 연상의 남자들을 유인하기 위해 등록되었다는 것은 수미에게 잘 알려졌다. 그들은 미모와 성을 결혼을 기회로 판매하는 것이다.

4) 인터넷 포탈을 이용

현대인의 가능성은 복을 받은 것인지 저주인지 인터넷이라는 것이 있다. 이것은 물론 현대에 사는 외로운 인간들에게 전 세내에서는 상상할 수 없었던 무한한 가능성을 보여준다. 인터넷 포탈을 뒤져보면 몇 개의 종류와 급이 있다.

(1) 무료제공, 남녀 구별 없고 나이에 관계없다.

(2) 무료제공, 여자만 : 남자만 약간의 회비를 받는다.

(3) 남녀 같이 회비를 받으나 회비를 안내고도 프로필과 사진을 볼 수 있고 단지 편지는 보낼 수 없다.

(4) 50세 이상 먹은 50plus라는 특별 사이트, 그러나 요즈음은 보통 좋은 포탈에는 50plus라는 난을 따로 부쳐주고, 회비가 다르다(적다).

(5) 남녀 모두 회비를 받고 이메일로 중매해 준다. 신고만 하면 회비를 내고 정식 가입을 안 해도 나이, 직업, 사는 곳을 볼 수 있고 사진은 볼 수 없다.

(6) 엘리트나 아카데미 커를 주로 상대하고 소위 상류사회 인터넷 중매한다고 선전한다. 수수료가 상당히 비싸다.

"당신은 특별한 인간입니다"하는 이미지를 갖도록 광고한다.

이 방법들은 인터넷을 사용하고 적어도 이메일 편지를 자유롭게 사용할 수 있어야 되지만 컴퓨터 사용을 잘못하는 경우 친구나 자녀들의 도움을 받을 수도 있고, 배우면 된다. 10여 년 전만 해도 독일에서는 노장들이 컴퓨터 쓰는 것을 벌벌 떨고 무섭게 생각했지만 이제는 많은 노장들이 컴퓨터를 쓰고, 파트너 중매 포탈을 이용한다. 스마트 폰이나 pad를 이용할 수도 있지만 진정으로 편지를 쓰기에는 역시 컴퓨터가 좋지 않을까?

전에 비해 독일에서는 노년기의 파트너 찾는 포탈이 가속도로 늘었다. 우선, 어떤 파트너를 중매하는 포탈이 있나 잘 찾아보고 주위 사람들의 경험을 듣고, 한두 개의 포탈을 찾아낸다.

많은 사람들이 인터넷에서 누구를 만난다는 것이 위험하다고 생각한다. 그렇다. 90프로의 인터넷 인연이 위험성을 많이 포함하고 있다.

어떻게 안전하고 좋은 파트너 중매 포탈을 골라내는가?

우선 이름 있는 포탈을 찾아보고 얼마나 오래되었나, 테스트 결과가 어떤가, 매달 수수료가 얼마인가 등등을 알아보고 특히 아는 사람 사이에 이 인터넷 포탈을 이용하여 데이트하거나 성공한 예가 있나, 그들의 경험이 어떤가. 이런 것들을 알아본다. 중매 포탈에 성공한 사람들의 많은 이야기가 소개되지만 이것을 얼마나 믿어야 하는지는 각자가 결정하여야 한다. 직업적으로 좋은 평을 쓰는 인간들도 많다.

(1), (2) 무료로 하는 중매는 자신의 프로필만 내고 스스로 원

하는 조건을 넣고 찾는다. 마치 큰 길에 꽉 찬 인간들과 같다. 즉 막 시장 같다. 여자를 무료로 받는 포탈도 거의 같다. 여자들을 무료로 유인하여 남자들에게 돈을 받고 팔아 먹는 셈이다. 제일 싼 디스카운터나 벼룩시장과 같다.

(3)의 경우 : 회비 없이 들어가 다른 사람들의 프로필을 보고, 사진도 볼 수 있으나 메일과 전화번호를 서로 교류하지 못하도록 관리한다. 할인 슈퍼마켓 같다.

(4)의 경우 무료로 신고할 기회를 주고, 테스트 기간을 주지만 회비를 내야만 교류가 가능하고 사회적, 심리적, 의식주의 경향, 취미 등을 테스트하여 90점 이상일 때 메일로 중매한다. 비용이 쫴 비싼 편이지만 잘 정리된 슈퍼마켓 같다. 많은 중산층의 사람들이 시도하고 성공률이 좋다는 평이 있다.

(5)의 경우 50살 이상을 주로 상대로 중매해 준다. 젊은이들에게 밀려나는 기분이 없고, 수수료도 비교적 싸지만 아직도 인터넷을 잘 쓰지 않는 노장들이 많고 인터넷에 대한 두려움과 윤리적, 사회적 걸림으로 비교적 선발의 범위가 좁다. 보통 이름 있는 포탈과 병행하면 좋다고 생각된다.

(6)의 경우 많은 수수료를 내고 상류사회의 인간을 만날 것이라는 희망으로 신청한다. 골프 클럽에 단 하나 이 포탈에 신청한 사람을 아는데 평이 좋지 않다. 몇 번 데이트를 했는데 여왕님을 만나는 것 같이 콧대들이 높아 어떻게 살을 붙이고 같이 살 것 같은 기분이 안 든다. 한마디 한마디를 금 저울에 달아야 한다면 피곤해서 어떻게 산단 말인가?

인간살이가 고급 레스토랑과 오페라하우스와 콘체르트로 구성된 것이 아닌데, 마치 서커스의 공 마당, 줄타기 하는 것 같다. 이런 서술로 보아 많은 사람들이 현실에서 너무 붕 뜬 인간들의 모임이 아닌가, 거품이 반은 들은 맥주 잔 같은 인간들의 모임인가 하는 생각이 들었다. 그들은 대부분 대학을 졸업하고, 닥터 타이틀이 있는 것은 사실이나 그들의 관심과 파트너에게 바라는 조건은 너무 많고 자신의 값을 한없이 올리고 요구를 한다.

주위 사람의 경험은 중요하지만 한국인의 기질로 "인터넷에서 만나서 사랑한다"고 용기 있게 실토하는 경우가 많을까? 독일 사람들은 개방적이지만 아직도 인터넷 사랑을 "쉬쉬…" 하는 경향이 있다.

수미는 누가 물으면 서슴없이 "인터넷 사랑"을 공개하고 그들에게 도움이 될 점을 스스럼없이 이야기한다. 왜 대부분의 사람들이 "인터넷 데이트"를 감추나 하는 생각을 수미는 해보았다.

한 친구에게 "왜 인터넷을 통해 만났다는 것을 숨겨야 하지? (그녀는 수미의 권장으로 시작했고, 수미가 많이 코치했다) "

그녀의 답은 "인터넷에서 만났다는 것은 로맨스가 없고, 이것저것 다 따지고, 물건 사고팔 듯이 만져보고, 들여다보고, 뒤집어보고, 값을 깎고… 어쩐지 창피하거든" 또는 "너만 알고 있어. 유람선에서 춤추다 만났다고, 다른 사람한테 이야기했으니까", 또 한 쌍이 인터넷 데이트를 해서 경험을 좀 물어보려니까, 이런저런 이야기를 하고 덧붙여서 "주위에 노인 대학에서 만났다고 했으니까….”

 수미의 딸도 수미와 같은 파트너 중매 포탈을 이용하여 꿈에나 찾을 기가 막힌 남편을 구해서(10년 전) 공주님 같은 두 딸을 데리고 자신의 대학교수직을 반나절하면서 여왕님 같이 살지만, 수미 외에는 친척들도 둘이 인터넷에서 만났다는 것을 모른다. 물론 그들의 가정은 의사들로 담장을 쌓은 대대로 좋은 가정이라 어느 정도 이해가 가지만 사위도 자신이 인터넷 포탈에 들어 있다는 것을 비밀로 했었다. 사위는 실토하기를 포탈에 넣자마자 수미의 딸이 데이트 신청을 해서, 오래 포탈에 넣지 않아도 되었던 것을 다행으로 생각했다고 한다. 자신이 이혼한지 반년 만에 인터넷에 사진과 자기의 프로필을 낸 것을 친척들이 안다면 자신의 위신이 좀 떨어졌을 것이라고 한다(이혼 이유 : 여자가 도망갔다). 그들은 어떤 외국의 의사들이 모이는 모임에서 수미 딸도 한 건물 안에 인터넷 상업 모임에서 우연히 만나 사랑이 이루어졌다는 스토리를 만들었다(이 이야기는 딸과 사위의 승락이 있었다).

 이들은 내 딸이나 사위나 두 번째의 파트너이고 이미 많은 경험으로 자신들이 무엇을 원하는지, 무엇을 원치 않는지 정확히 알고 있었으므로 물론 인연이지만 쉽게 합침이 이루어졌다. 처음 만났을 때 새로운 교수자리를 찾을 때까지 9개월간을 450Km를 기차를 타고 주말마다 왕복한 딸의 끈질김이 놀라웠다.

 수미가 앞에서 쓴 우연의 만남은 로맨스가 많고, 실질적인 조건보다 감정적인 사랑이 주가 되고, 또 이런 만남이 드물기 때문에 주위에 자신이 얼마나 복 받은 특별한 인간인가를 알리기 위한 스스로의 좋은 자화상이다.

　수미의 의견으로는 좋은 인터넷 중매를 이용하는 것이 우연의 인연과 신문광고와 병행해서 하면 가장 좋은 방법이라고 생각한다.

　수미가 잘못한 것은 처음에 신문에 내보고 너무 주저하다 포탈에 들어간 것이다. 마음에 좌절감이 올 때마다 집어치우고 싶은 생각을 하고 중간에 스톱을 했다 다시 시작하곤 했다. 신문광고도 중요하지만 동시에 인터넷 사용을 추진하고 인터넷도 하나만 신청하지 말고 두 번째 포탈을 신청한다.

　'비용이 많이 들 텐데….' 이런 생각하지 말라. 외로워서 여행사에서 하는 문화, 수학여행 한번 혼자 떠나 보아라. 얼마나 엄청난 돈이 소비되는가. 그런 지출에 비하면 인터넷 수수료는 '새 발의 피'다. 물론 우연속의 인연을 찾아 적극적인 생활을 계속하기 바란다. 생활의 생기를 잃지 않기 위해서도 중요하다.

　우선 어떤 포탈을 이용할 것인가를 결정하는 것이 중요하다. 주위에 아는 사람들이 인터넷 데이트를 하지만 진정한 의미에서 서로 잘 맞아 같이 살 것을 결정하거나 결혼을 한 예는 드물다. 대부분 "그냥 재미로(just for fun)"이고 시간을 같이 보내고 외로움을 달래는 정도이고, 다음 버스를 기다리기 위해 헤어지는 경우도 많다. 이 경우 대부분이 남자가 헤어지기를 원한다. 물건을 쉽게 골랐다가 마음에 더 드는 것이 있으면 헌 것을 버리고 새로 사는 기분이다.

　쿼터 파트너, 겨울 지내는 파트너, 여행 파트너, 임시 파트너 등 짧은 파트너 생활과 바꿈을 말하는 유행어가 돌아다닌다. 사랑이 무엇인가를 논하기 전에 우선 사랑할 수 있는 파트너를 구하는 것이 일차적 문제이다.

사랑을 논하면 에리히 프롬(Erich Fromm, 1900~1980년 『사랑의 기술』 저자)을 지나칠 수 없지만 이 문제는 파트너 찾는 기간을 지나 결정의 단계에 들어가면 데이트 단계에서 다시 논하기로 한다.

앞에서 말한 임시적 파트너를 구할 것인가 아니면 진정한 사랑과 장기적인 파트너를 구할 것인가. 닥치는 대로 물건을 사서 버리고 또 사는 인간도 많고, 좋고 마음에 꼭 드는 물건을 사서 평생 쓰는 사람도 있다. 자신이 결정해야 한다.

이것이 일차적인 선택과 결정의 축대가 되어야 한다.

'죄송합니다, 독자님. 짝꿍과 님을 찾는 것을 물건소비와 비교해서….' 물질최상, 만능의 이 세계는 이런 비교가 제일 쉽다고 생각된다.

수미는 한국인들이 사용할 수 있는 웹 사이드 몇 개 찾아보았다. Koreancupid.com이 그런대로 마음에 들었다(광고가 아니다). 단지 어디에선가 시작하면 자꾸 다른 아이디어가 떠오른다. 우선 무엇인가 시작하는 것이 상책이다. "시작이 반"이라는 평범한 지혜를 생각하자.

사진의 매직_ 연애의 기술·1

당신이 마음의 결정을 정하고 어떤 한두 개의 파트너 중개 포탈을 찾고 결정하였다고 하자. 이제 적극적으로 도전하는 과정이다.

처음 인터넷 포탈에 신고하면 바로 회비를 내지 않고 한동안 비용 없이 포탈을 뒤지고 찾아 볼 수 있는 기회가 있다. 좋은 포탈일수록 이런 기회를 많이 준다. 사진과 자세한 프로필은 볼 수 없지만 나이, 직업, 어느 지역에 사는 가 등을 볼 수 있다. 위에 말한 사이트는 사진, 나이 거주지 등의 간단한 인포메이션을 비용 드리지 않고 볼 수 있고 가격도 비싼 편이 아니다.

처음에 가입하면 파트너를 찾는 인간들이 바다 속의 물고기같이 많이 돌아다니며 가입하고 있다는 것에 놀란다. 8천만 명이 넘는 인간이 사는 독일에 적어도 수미가 신청하려는 포탈에 백만 명 이상이 가입되었다는 것에 놀라고, 이 많은 가능성 중에 단 하나의 인간을 찾아야 한다는 것은 보통 어려운 중노동이 아니다. 그러나 나이의 한계를 지어야 되고, 노년기의 사람들이 신고한 숫자는 제한되므로 자신이 원하는 나이, 취미, 도시 등을 넣고 누르면 별로 많은 것은 아니다. 요즈음은 50plus라는 난이 따로 있고, 노년기 파트너 찾는 포탈이 많이 생겼지만 수미가 신고하던 6~7년 전만 해도 노년기에 인터넷을 쓰는 사람들도 비교적 적은 편이였고, 노년기 사람들이 파트너 중매를 적극적으로 사용하는 예가 지금보다 적었다. 조그만 50plus라는 포탈이 있었으나 가격은 싸지만 일반적인 평이나 관리하는 방법, 가입한 사람들의 레벨이 낮은 편이었다. 많은 사람들이 공짜로 할 수 있는 포탈에 많이 가입하고 있지만 그것은 마치 왁작거리는 시장바닥에서 누군가를 찾으려는 것과 비슷하다.

평이 좋고 어느 정도 수수료가 비싼 편이고, 잘 알려진 포탈을 선택하지만 비싸다고 좋은 것은 아니다. 앞에서도 서술하였듯이 "아카데미 커, 엘리트, 상류사회 등이 붙은 포탈은 인간의 미묘한 감정을 이용하여 많은 돈으로 사람을 끌어드리려고 한다. '미련한 사람 비싼 것 사라'는 말도 있듯이 비싸니까 그만한 가치가 있고, 시시한 인간들은 감히 너무 비싸서 손을 안 댈 것이라는 심리를 이용한다.

마치 롤렉스시계나 샤넬이나 이태리제 고급 차들처럼 보통 사람이 잘 사용하지 않는 물건으로 엄청난 가격을 요구한다. 이런 포탈을 이용하는 한 사람을 골프 클럽에서 아는데 별로 평이 좋지 않고 등록된 숫자가 많지 않다고 한다. 아주 싼 포탈과 여자는 회비 없이 받는다는 포탈은 피하는 것이 좋다.

일단 가입하면 먼저 회원비를 안 내도 테스트의 기회를 준다. 나이, 직업, 주소, 취미 외에 많은 심리적인 테스트와 사회성, 성격, 인생관을 묻는 여러 개의 답에서 고르는 방법이다. 포인트를 모아서 다른 찾는 파트너와 포인트가 90~100정도 맞을 때 중매 제공을 보내준다. 그러면 그 제공하는 사람의 프로필을 열어보고, 어떤 사람인가 볼 수가 있다. 물론 정식 가입을 해야

가능하다. 이런 식의 포탈이 비교적 성공률이 많다는 평이 있다. 가입만하고 정회원이 되는 것을 좀 미루고 기다리면 가격을 깎아주고 회비 없이 3일간 회원과 똑같은 권리를 주고 테스트하라는 등 많은 조그만 선물로 처음 회원이 되는 사람들을 유혹한다. 이 기회를 잘 이용하여 자신이 확신성이 생기는 것을 기다리는 것도 좋다. 너무 급하게 회원 신청을 하면 최소한 6개월을 계약하기 때문에 잘 고려하는 것이 좋다.

위에 말한 웹 사이트는 포인트를 모아 중매해 주는 역할은 하지 않는다. '밑져야 본전이지' 하는 생각으로 이곳저곳에 손을 대면 그만큼 좌절감이 부풀을 위험성이 따르고 좌절감과 실망은 마치 곰팡이 같이 당신의 케이크나 떡을 망가뜨릴 위험이 있다.

독자들께서 인터넷 포탈에 들어가면 스스로 많은 경험을 하리라고 믿는다. 일단 어디에선가 시작하면 자꾸 다른 아이디어가 떠오른다는 것은 살아가면서 누구나 경험하였다.

필자는 포탈에 가입할 때 처음에는 신분증을 새로 만들기 위해 찍은 사진을 올렸다. 웃으면 안 된다고 해서 입을 꼭 다문 진지한 사진이었다. 컴퓨터를 찾아보니 그 사진 직전에 살짝 미소 진 사진이 있어 바꾸었다. 위의 두 사진이다.

이 두 사진을 비교하면 단 몇 십 초 사이의 간격으로 찍은 사진인데 풍기는 분위기가 다르다.

첫 번째 사진을 오렸을 때 한 달에 한번 윙크가 들어오고 "당신 사진이 마음에 듭니다. 숙녀 같은 진지함이 있습니다" 하는 메일이 들어오고, 두번 째 사진을 바꾸니까 한 달에 여섯 개의 윙크가 들어 오고, "당신 사진이 마음에 듭니다", "당신 미소에 반했습니다" 하는 메일이 들어오고 세 개의 진지한 편지가 들어왔다. 수미의 귀에 쟁쟁히 들린다.

"나는 사진이 안 받고, 늙으니까 흉측해서 사진 안 찍는다."

이 말은 맞지 않는다. 이 세상에 흉측한 인간도, 사진을 절대 안 받는 인산도 없다. 어느 인간이나 아름다운 순간이 있다. 방법은 디지털 사진기나 핸드폰으로 한 30개의 사진을 찍어 잘 관찰한다.

마음이 행복하고 편안했나? 조금 머리를 숙인 것이 좋을까? 정면으로 찍은 것이 좋을까? 거울 앞에 서서 자신의 표정을 들여다보면 어떤 때 마음에 드는 표정이 반드시 있다. 사랑하는 님을 생각하거나, 어떤 아름다웠던 순간을 생각해 보면 어떨까? 아름다운 풍경을 생각하면 어떨까? 스스로 마음에 드는 사진이 될 때까지 포기하지 말고 계속 시도하면 언젠가 "내가 이렇게 근사한가" 하는 순간이 있을 것이다.

누구나 마음의 상태가 한 인간을 밖으로 보여주기 때문에 잘 자고 마음이 편안할 때 사진사에게 가서 찍는 것이 좋지 않을까? 인터넷 포탈에 올리는 것도 하나의 투자인데 좋은 사진 정도를 투자할 좋은 의도가 있어야 하지 않을까? 당신의 진지함과 노력은 보이지 않는 전파를 통해 누구엔가 도착할 가능성이 많아진다. 많은 질문들을 잘 읽고 진정한 마음으로 테스트를 마치도록 한다.

마지막에 자신을 소개하는 난이 있는데(이것은 어느 포탈이나 있다고 생각 된다), 이것이 매우 중요하다. 너무 장황한 소설을 쓰면 안 읽어진다. 간단하되 자신을 상대가 좋은 그러나 진솔하고 믿을만한 정확한 그림과 틀을 만들 수 있도록 노력하여야 한다.

많은 사람들이 자신의 나치즘에 도취되어 소설을 쓰고, 자신을 높일 수 있는 모든 것을 총동원하여 자신의 자상화를 좋게 만들려고 노력한다. 수미의 경험으로는 너무 자신을 추켜세우거나 화장한 것 같은 자상화는 별로 믿음성이 적다.

예를 들면, 한 골프 치는 여인은 "당신은 지금 무슨 생각을 합니까?" 하는 질문에, "날씨 좋은 날 아름다운 우리 골프 클럽에서 한 바퀴 돌고, 클럽 카페에 들어가 커피와 케이크를 먹으며, 따듯한 햇살을 즐기고, 친구들과 저녁에 이태리 레스토랑○○○(유명한 비싼 레스토랑)에서 즐길 것을 상상하고, 주말에 오페라를 같이 보기로 한 것을 즐거운 마음으로 기대하고 상상한다. 그리고 '다음 여름에 있을 클럽 골프 여행을 신청할까?' 하는 생각도 한다." 자기의 사치스러운 생활을 간접적으로 잘 표현하였다.

수미는 이 질문에 "기다려 보자, 인생의 길이 어디로 가나 기다려보자"라고 답했다. 그러나 자신이 누구이며 무엇을 원하는가를 확실히 나타내야 한다.

미팅 에피소드 공개_ 연애의 기술·2

A) 나이 65세, 178~80, 솔라 건축가, 세 번 이혼, 자식 3명 모두 분가했음.

당신 사진이 마음에 듭니다. 나는 지금도 솔로 건축가로 열심히 일하고 있습니다. 전국을 돌아다니며 나의 모바일 차(홈)를 거북이처럼 지고 다니며 자연과, 직장과 취미를 모두 합쳐서 돈을 벌고 자유와 자연을 누리며 살고 있습니다. 나의 생활에 만족하지만 단 하나 사랑하는 사람이 없다는 것이 나를 슬프게 합니다.

'생략 : 자신의 학벌과 과거의 이야기가 너무 길다.'

나는 당신 같은 여인과 모바일 홈을 타고 다니며 같이 생활할 수 있다면 더 바랄 수 없이 행복할 것 같습니다. 사진에 보다시피 나의 모바일 홈은 고급이고, 조그만 아파트 못지않게 안락하고 편합니다.

당신은 캠핑과 모험과 로맨스를 사랑하십니까?

나는 당신의 사진을 안고 잠들어 당신의 꿈을 꾸었습니다.

'생략: 자기 자식에 대한 것' DIN 4 한 장 정도 되는 메일을 보냈다.

어느 산속의 캠핑 자리에서 꽤나 고독한 모양이다.

수미는 캠핑도 좋아하지 않고, 모험도 좋아하지 않지만 왜 이 남자가 세 번이나 이혼을 했나 궁금했다.

수미는 답하기를 단도직입적으로 "왜 세 번이나 이혼을 하고, 세 아이는 세 여인에게서 나온 아이입니까? 나는 장기적으로 같이 늙을 파트너를 찾고 있는데 내가 마음에 들면 또 결혼할 의사가 있으십니까?"

그는 답하기를, "물론 서로 사랑하고 당신이 원하면 또 결혼할 용기가 있습니다."

이혼의 이유는 성적 불하모니와 경제적인 문제였으며, 자식들은 모두 독립하여 나가 살고, 아무런 경제적 책임이 없다는 이야기를 장황하게 써 보냈다. 꽤나 밤에 외롭고 지루한 모양이다. 메일에 감사하고 그것으로 끝을 마쳤다.

수미가 이 이야기를 쓰는 이유는 인터넷은 자기를 감추고 무엇이나 물어보고, 캐고, 경험을 쓸 수 있다는 장점이 있다.

또 하나의 사진과 관련된 에피소드가 있다. 조금 망측스럽다.

B) 70세 250km 떨어짐, 두 번 이혼, 이혼 2년, 경제력 좋음, 골프, 골프여행, 170cm -90kg.

당신 사진과 프로필은 내 마음에 꼭 듭니다. 당신의 미소가 하도 아름다워 프린트해서 책상 앞에 걸고, 침대에 안고 갔습니다. 157cm에 57kg도 마음에 듭니다. 조그맣고 날씬한 검은 머리의 여인을(물 들인 머리) 나는 좋아합니다.

당신이 원하면 내일 당장 나는 내 골프백을 스포츠카에 실고 당신에게 달려가고 싶습니다. 그는 자기의 고급차와, 골프장(유명한 골프장)에서 찍은 몇 장의 사진을 올려 보냈다.

나는 당신의 사진을 안고 당신이 옆에 있다고 생각하고, 스스로 성적 사랑을 하였습니다. 나는 갑자기 사춘기로 돌아가 가슴이 뛰고, 당신 생각밖에 다른 생각을 할 수 없습니다.

수미는 생각하기를 'Oh, God, 이 늙은이를 잘 보아 주는 인간이 있다는 것은 기분이 나쁘지는 않지만, 어떻게 성숙한 인간이 아무리 인터넷이라도 이런 편지를 쓸 수가 있을까? 그는 고독과 성적 요구로 좀 머리가 돌았나 보다.' 이런 생각을 하며 사진을 잘 들여다보니 90kg이 아니라 100kg도 넘는 병적으로 비대한 인간이다. 지워 버리려다 수미는 답장했다.

"감사합니다, 나이 많은 수미를 좋게 보아주셔서 감사합니다. 저는 보시나시피 가는 인간으로 갈비뼈가 붙이질 것 같이 당신의 아름다운 로맨틱한 신청을 거절합니다. 늙으니까 건강만큼 중요한 것이 없거든요…. 당신의 행운을 빕니다."

이혼 이유를 물으니 성적 문제와 자신이 골프광에다(핸디 9) 부인이 골프를 안 좋아해서 자기가 나가 골프 치는 사이에 바람이 났다고 한다. 그래서 이번에는 골프를 안 치는 여자는 절대 상대하지 않기로 마음먹고 있다고 한다.

그 후에도 몇 개 핸드폰에서 쓴 메일이 왔지만 핸드폰에서 쓴 편지는 어쩐지 성의가 없어 보여 별로 관심이 없었다.

이런 망측한 편지의 주고받음은 인터넷이라 자신을 백 프로 감출 수 있기 때문에 가능하다. 별로 흥미가 없어도 경험을 모으는 좋은 기회이다.

그 후에 얼마 안 되어 제이를 만났다.

아슬아슬한 토론을 넘기고, 인연이 되려니까 10년이라는 나이를 '사기' 쳤음에도 서로를 사랑하게 되었다. 수미가 한 방법은 절대 흉내 낼 방법이 아니다. 수미가 정신이 바로 들었으면 상처하고 1년이나 2년 후에 시작했으면 이런 문제가 적었다. 70이 다되어 발버둥을 친 것이 잘못이다.

이 기회에 파트너와 나이 차이 문제를 좀 생각해 보자. 동서를 막론하고 남자들이 연하의 여성을 찾는 것은 잘 알려진 사실이다.

첫째는 종족 보존의 동물적인 본능의 잔재이고,

둘째는 남성들의 나치즘과 이기주의의 산물이다.

'여자는 자신을 보석으로 치장하고, 남자는 여자로 치장한다'는 말이 이것을 잘 나타낸다.

통계학적으로도 여자가 평균적으로 오래 산다. 만일 여자가 10년 연하라면 여성이 다시 재 이별할 가능성이 많고, 늙는 마지막 단계를 남자 병치레를 하며 여생을 보낼 가능성이 높아진다. 파트너를 찾는 전제가 가끔 만나고 서로 친구 같이 지낸다고 생각하면 이 문제가 심각하지는 않다. 그러나 늘그막에 파트너를 구하는 사람은 안전한, 서로 정신적으로나 육체적으로나 의지하고 남은 짧은 생을 무엇인가 같이 시도하고 같이 즐거워하며 살기를 바란다면, 5년 이상의 연하를 바란다는 것은 난센스다. 요즈음 파트너 찾는 난을 뒤져보면 여자들이 같은 나이 내지 약 5년까지 연하의 남자를 원하는 경향이 높아지고 있다.

생물적 나이가 적다고 항상 건강이 양호하고 성적 기능이 양호하다는 선입관도 일반화 할 수 없다. 이것은 모든 인간이 같은 나이에 사망한다는 전제 하에서만 가능하다.

더러 '연상의 나이도 좋습니다' 하는 경우는 어떤 경제적인 문제나 남성이 완전히 성적으로 무능자라는 이유를 찾아낼 수 있다. 성적으로 무능하다는 것과 애정과 정서가 무능하다는 것은 또 다르지만….

일반적으로 남성들은 노년기가 되어도 정신적인 유대에 앞서 성적인 매력과 성에 대한 관심이 높다.

한 이메일이 생각난다. 79세 먹은 남자가 '여자는 늙지만, 남자는 주름과 함께 흥미로워집니다' 이것도 지나친 나치즘의 표현이다. 막말로 여자는 70세면 송장이고, 남자는 80세도 흥미 있는 인간이라는 서술이다.

일반적으로 여자가 70의 7자가 붙으면 현실적으로 보아 거의 파트너 찾는 기회가 늦었다. 3년을 찾고 기다리다 10년을 '사기 쳐서' 인터넷 포탈에 낸 심정을 독자가 이해할까? 대부분의 70대 남자들이 특히 골프 치는 여자를 원할 경우, 50~65세를 원하는 난에 넣기 때문에 그 이상 나이의 여자들은 그들이 찾는 망에 걸리지를 않는다(수미와 제이가 만났을 때 수미는 70세, 제이는 73세였다).

인연이 되었기 때문에 진정한 파트너 관계가 이루어졌고, "수미, 당신이 사기 치지 않았으면 우리는 절대 못 만났어" 하는 말을 생일 때마다 하며 "당신이 이 세상에 존재한다는 것은 하느님의 선물이야." 이런 말은 "사랑해" 하는 말보다 수미에게 더 아름답게 들린다.

인터넷 프로필에는 남자들도 자주 자신의 나이를 젊게 한다. 이런 경우 데이트가 이루어지면 서로 용서해 주고 문제를 해결하는 경우도 있지만 대부분 남자가 나이를 줄인 것은 문제가 안 되고 여자가 나이를 줄인 것이 문제가 된다.

 인터넷 데이트에 또 하나 주의할 것은 자기가 찾는 조건에 적어도 70프로 맞는 가능성이 있을 때 만나는 것이 좋다고 생각한다. 남자 측에서 만나자고 한다고 만나서 실망과 좌절감이 자꾸 덧붙으면 언젠가는 집어치우고 싶어진다. 나이가 비슷한 것이 노년기 파트너 생활에 중요한 이유는 또 있다.

 수미의 돌아가신 남편께서 수미보다 12세 연세가 많으셨다. 그 당시 많은 것을 수미는 이해하지 못하고 자주 짜증을 냈다. 이제 수미 자신이 돌아가신 남편과 같은 나이가 되니까, 많은 것을 이해하게 된다. 수미는 심장 문제가 없지만 남편께서 당한 고통이 무엇이었나 하는 것을 피부로 잘 느낄 수가 있다. 늘그막에 4~5년의 차이는 별 문제 없이 잘 하모니 할 수 있다. 그러니 10년 이상의 차이는 문제점이 많다. 플로리다에는 아름다운 과부가 많기로 유명하다. 돈 많은 남자들이 젊은 여자와 결혼하여 사망하였기 때문이다. 서로의 이해와 관대성을 위해서도 나이의 차이가 많은 것은 좋지 않다. 동갑이나 남자가 약간 연하인 것이 이상적이다. 특히 여자가 아직 삶을 적극적으로 살기를 원하면 더욱 그렇다.

 골프 클럽에 여자 76세, 남자 80세의 부부가 우리가 좋아하는 골프 친구이고, 수미는 그 여인을 존경한다. 그들은 자식이 없고 여자 측의 혼자 사는 여동생이 한 명 것으로 안다. 남편이 심장수술을 해서 건강이 좋지 않을 때, 의료적이나 영양이나 잘 돌볼 뿐 아니라 남편은 차도 운전 못하지만 남편을 차에 데리고 거의 매일 골프장을 돌고, 가까운 곳에 골프 여행을 다니고, 산책하고, 체육관을 모시고 다니며 운동을 하고, 그의 건강은 80먹은 노장으로 양호하고, 외모적으로도 76세인 제이보다 젊어 보인다.

그녀의 끈질긴 노력과 의지와 긍정적인 인생관은 보기 드문 예로서 수미는 그들 부부를 존경하고 특히 그 부인을 좋아하고 존경한다. 그들은 충분한 경제력이 있음에도 불구하고 방 두 칸짜리 조그만 아파트에 살며 도시생활을 즐긴다. 긍정적인 생각과 인생관과 스스로의 삶에 대한 책임감은 놀라웠다.

연애의 비밀 · 2

제이의 데이트 에피소드

그는 나를 만나기 전에 1년 이상 인터넷 포탈에 가입되어 있었다. 가입한지 얼마 안 되어 함부르크에서 59살 된 예쁜 여자가 윙크를 보내고, 관심이 있다고 연락이 왔다. 프로필을 찾아보니 나이도 맞고, 금방 정년퇴직하고 골프는 안 치나 항상 배우기를 원했다고 한다. 들어 간지 얼마 안 되어 "이게 웬 떡인가?" 하고 얼른 답장을 하고 직접 만나서 이야기하자고 데이트 약속이 되었다.

꽃다발을 사고, 이발을 하고, 옷을 잘 입고, 알스터 강가의 좋은 카페에서 약속이 되고 제이는 카페 앞에서 기다리기로 약속이 되었다. 희망과 새로운 인간을 만난다는 기쁨으로 가슴이 울렁거릴 정도였다. 그러자 시간이 되어도 여자가 나타나지를 않아 초조하게 왔다 갔다 하며 기다리는데, 15분이나 늦게 한 여자가 다가와서 인사하는데, 사진에서 본 그 여자가 아니다.

그녀는 감기가 몹시 들어서 친구를 대신해서 나왔다고 하며, "그래도 우리는 커피 한잔 마시고 좋은 대화를 할 수 있지 않을까요?"

제이는 화가 났다.

"핸드폰이 왜 있으며 미리 연락할 수도 있었는데….' 미안하지만 당신과 커피를 마실 의향도, 당신의 좋은 대화를 받아들이

기도 싫습니다."

제이는 실망하고 화가 나서 집으로 돌아와 그 여자의 프로필을 찾아 이메일을 보냈다.

"당신은 며칠 만에 10년은 늙고, 체중은 10kg는 늘은 것을 설명해 주시겠습니까?"

아무런 반응이 없어 포탈 사무실에 전화를 해서 화풀이를 했다고 한다. 그녀는 친구를 내보낸 것이 아니고, 처음부터 다른 사진을 올린 것이다. 외로운 남자들이 여자가 웬만하면 따라 들어가 같이 커피를 마시고, 저녁 얻어먹고, 집에 데리고 가서 sex를 그 값으로 제공하는 모양이라고 추측하였다.

두 번째 케이스는 60세 먹은 예쁘장한 여인이 윙크를 보내고 사진이 마음에 들었다. 그녀의 미소는 매혹적이고, 화장한 얼굴은 거의 배우 같았다. 또 다시 알스터 강의 카페 앞에서 만나기로 하고 신사답게 옷을 입고 꽃다발을 들고 나갔다.

"이번에는 틀림없어. 나는 꽤 운이 좋은 남자야."

스스로를 달래며 날씨도 좋고 기분이 무척 좋았다. 그녀는 1분도 넘지 않게 그에게 다가오며 인사를 하는데, 고급 향수냄새와 고급스럽게 입은 옷이며 액세서리 등이 한눈에도 "보통보다 엄청나게 높다"고 생각이 들었다. 강가에 앉아 대화하는데, 대화하는 기술도 보통 사람보다 잘 훈련된 느낌이 들었다. 한 말로 'perfect'이고 어떤 다른 표현을 할 수가 없었다.

한 시간 이상 서로 이야기를 나누며 제이는 기분이 좋았다. 그녀는 헤어지기 직전에 "오늘 날씨도 좋고, 기분이 좋아서 일찍 나와서 알스터 하우스에서 새 옷을 몇 개 골랐는데, 당신의 좋은 눈과 취향으로 내게 맞나 좀 보아 주시겠어요?"하며 상냥한 미소를 선사했다. 그녀의 미소는 외로움에 지친 제이를 바지 속이 뿌듯하도록 만들 정도였다.

제이는 아직 시간이 있어 쾌히 승낙하고 알스터 하우스를 따라갔다. 그녀는 곧바로 여자 옷 파는 코너로 제이를 인도하여 자기가 고른 옷을 카운터에서 달라고 하여 옷 입어 보는 곳으로 가서 입고 나왔다. 좋은 체격에 완전하게 맞고, 고른 스카프와 핸드백이 모두 완전무결 하게 잘 맞았다.

제이는 그녀의 좋은 성향과 고상한 취향을 칭찬하자, 그녀는 약 2,000유로 정도의 옷을 가지고 카운터로 갔다. 제이는 생각하기를 "꽤 수입이 좋은 모양이다. 이 정도로 새 옷을 살 정도이면…."

그녀는 지갑을 열어 지불하려고 하더니, "어마나 이를 어쩌나, 집에다 카드를 놓고 나왔네… 제이 씨가 내주시면 제가 사는 곳이 여기서 10분밖에 안 걸리니까, 같이 가서 저의 아파트도 보고, 현금으로 돌려드릴게요."

그녀는 바짝 제이의 귀에 대고 속삭이는 음성으로 말하는데, 고급 향수 냄새가 그의 코를 간질이며 살짝 스쳤다.

제이는 정신이 번쩍 들었다.

"죄송하지만, 나는 그만한 돈을 지불할 카드도 없고(그녀는 보통 사람들이 많이 쓰는 비자카드가 하루에 2000유로밖에 지불할 수 없다는 것을 미리 계산한 것이다) 당신을 따라갈 시간도 용의도 없습니다. 간단합니다. 내일 찾아갈 테니까 보관해 달라면 되지, 무슨 문제입니까?" 하고 인사도 안하고 돌아 나왔다고 한다.

집에 데리고 가서 옷값 대신 섹스를 제공한다는 것이 뻔하다. 파트너 찾는 포탈을 통해 매춘하는 예가 적지 않다.

제이는 얼마 있다가 함부르크에서 주택가로 유명한 곳에 조그만 옛날 주택을 소유하고 있는 영국 미술가 여인과 접촉이 되었다. 그녀의 집은 크지 않았지만 1800년도에 지은 특별한 매력이 있는 주택이다. 그녀는 인텔리젠트하고, 예쁘지는 않고, 좀 퉁퉁해도 그런대로 예술가다운 매력이 있었다.

그녀의 남자 다루는 솜씨는 어떻게 표현해야 좋을지 모르겠지만 말할 수 없이 능숙하여 세 번 데이트하고, 그녀의 집에 끌려가 섹스를 즐겼다. 그녀는 자기 집 밖에 땅과 벽 사이의 옛날 타일이 망가져 고치려 해도 어디에서도 구할 수가 없다고 했다.

제이는 이 방면에 전문가이므로 이태리의 조그만 공장과 연락하여 구할 수 있으나 비싸고 선금을 내야 된다고 하니까, 우물쭈물 하다가 결국 다른 방법이 없으므로 그에게 구입을 부탁하였다.

그녀는 선금을 내고, 물건이 직접 그녀의 집으로 도착하도록 하였다. 잘 아는 일 잘하는 일꾼을 붙여주어 일주일 내에 오래 원하던 수리를 마쳤다. 물건 값은 냈지만, 일꾼 값을 안 내고, 이리저리 밀어서 일꾼이 더 이상 기다릴 수가 없다고 하고, 그는 제이를 믿고 일을 해주었기 때문에 할 수 없이 제이가 물어주지 않으면 안 되었다. '그녀는 아마 섹스로 이미 선금을 냈다고 계산한 모양이다.'

제이는 그 일로 그 여인과의 만남을 끊었다, 그녀는 포기하지 않고 부엌 타일을 구해 달라는 등 다시 접촉을 하려고 노력하였지만 제이는 가차없이 거절하였다고 한다.

왜 이런 일이 세 번이나 계속 일어났는가? 그 세 여인들은 모두 자신의 사진을 하나만 내고 사진을 더 원하면 이메일 주소를 주면 많은 다른 사진을 보내주겠다고 약속한다. 제이는 아무 생각 없이 사진을 받아보고 싶어 이메일 주었다.

이 세 여인들은 제이의 이름이 나타나는 메일 주소로 그가 누구인가를 정확히 알고 그에게 접촉한 것이다. 30년 이상을 함부르크에서 대리석과 타일 사업을 한 제이를 인터넷에서 찾아보면 맑은 물 들여다보듯이 많은 개인정보를 얻을 수 있다.

남자들이 처음 인터넷에 신고하고, 예쁜 여자들이 접촉해 오면 우선 수상한 마음으로 받아야 한다. 특히 빨리 랑데부를 하기를 재촉하면 더욱 그렇다.

심리적으로 외로움에 찌들고 이제 막 시작하는 남자들이 면역성이 없다는 심리적 약점을 이용해서 거의 직업적으로 남자들에게 접촉한다.

제이가 수미 만나기 직전에 한 여인과 같이 여행도 한 번하고 그녀를 이사시킬까 하는 생각을 하다가 중단하였다. 이 이야기도 잘 분석해 보면, 제이는 찾는데 지치고 너무 실망하여 '혼자 사는 것보다는 좋겠지' 하는 막연한 생각이었지 실제로 크게 사랑하는 마음도 스스로의 확신감도 없었다.

처음 인터넷에 들어갔을 때 면역성이 없어 잘못된 데이트를 하듯 이 과정(지치고 피곤 과정)을 잘 넘겨야 한다. 이때 한 인간의 든든한 뼈대와 단련된 힘이 필요하다. 이때 포기하는 사람들이 많다. 마치 마라톤을 하다 중간에 지쳐서 포기하는 사람도 있고, 이 고비를 넘기고 골인하는 인간도 있다.

이 고비에 평소에 모았던 보이지 않는 산소호흡 통과, 밀어도 쓸어 지지 않는 자신의 설 자리를 제대로 닦은 힘이 필요하다. 자신에 대한 믿음과 살다보면 지치고 모든 것을 바닥에 내동댕이치고 싶었던 시절이 있었다. 그러나 끈질기게 물고 늘어지면 무엇인가 보람과 대가를 받았다. 그러나 도박을 하거나 복권을 할 때 끝까지 물고 바라면 승리자는 도박을 경영하는 자이고 복권을 파는 인간이다.

이 두 가지의 다른 점은 불가능성에서 가능성을 찾는 것이고, 파트너 찾는 시도는 가능성 안에서 가능성을 찾는 것이다. 뿐만 아니라 도박은 많은 경제적인 손해를 볼 수 있지만 파트너 찾는 모험은 큰 손해가 없는 모험이다.

여자들도 처음에 가입하면 연하의 남자들이 접촉한다. 특히 골프가 선발 조건에 들어가면 아주 가난한 여인이 아니라는 추측으로 접근한다. 그들은 자주 'mother complex'를 논하며 연상의 여인을 좋아한다고 한다. 심지어 한 남자에게 이메일 주소를 주었더니 (처음에 경험이 거의 없을 때) 자기의 발기한 페니스를 사진으로 보내왔다.

어떤 사람과 믿을만한 사이가 되기 전에 가능한 한 메일 주소와 집 전화번호 (핸드폰이 아닌) 주소는 감추어야 한다. 누구와 데이트가 이루어져도 절대 집 앞에서 만나는 것은 피하는 것이 좋다 (수미는 한 번 집 앞에서 만났지만 아무런 후유증은 없었다).

좋지 않은 메일은 접촉을 차단시키는 기능이 있어 다시는 메일을 쓸 수 없지만 그 인간들이 파트너 포탈에서 사라지는 것은 아니고, 마치 컴퓨터에 쓰레기통에 넣은 것과 같다. 그들이 회비를 내는 한 파트너 중매 포탈은 누구나 환영하고, 이것이 그들의 비즈니스이며 이들은 계속 이런 짓을 한다.

부정적이든 긍정적이든 경험이 늘고 이메일의 질을 판단하는 힘이 생긴다. 이때까지 많은 시간이 필요하다. 앞에서 말했듯이 90프로의 메일이나 포탈이 쓰레기라고 생각하면 틀림없이 실망도 적다. 그러나 이 10프로 속에 누군가 숨어 있다는 것을 잊지 말기 바란다.

누군가 독자가 말할 것이다.

"수미, 너는 처음 만나자마자 그날로 붙어서 사랑을 했으면서…."

우리는 3개월간 메일과 전화로 많은 대화를 나누었고, 둘이 다 인터넷 사랑의 단맛 쓴맛을 경험하였기 때문에 직감적으로 이 만남이 가치성이 있다는 것을 서로가 육감적으로 알았다. 그러나 앞에서 말한 대로 인연이 맞아야 한다. 우리는 둘이 다 인연을 찾아 헤매었다. 아무리 처해 있는 조건이 많이 맞아도 서로 정답고 친밀하게 느껴지지 않으면 인연이 아직 닿지 않았다.

이 기회에 수미는 인연과 우연과 행운과 인간적인 노력의 상관관계를 생각해 본다.

인연도 행운도 찾아야 하고 스스로 노력해야 한다고 수미는 믿지만 인간의 노력이 정말 얼마만한 영향을 미치나 하는 의문을 가끔 한다. 성공도 노력하는 자를 찾아오고, 행운도 마찬가지이다. 그렇다. 스스로 돕는 자를 돕고, 두드리지 않는 자에게

문이 열리지 않고…. 우리는 많은 현명한 말을 들어서 안다.
 그러나 수미의 생각은 더 좀 앞으로 나간다. 왜 어떤 인간은 찾을 힘이 있고, 왜 어떤 사람은 노력할 힘이 없는가? 수미가 진정으로 바라고, 원하고 노력하였기 때문에 인연을 찾은 것인가 어떤 숙명의 배려인가?
 우리는 사실 이 상관관계를 모른다. 로또를 맞은 인간도 물론 복권을 샀기 때문이지, 저절로 굴러온 것이 아니라는 것을 누구나 알지만 수 백 만의 복권 중에 왜 그 인간에게 행운이 떨어졌을까? 사실 우리는 우연과 인연과 행운의 삼각관계가 어떻게 이루어지는지 모른다. 불교의 카르마를 믿을 수밖에 없다.
 같은 배에서 나온 형세들도 하나는 성공하고, 한 동생은 술독에서 헤어 나오지 못해 제명을 못살고 죽고… 왜 한 동생은 술을 못 끊고, 결국 술로 죽어가야 했나? 10형제 중의 하나였던 수미는 형제마다 다른 운명과 삶의 길을 자신들의 오솔길을 걸어가는 것을 보며 다섯 남은 동생들의 삶을 지켜본다.
 우리는 노력 하여야 한다. 그러나 그 결과가 어떤 추수를 할 것인가는 하느님께서만 아신다.
 길거리에 앉아 구걸하는 인간들을 보면 독일에서는 사회보장으로 굶거나 구걸을 하지 않으면 안 되는 인간이 없어야 한다. 국가가 최저의 생계 조건을 보장해 주고 자신들이 노력하면 누구나 인간다운 자기대로의 생을 이끌어 나갈 수 있지만 이들은 자신의 생을 이끌어 나갈 힘도, 노력하려는 힘도 없이, 스스로의 책임감이 전혀 없이 길거리에서 산다. 미국의 따뜻한 지역에 몰려다니는 거지 떼들을 보면 더욱 의문이 간다. 왜 그들은 자신의 삶에 대한 사랑도 책임감도 없이 길거리의 자유로운 행복(감?)을 누리고 사나?

노력할 수 있다는 자체가 운명적인 배려이고 살다 어려운 고비에 포기하지 않고 일어서고 또 일어서는 것이 자신이 똑똑하고 잘나서인가? 왜 어떤 인간은 마라톤을 하다 중간에 포기하고 어떤 인간은 이를 악물고 어려운 고비를 넘기고 목표에 도달하는가? 단지 컨디션의 문제일까?

수미의 딸이 성공한 것도 물론 자신의 노력이 90프로지만 이 10프로의 행운이 없었다면, 28세에 닥터가 되고 34세에 정교수직을 받는 행운이 없었을 뿐더러 대대로 좋은 가정에서 며느리로 두 손을 벌려 받아들이는 행운도 없었을 것이고, 늦은 결혼 후에 두 딸을 얻는 행복과 운도 없었을지 모른다. 이 10프로는 하느님의 손에 달렸다. 항상 감사하여야 한다.

이야기가 조금 너무 옆으로 흘렀다. 수미가 말하고 싶은 요점은 우리가 지금 어떤 상태나 어떤 환경에 처해 있다 하더라도 오로지 우리가 잘나서만 된 것이 아니고 우리가 잘못해서 된 것도 아니다. 많은 것이 스스로의 생각과 행동과 인생관에 의해 형성되었지만 이 10프로 하느님의 손길이 있음을 잊지 말아야 한다.

"무엇 때문에 사는지 모르겠다", "어차피 죽으면 다 끝나는 것을, 죽으면 썩을 몸뚱이를 그렇게 아끼나?" 등 좌절한 인간들의 목소리를 들은 기억이 있다.

우리가 인생을 사는 목적이 무엇인가 하는 영원한 철학적인 토론은 인간이 진정한 답을 찾지 못할 것이다. 많은 철학자들이 인생을 샅샅이 뒤지고, 종교인들이 이 답을 찾아 헤맨다.

"사람은 죽어서 이름을 남기고, 호랑이는 죽어서 가죽을 남긴다"는 말은 누구나 들었을 것이다.

수미는 늙으면서 수미대로의 답이 있다.

갓난아기들의 웃는 얼굴을 들여다보아라. 그들의 미소를 들여다보아라. 천진난만한 어린이들의 맑은 웃음을 들여다보아라. 우리의 마음은 행복해지고, 스스로 아기와 같이 미소 짓게 한다. 이들은 아무런 철학적인 생각도 없지만 그들은 자신의 존재를 기뻐하고, 미소로서 감사의 뜻을 보낸다. 그들은 인생의 뜻도 과제도 생각하지 않는다.

인간이 자신의 존재와 살아 있음을 감사히고 대업을 이루지 못해도 자신이 할 수 있는 한에서 노력하여 아름답고, 건강한 생을 유지할 때, 창조자는 미소 지으며 나의 존재를 흐뭇하게 생각하실 것이다.

하느님께서 주신 육체를 자신의 노력으로 건강하고 깨끗하게 살다, 하느님께 깨끗한 육체를 돌려드리도록 노력하는 인간을 하느님은 좋아하신다고 믿는다. 모든 이 세상 사람이 큰일을 하고 이름을 남길 수 없다. 하지만 자신에 대한 책임감을 갖고 노력하고 감사하는 인간을 하느님은 보시고 미소 지으신다.

하느님이 미소 지으시고 나의 존재가 있음을 흐뭇이 생각하도록 노력하는 것이 생존하는 목적이다. 하느님은 아무 것도 인간에게 대가를 바라시지 않는다. 우리가 감사하고 노력하는 것을 기특하게 생각하신다.

데이트 비용

이야기가 너무 빗나가지 않게 여기서 인터넷 포탈에 대한 적극적인 참여로 또 돌아간다.

수미의 경험으로 데이트가 이루어지면 여자로서 주의할 점은 남자가 데이트 비용을 너무 부담스럽게 생각하지 않도록 배려하는 것이다. 아무리 부자인 남자도, "제발, 내 돈을 써 주시면, 영광스럽게 생각합니다" 하는 인간을 만나지 못했다. 태어나서부터 부자라 돈이 아깝지 않고, 돈이 문제가 전혀 되지 않는 예외도 있지만, 어느 인간이나 특히 지금 노년기의 남성들은 거의 예외 없이 고생하고, 투쟁하고 일어선 인간들이다.

부유한 남자를 만나 데이트를 하더라도 그의 경제력에 대한 존경심을 가지고 최소한 자신의 먹고 마신 것은 스스로 내려는 뜻을 보이는 것이 좋다. 대부분의 경우 남자가 부담하려고 하지만 그런 경우 적어도 커피 초청을 하는 것이 예의이다. 이런 제스처는 남자에게 신뢰감과 안정감을 안겨 준다. 으레 남자가 내주어야 한다고 믿은 여자들이 독일에도 많은데, 내가 아는 남자 싱글들의 의견을 들으면 여자가 당연지사로 받아먹고, 가능한 한 비싼 것을 신청하는 것을 좋게 생각지 않고 다시 데이트하는 것을 포기한다.

남자들은 어떤 여자와 만남이 이루어졌을 때 오버 액션을 하지 말고, 여자가 첫눈에 마음에 들었다 하더라도, 커피 정도를 마시고, 산책하는 정도에서 끝나고 여자가 어떤 반응을 보이나 관찰하는 것도 좋다. 여자가 이때 근사한 레스토랑으로 자신을 인도하지 않는다는 실망을 보이고 바라면 좀 생각해 볼 여지가 있다. 서로 처음의 만남은 서로를 알고 살짝 간(?)을 보려는 노력인데 높은 물질적 가치를 바라는 것은 별로 좋은 시작이 아니다. 여자를 동등한 하나의 친구라고 생각하고 만나는 것도 좋다. 여자를 동상처럼 높은 축대에 올리지 말라. 서로의 존중감은 이 순간부터 이루어진다.

앞에서 옛날 뚜쟁이 할머니 이야기를 조금했다.

그들이 조상을 찾고, 양반, 상놈을 찾고, 옛날을 뒤진 것이 절대 낡은 생각만이 아니다. 나의 지인 중 한 여인이 신문광고를 통해 남자를 만나 분홍색의 구름을 타고, 자신이 섰던 땅이 어딘지 모르고 한동안 행복감에 젖었다. 그리고 현실의 검은 땅을 내려다보며 사랑의 몽롱한 꿈에서 깨어니지 못했다. 얼마 후 그 남자가 오랜 전에 몇 년 동안 감옥에서 있었다는 정보를 듣고, 뒷조사를 한 결과 꽤 큰 범죄의 경력이 들어 났다. 그녀는 사랑에 도취되어 그에 대한 많은 변명을 스스로 찾아내고, 오래 전 지나간 과거이므로 주위에 숨기고 그 남자는 이제 새 생활을 시작하였으므로 그의 사랑을 믿었다.

그들은 만난 지 얼마 되지 않아 약혼하고, 결혼 날이 멀지 않은 시기에 남자는 그녀의 구좌를 몽땅 털어서 외국으로 사라졌다. "결혼 사기"로 고소하고 신문에까지 오르고 재판에 걸렸지만 돈은 일단 다 없어지고 그녀의 쇼크와 상처는 아마 남은 평생 동안 머무를 것이다.

독일 말에 "한 번 범죄자는 항상 범죄자"라는 말이 있다. 그의 범죄 경력이었던 "결혼 사기, 협박, 탈옥과 난동" 등의 경력은 그 인간 내면 깊이 다른 인간을 해치려는 요소가 들어있어 기회가 있을 때마다 숨은 화산 같이 폭발한다. 한 인간의 과거는 중요하다. 과거와 그 인간을 둘러싸고 있는 주위 환경은 절대 무시할 수 없는 요소 중의 하나이다.

인터넷에 파트너 중매에 들어가면 많은 외국 사람의 신청이 들어올 수 있다. 자신이 늙었어도 외국으로 이주하기를 원한다면 별 문제가 아니지만 가능한 한 도시와 너무 멀지 않는 곳을 원하는 난에 넣어 집 가까운 곳에서 만나는 것이 자동적으로 위험성을 줄이게 된다.

수미가 외국인과 외국에서 만난 경험이 있다. 수미가 미국에 갔을 때 미리 인터넷에 넣고 한두 사람을 만날 계획을 했었다.

형제들을 만나는 것이 주목적이었지만 간 김에 경험 좀 해보려는 모험적인 생각이었다. 이런 데이트는 위험하다. 만난 남자는 사진과 너무 차이가 나고, 나이나 직업이나 모두 믿을만하지 못하고 알아 볼 길이 없다. 우선 언어가 자유롭고, 언어의 색채를 감지하고, 대화의 뒷면을 볼 수 있는 수준이 되어야 한다.

미국에 사는 한국인들이 많이 신청하는데, 50~60대가 가장 많고 여자들의 가입은 50세 이상인 경우가 적다. 독일인과 같이 사는 필리핀 여인이나 태국 여인들의 클럽이 독일에 종종 있다. 그들은 많은 문화의 차이와 언어의 문제를 극복하고 잘 사는 편이다. 그것은 여자들이 완전히 90프로 이상을 양보하고, 포기하고 생활하기 때문에 가능하다.

수미는 한 번 이런 파티에 초청된 일이 있다. 평균적으로 여자가 10~30세 젊고 언어 문제에서 오는 답답함으로 무척 스트레스를 받지만, 여자들이 워낙 가난하고 살기 힘든 조건에서 왔기 때문에 그런대로 합쳐서 잘 산다. 독일 남자들이 억센 독일 여인과 살던 스트레스에서 벗어나 남자를 하느님 같이 모셔주는 것을 즐기며 여자에게 하찮은 직업이라도 배우고 일할 수 있는 가능성을 찾으며 살고 있다.

동양인들이 가문을 따지는 이유는 유교적인 묵은 생각만이 아니다. 그 주위 사람들의 이야기를 잘 듣고 그들의 친구를 만나보고 자식들이 있으면 만나보고 될수록 많은 과거를 듣도록 시도하기 바란다.

결정의 단계

언젠가는 수많은 데이트와 경험을 모아져 이제는 결정해야 되지 않을까 하는 시기가 온다. 수미가 제이를 만났을 때가 이 시기이다. 내가 이 사람의 제의를 받아들이지 않으면 어떤 더 좋은 기회가 있을까? 물론 머리로 하는 생각이지만 가슴 속에서 우러나오는 소리를 들어라.

사랑에 대한 이론도 많고, 책도 많고, 사랑은… 사랑은… 하고 시작하는 지혜롭고, 학식이 풍부하고, 유명한 인용구들도 아마 수천 개는 될 것이다.

사랑이 무엇인가를 생각해 보지 않은 인간은 드물 것이다. 앞에서 언급했듯이 에리히 프롬의 이론을 잠깐 이야기하게 되지만 수미는 여기서 새로 만나는 인간에게서 무엇을 느껴야 자신의 결정을 후회하지 않을 것이라는 요점만을 이야기한다.

에리히 프롬은 세계적으로 유명한 심리학자이고, 철학자이다. 수미는 그의 멋있는 지성적인 사랑의 논리를 이곳에 인용하고 싶은 것이 아니고, 그의 이론과 실질적인 생활에 맞지 않는 반대의 생각을 수미는 가지고 산다.

이 하찮은 수미가 프롬 같은 세계적으로 유명한 철학자의 논리를 마다한다는 것이 건방진 생각이라고 생각되지만 인간마다 생각의 자유가 있으므로 그가 나를 용서해주리라고 전제한다.

어떤 인간을 마주보고 앉았을 때, 마주앉은 사람의 얼굴과 눈을 보며 자신의 가슴이 조금씩 따듯해지는 느낌이 중요하다. 아무리 조건이 좋아도, 마주앉은 인간에게서 따듯함이 풍기지 않고, 그 주위를 둘러싼 분위기가 써늘한 느낌을 주면 서로의 화학성이 맞지 않는 것이다. 화학성이 무엇인가? 한 인간 전체에서 풍기는 그를 둘러싼 안개 같은 것이다.

표정하나, 손놀림 하나, 목소리 등 모든 것이 합해서 어떤 보이지 않는 하나의 비눗방울 같은 망을 한 인간을 중심으로 이룬다. 정신적인 파동, 잔잔한 파도 같은 파동이 느껴지고, 자신이 그 위를 떠가는 느낌이 필요하다.

그런 것을 오래 알고 지내야 알지 어떻게 만나자마자 알고 느낄 수가 있을까? 놀랍게도 한 인간을 만나면 짧은 시간에 서로의 화학성을 느낄 수 있다. 젊은이들이 갑자기 번개를 맞은 듯 두 인간 사이에 담장이 무너지는 듯이 사랑에 빠지는 것이 바로 이 화학성이 갑자기 맞고 충전하였기 때문이다.

수미의 그림

모든 요소가 같은 크기와 같은 양이 있는 것은 아니지만 많은 요소가 같거나 비슷하여 서로 끄는 힘이 있다. 이 요소는 같은 것이 많을수록 서로 끄는 힘이 강하다. 이것은 일종의 직감이고 육감이다. 이런 요소들은 '변경할 수 있는 것인가?' 하는 질문을 자연적으로 하게 된다. 이 요소들을 색칠할 수 있지만 근본적인 요소는 컴퓨터의 바닥에 깔린 요소같이 변경하거나 지워버릴 수 없다. 이 요소들은 소프트웨어와는 다르다.

수미의 그림

어떤 결정을 하기 전에 그들의 친구를 만나보고 자신의 친구들을 소개하고, 자식을 만나보는 것이 중요하다. 한 인간이 자신의 주위를 열어 보이지 않으려는 의도가 보이면, 일단 위험하다는 가슴에서 나오는 소리를 귀담아 듣기 바란다.

이런 최종적인 만남은 그동안 많이 생각하고 많은 좋고 나쁜 경험을 하였을 때, 비로소 마음속의 결정을 하게 된다.

언젠가 어떤 결정을 할 시기가 오면 백 프로 자기가 원하는 공주님도 왕자님도 아니지만, 서로 양보하고, 맞추고, 자를 곳을 자르고, 깎아내릴 것은 깎아버리고, 망가진 곳을 때우고, 서로 맞출 의지와 자신이 혼자 외롭게 더 이상 살지 않고, 누구와 같이 나란히 서서 남은 생의 길을 같이 걸어가기를 결정한다.

상대방이 살고 있는 주변과 그곳에서 얼마나 오래 살았나 하는 것도 중요하다. 제2의, 제3의 인생은 감정적인 사랑만이 중요하지 않다. 서로에 대한 책임감과 의지와 노력의 복합이어야 한다. 이것은 서로의 약속이고, 결정이고, 다른 인간의 반쪽에 자신을 부친다는 확고한 의식적이고 적극적인 행동이어야 한다. 서로를 돕고 부축하고, 도움 받고, 부축을 받는 서로의 약속이어야 하며, 이런 새 생활이 많은 인내와 관대와 어려움에 대한 저항성이 있어야 한다.

하늘에서 갑자기 번개같이 떨어지는 풋사랑도 아니고 이글이글 끓고 익어가는 중년의 사랑도 아니다. 정신적인 내적인 마음의 결정이 이루어지면 그 다음에 오는 현실적인 문제는 자연히 해결할 수 있다고 생각된다.

자신의 물질적인 소유를 놓지 못하고, 자신의 오랜 습관을 놓지 못함으로서 많은 작은 문제들이 생기지만 당신이 먼저 다른 세상에 가신님이 평안한 얼굴로 빈손으로 관에 누워있던 정경을 떠올리면, 아마, 물질이라는 것이 얼마나 가치 없는 것이고, 무엇이나 버릴 수 있다는 결론에 도달한다. 아까워도 버리고, 필요한 사람에게 큰 손으로 선물하면 가벼워지는 자신을 느끼며 놀랄 것이다. 두 인간이 서로 합치면 남아도는 물건 때문에 많은 고민을 하게 된다. 그러나 아무리 아까운 물건도 필요 없는 것이면 보지 않으면 금방 잊어버린다. 인간이 살기 위해 그다지 많은 물질이 필요한 것이 아니다. 마음이 행복하고 부유하며, 영혼이 아름다울수록 물질의 가치는 그 빛이 바랜다. 이런 문제로 두 살림을 하는 사람들도 많다. 각자가 결정할 일이지만 진정한 두 인간의 결합이 아니다. 사랑은 영혼의 아름다움이다.

| 끝맺는 말 |

　수미의 이야기는 일단 여기서 끝난다. 과거와 미래의 교차점에서 존재하는 모든 인간처럼 수미는 단 한 시간도, 단 하루도 미래를 볼 수 없다. 수미는 지나간 일만을 이야기하고, 지나간 일만을 쓸 수 있다.
　2014년 1월 14일, 수미는 자신의 조그만 조각배를 제이의 조각배와 같이 묶어 하나의 조각배를 만들고, 같이 노 저으며 어디론가 흘러가고 있다.
　수미는 자신의 그림자가 되어 사랑하는 두 사람을 관찰하고 따라다닌다. 수미와 제이가 양쪽에서 노 저으며 가는 조그만 쪽배는 바람 따라 물결 따라 어디로 흘러가는 것일까?
　꿈꾸며 기다리던 집이 완성되고 2016년 10월 15일에 집 열쇠를 인계받는 것으로 이야기를 끝마쳤다.
　수미는 자신의 그림자가 되어 하루하루를 의식하며 살고, 죽는 날까지 따라다니며 관찰하고 글로 적을 것이다. 평범한 한 여인의 이야기, 70에 사랑을 찾은 행복한 이야기를 여자들이 커피 마시며 잡담하듯 담담한 마음으로 기록하고 싶다.
　암과의 투쟁에서 수미는 강하고 의식적으로 사는 삶을 배웠다. 아침에 잘 자고 깨면 아름다운 꽃동산을 사뿐히 걸어 들어가는 기분으로 살아야 한다.
　병원에 입원했던 2주는 좁고 추운 어두운 굴속을 두 사람의 조각배가 지나간 시간이다. 어둡고 추운 굴속을 지나면 무엇이

닥칠지 모르는 두려움이 있다. 낭떠러지가 있을 수 있고, 심한 파도가 조그만 조각배를 산산 조각낼 수도 있다.

끝없이 길었던 밤들, 잠을 못 자고 수술한 자리와 목 안의 통증, 입이 메마르던 괴로움, 침을 한 번 삼킬 때마다 오는 고통, 밤이 끝나지 않을 것 같던 두려움, 이 모든 것을 넘긴 수미는 강해졌다.

평생 병 없이 고통 없이 살고 싶은 수미에게 하느님이 경고하셨다. 인간의 한 정성을 뼈저리게 느끼도록 경고하셨다. 건강에 대한 자신감과 경제력에 대한 집착은 2번 병원에 입원하고 퇴원한 다음 회복기 동안 명상하고 기도하며 완전히 달라졌다.

수미의 이야기를 공개하려는 용기도 이때 굳어졌다. 73세의 수미는 박수가 필요 없다. 남에게 확인시킬 필요도 없다. 오직 자기 자신에게 답할 수 있고, 자기 자신에게 증거하고 자신의 행동을 거울 앞에서 부끄럽게 생각하지 않으면 된다. 제이와 수미의 조각배는 쉴 새 없이 어디로 흘러간다.

내년에 결혼할 것인가?
수미의 병은 정말 끝난 것인가?
두 사람은 앞으로도 계속 행복할까?

멀지 않은 장래의 일들, 이사, 김장, 제이의 아들과 같이 지내기로 한 크리스마스, 딸과 손녀와 같이 포르투갈에서 보내기로 한 연말과 새해(2017년), 1월 14일에 만남 3주년, 2017년 4월, 수미 74세 생일에 76세 된 제이와 합쳐서 150살이 되는 날 결혼하자는 제이의 결혼 신청, 독일에 가장 아름다운 5월… 이런 사소한 일들을 꿈꾸며 수미는 그저 행복하기만하다.

수미와 제이가 새로 지은 펜트하우스 설계도

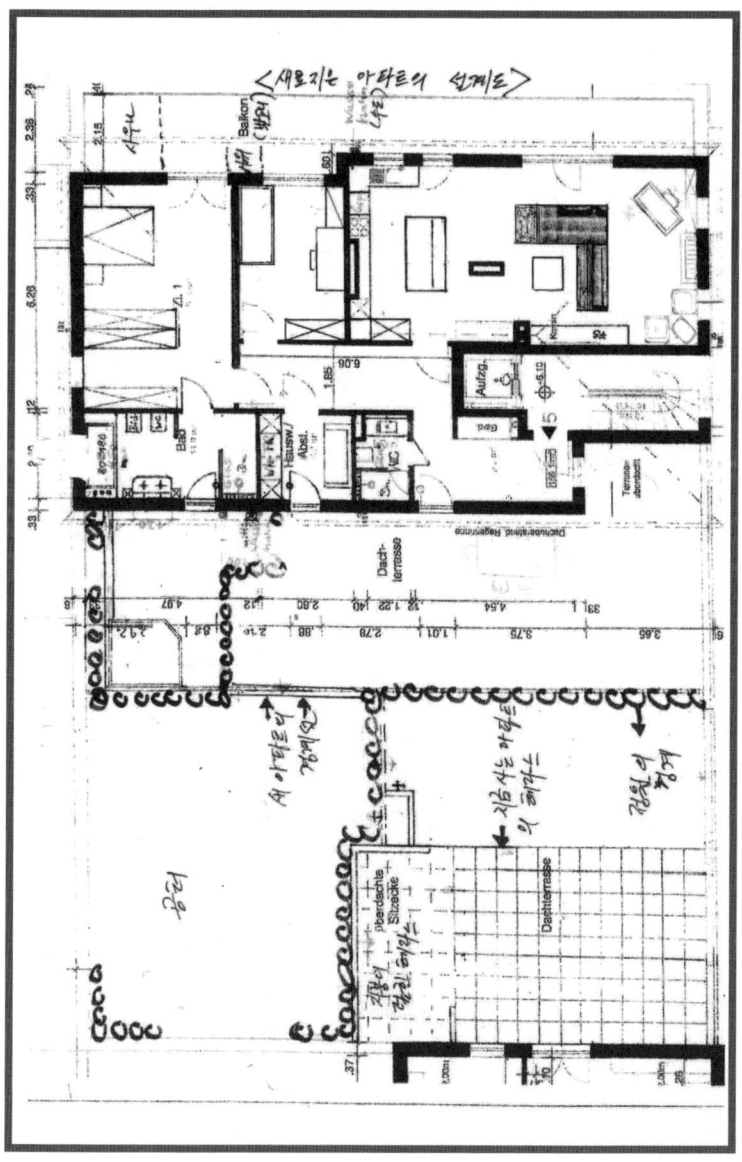

은발의 사랑